7

7. DIE WELT STEHT PLÖTZLICH KOPF

→ Seite 80

Betrachte die Natur aus einer neuen Perspektive. Kopfüber hängend, auf einer Wiese liegend – oder du zeichnest erst einmal einfach von einem Foto ab, das du ganz bewusst verkehrt herum vor dir hast.

8

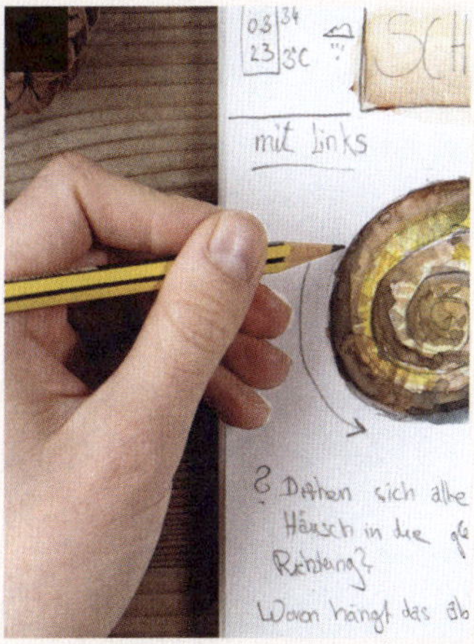

8. DAS SCHAFFST DU MIT LINKS

→ Seite 82

… oder auch mit rechts. Nimm den Stift heute mal in deine nicht-dominante Hand und spüre, wie sich das anfühlt. Sei mutig, zeichne und staune darüber, wie es ist, die Kontrolle über das Ergebnis loszulassen.

9. MIT FEHLERN AUF PAPIER TANZEN LERNEN

→ Seite 86

Wie beim Pfannkuchen backen: Der Erste wird nie was, erst nach und nach kommen die guten. Also zeichne drauflos, mach absichtlich Fehler, lerne aus ihnen – so wirst du immer besser.

9

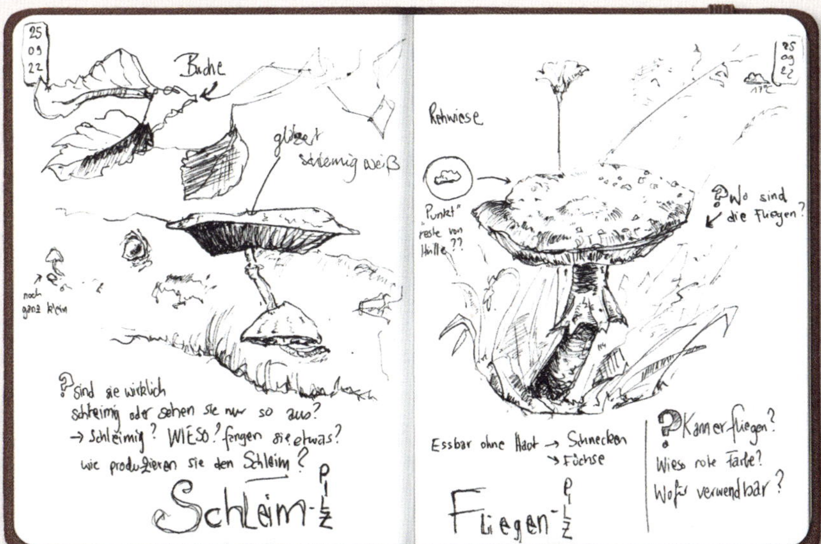

→
Weiter geht es auf der hinteren Umschlagklappe.

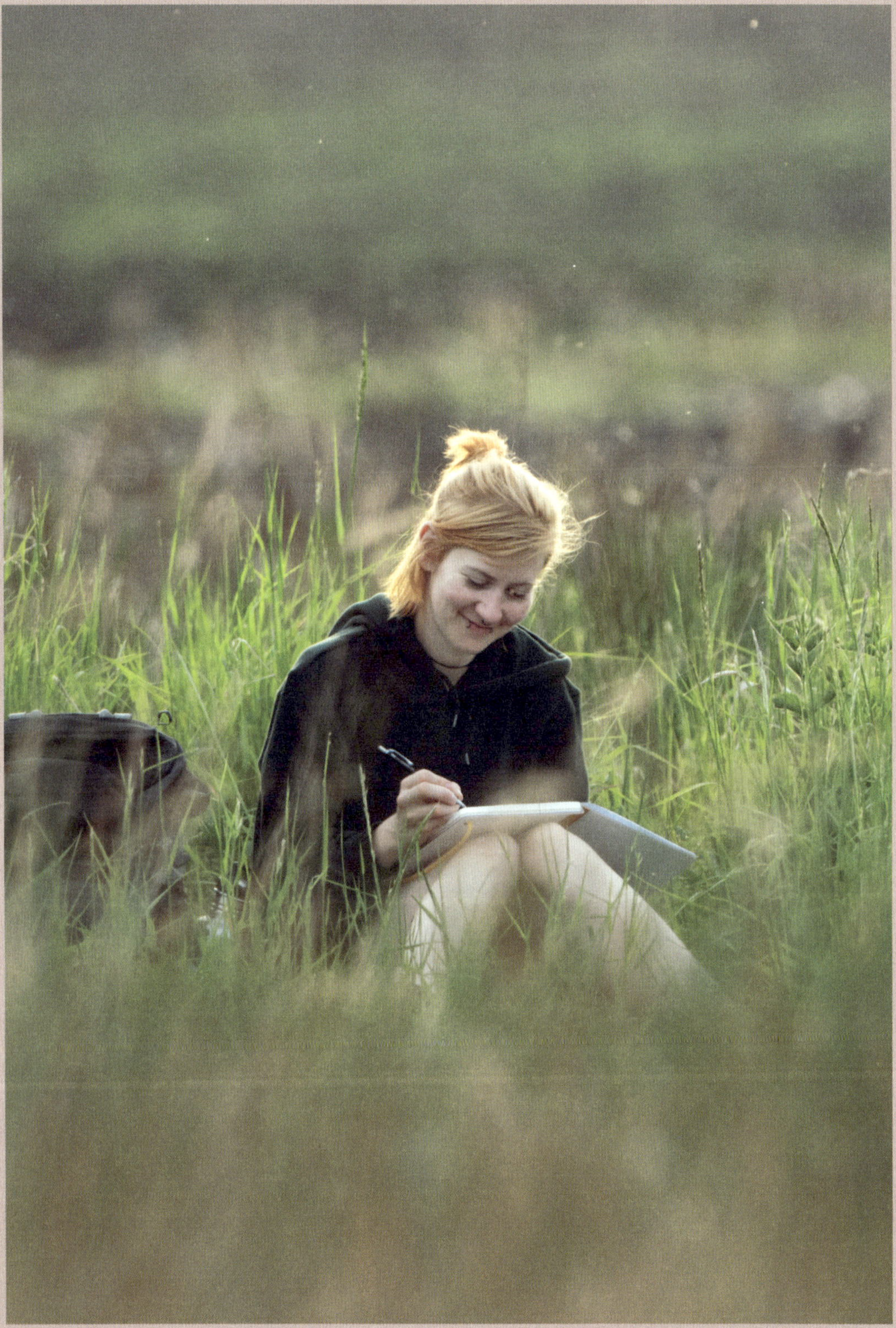

VERENA HILLGÄRTNER
@wiederwilderwerden

NATURE JOURNALING

Dein Weg zu mehr Kreativität, Naturverbindung und Neugier

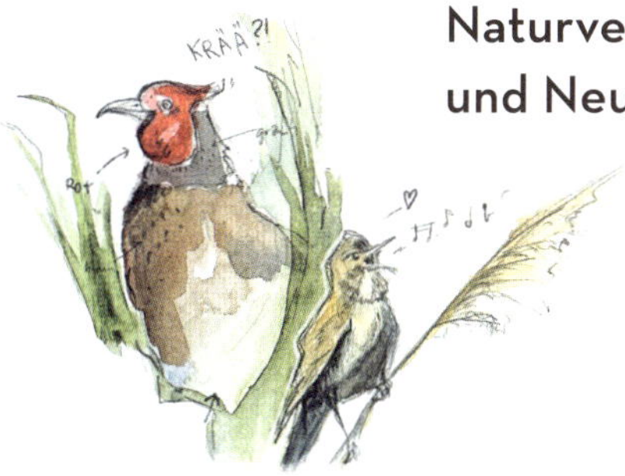

KOSMOS

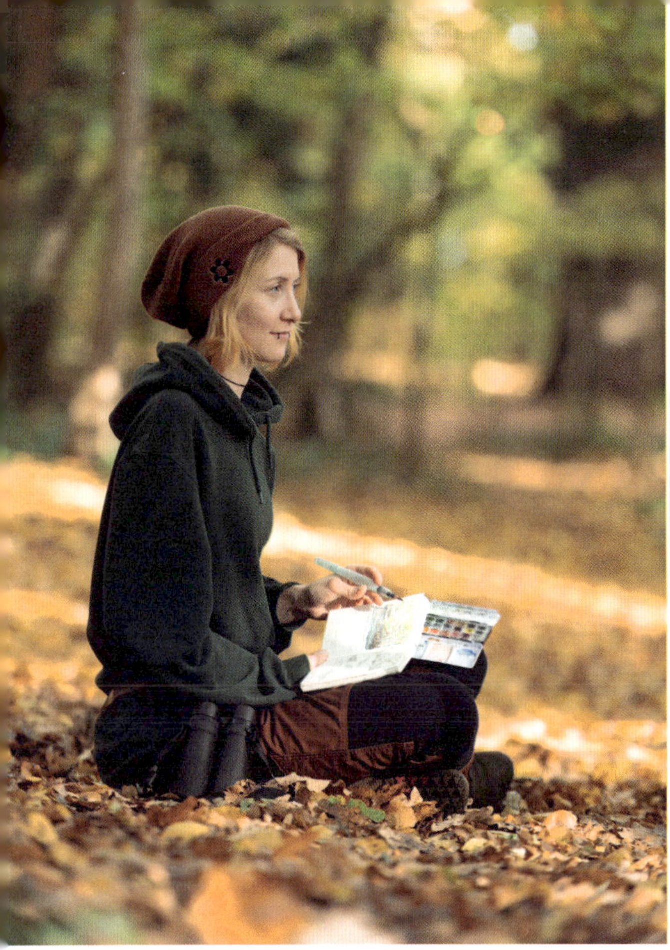
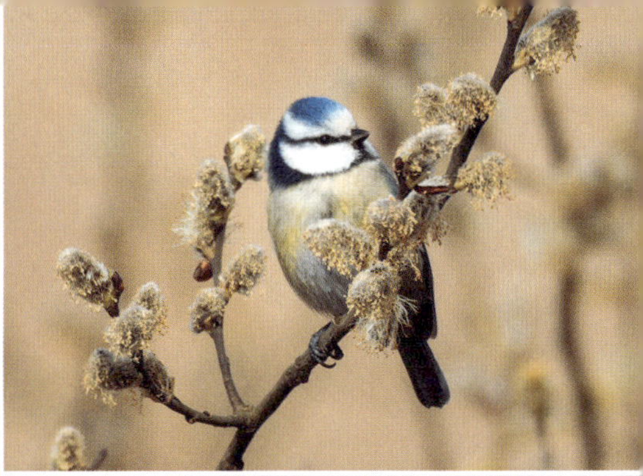
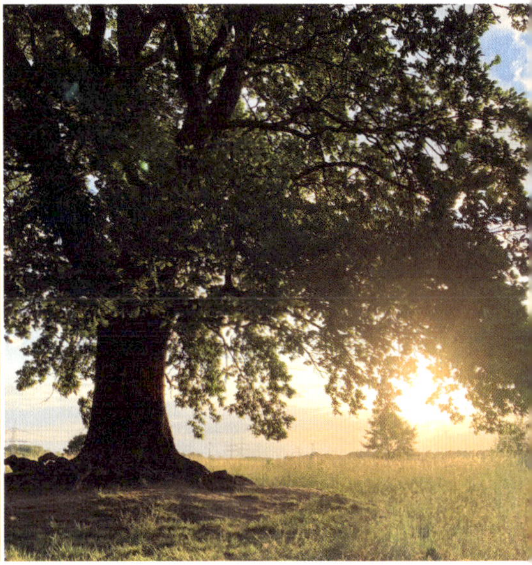

INHALT

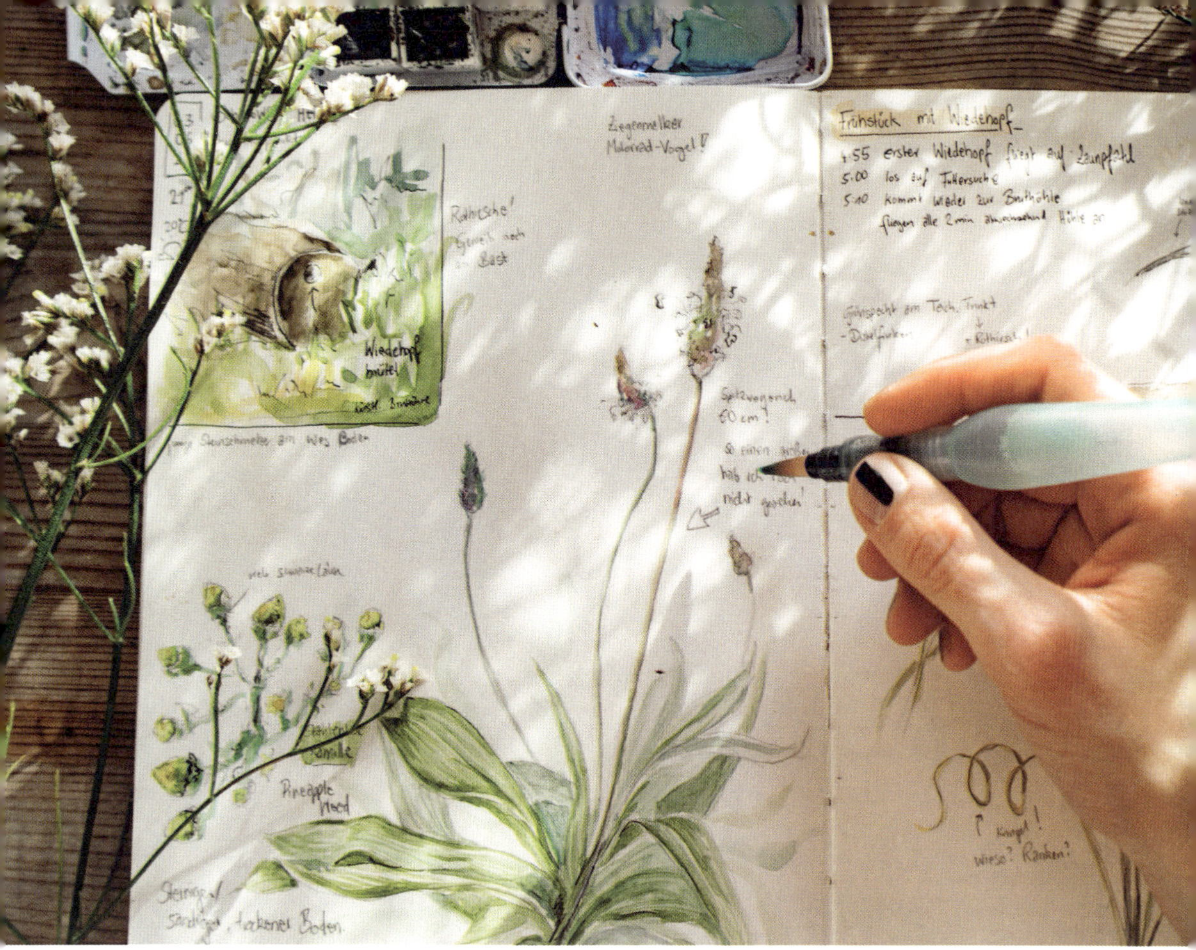
Frühstück mit Wiedehopf
Pineapple weed

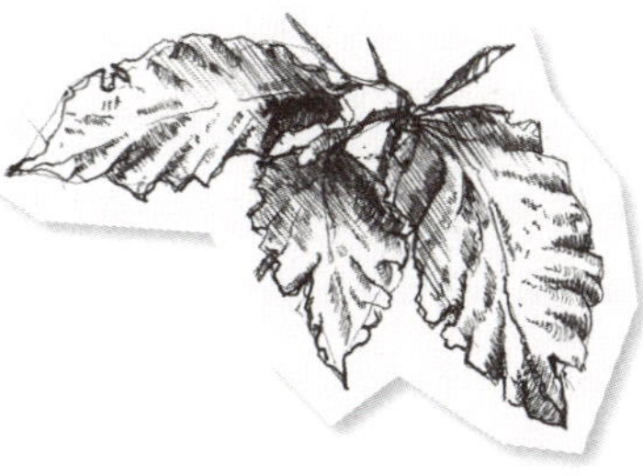

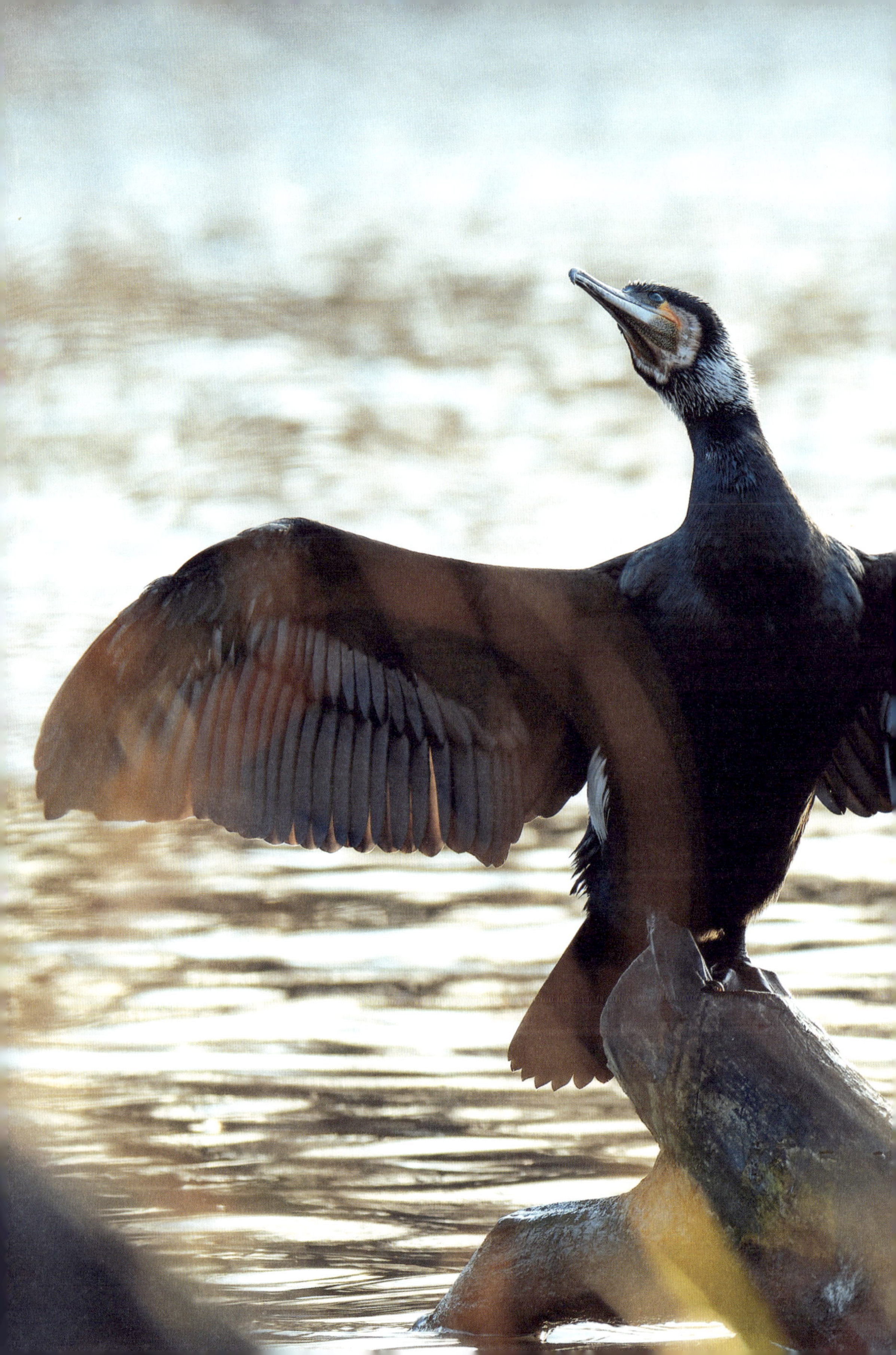

VOM WUNDERN UND STAUNEN

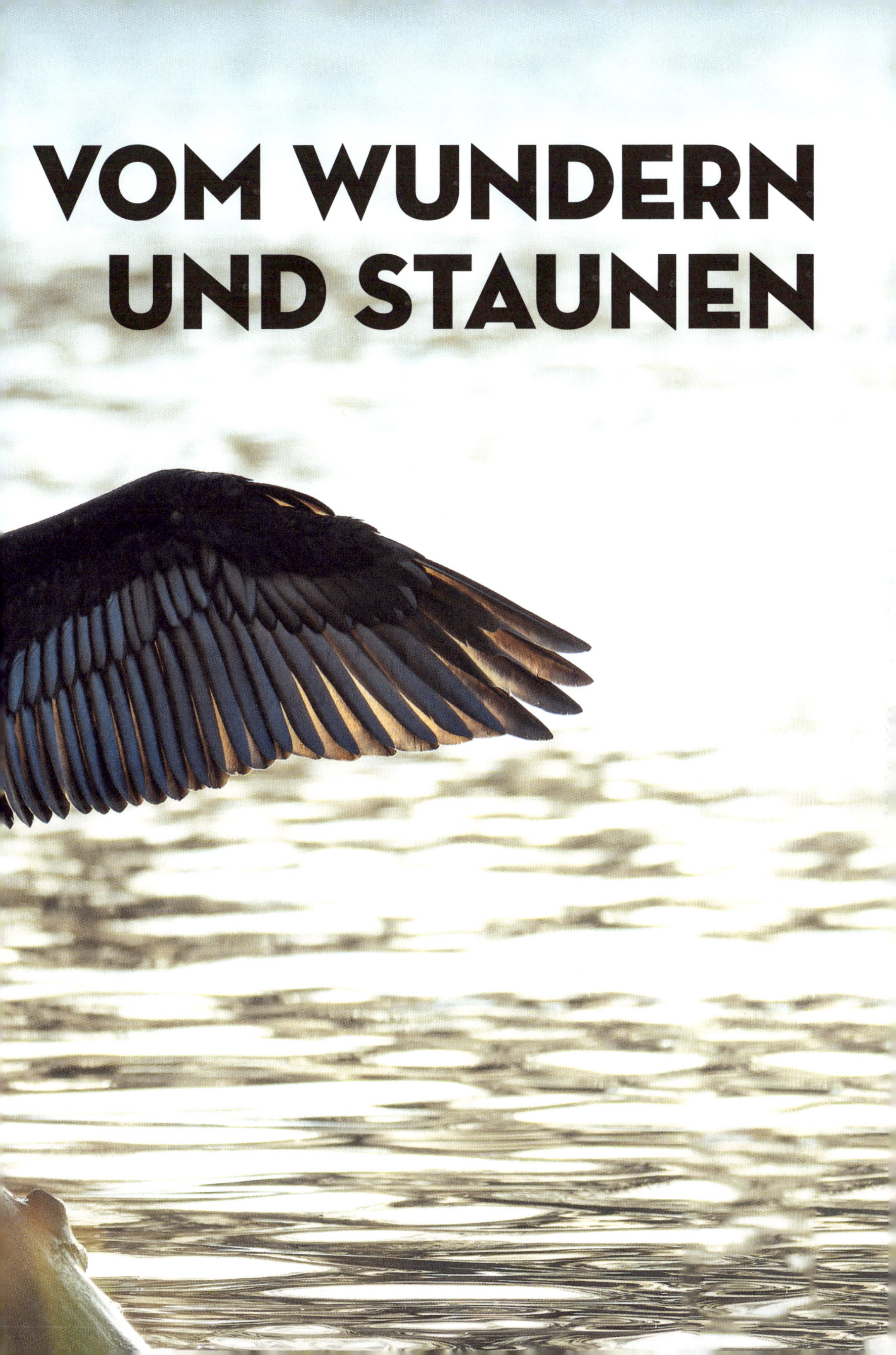

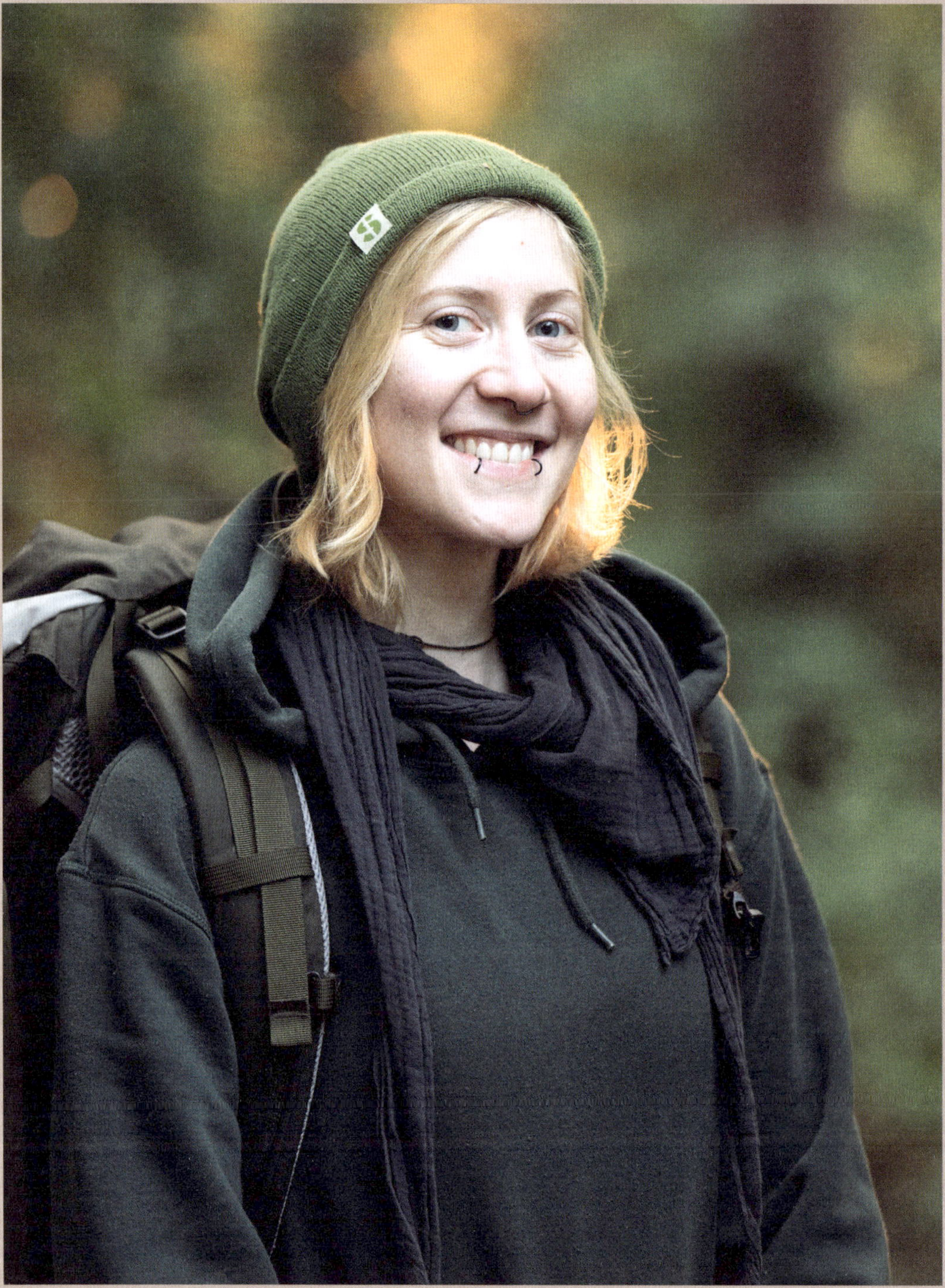

EINFACH RAUS UND MACHEN!

Hi, ich bin Verena und nehme dich in diesem Buch mit auf eine wundervolle Reise in die Welt des Nature Journaling!

Kreativität. Naturverbindung. Neugier!

Jede Reise beginnt mit dem ersten Schritt, mit der ersten Spur, dem ersten Pinselstrich, den du hinterlässt – auch die des Nature Journaling. Du wirst und sollst Fehler machen. Die Angst vor dem „Fallen" ist immer groß. Aber was, wenn du „fliegst"?

Was wäre, wenn du den Zugang zur Natur findest, nach dem du dich schon so lange sehnst? Du wirst dich wahrscheinlich zwischendurch ärgern und verzweifelt sein, vielleicht sofort wieder aufhören wollen. Aber – das verspreche ich dir – dein Weg wird auch unfassbar schön, spannend, zauberhaft, lustig und voller Wunder sein! Wie wäre es, jeden Tag voller Freude, Staunen und Mut zu begrüßen und die Welt jeden Tag mit neuen Augen zu sehen? Komm, lass es uns wagen und gemeinsam in die Welt des Nature Journaling eintauchen!

ENTDECKERFREUDE

Ich kann mich noch gut an meine erste Nature Journal Seite erinnern. Damals wusste ich nicht, dass es so etwas Offizielles wie Journaling, Naturskizzenbuch oder Ähnliches gibt. Rückblickend war sie der Start in eine wunderbare, sinnstiftende und verbindende Reise in die und mit der Natur. Ich war neun Jahre alt und wollte Forscherin und Entdeckerin werden, wenn ich groß bin. Deswegen hatte ich draußen beim Spielen immer einen selbst gemachten „Detektiv-Notizblock" und einen Bleistift dabei: Welche Katze kommt wann vorbei? Welches Kind zupfte welche Pflanzen ab? Und auch, als eines Tages ein Nachbarskind einen Weberknecht gefunden hatte und dieser zu unserem Entsetzen ein Bein von sich warf, dokumentierte ich akribisch: „Weberknecht. Ein Bein ab (hat nur noch sieben). Kaputtes Bein bewegt sich noch ein bisschen allein!" Dazu kam eine Skizze, die das zappelnde Bein und das arme restliche Tier darstellte.
Die Faszination, die durch diese paar Worte und Striche ausgelöst wurde, und mein Notizbuch wurden zu meinen treuen Begleitern. Mit ihnen dokumentierte ich für mich immer wieder absurd erscheinende Naturphänomene über lange Zeit. Auch, wenn ich als Teenager zwischendurch lieber Vampire und Drachen malte, saß ich doch währenddessen immer wieder in hohen Bäumen und versteckten Wiesen und fand dort meinen sicheren Ruhepol.

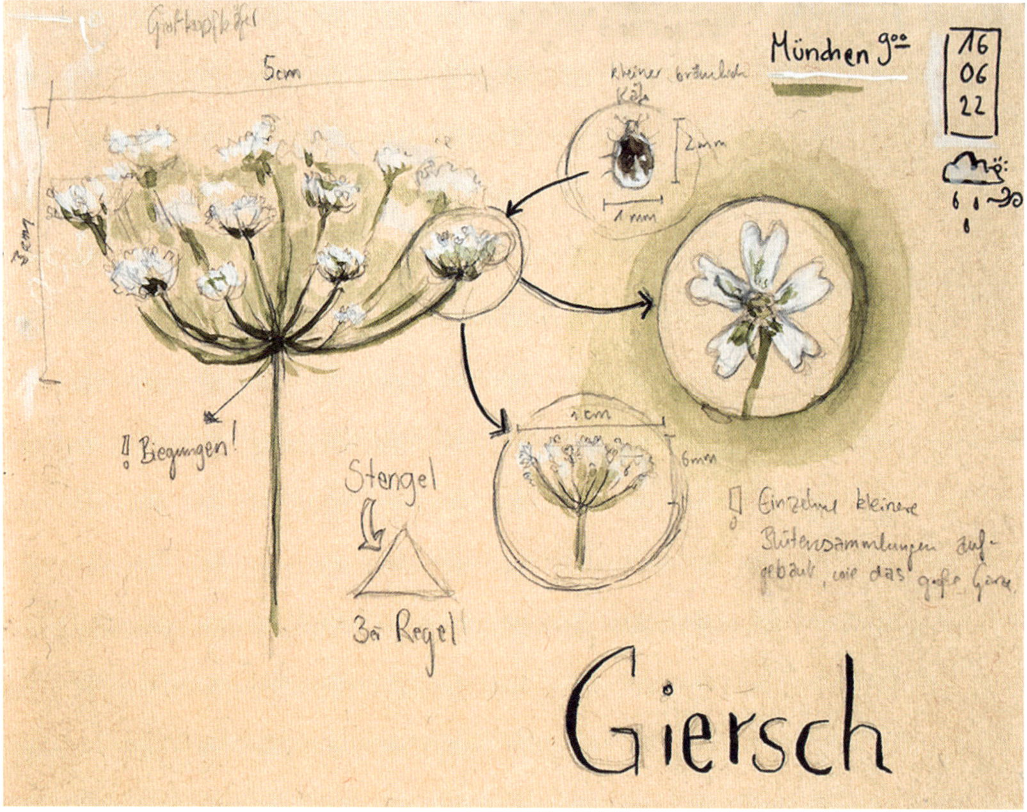

Eine unbekannte Pflanze wird durch genaues Beobachten zur vertrauten Freundin.

ZURÜCK ZUR NATUR

Die Liebe zur Natur bekam in dieser Zeit ein paar Kratzer, vor allem durch anstrengende Biologiestunden. Wissen einfach aus Büchern zu reproduzieren und nicht zu hinterfragen lag mir schwer im Magen. Ich wollte die Welt lieber selbst entdecken. Während meiner Schulzeit entfernte ich mich so immer weiter von ihr, denn sie war nur noch anstrengend und ebenso wie das Zeichnen mit Bewertung und Kritik verbunden – die klassische Naturentfremdung. Später folgte dann ein Kunststudium, welches mir leider das letzte bisschen Mut und Freude am kreativen Ausdruck nahm. Die Natur war zu einem Ort geworden, durch den ich am Wochenende unter Zeitdruck wanderte, um am Aussichtspunkt ein paar Fotos zu machen und schnell wieder heimzufahren, bevor es dunkel wurde. Keine Zeit, um bei den Ameisen neben dem Waldweg anzuhalten, die schillernden blauen Mistkäfer beim Pillenrollen zu beobachten oder den anmutigen Bussard zu bestaunen.

Ich war verloren und ohne Anker. Dann zog ich die Reißleine und wanderte auf einen Selbstversorgerhof in Österreich aus. Ich kam wieder in Kontakt mit den Kräutern am Wegesrand, hatte wieder Erde unter den Fingernägeln und Zeit, stundenlang den Erdgrillen bei ihrem Abendkonzert zu lauschen. Ich konnte wieder frei atmen und meine Füße wie fast vertrocknete Wurzeln in die Erde graben. Und noch etwas kehrte zurück: Endlich begann ich meine Naturerfahrungen wieder in einem „Naturskizzenbuch“ zu dokumentieren.

Zurück in Deutschland, wollte ich meine neu errungene Verbindung zur Natur nicht erneut verlieren und suchte mir einen Job, bei dem ich den ganzen Tag draußen sein kann: Ich machte eine Ausbildung zur Erzieherin in einem Waldkindergarten. Nun durfte ich den ganzen Tag mit Kindern im Wald verbringen, die Natur entdecken und mit und von ihr lernen, und natürlich hielten wir alle unsere Erlebnisse in unseren Natur-Tagebüchern fest. Um mir über die praktische Arbeit hinaus noch weiteres Wissen zu erschließen, machte ich parallel die Ausbildung zur Wildnispädagogin, welche der Beginn einer niemals endenden Reise der Naturverbindung und Liebe für diese Welt war.

NATUR GIBT ES ÜBERALL

Mit meinem Umzug in die Hauptstadt Berlin bangte ich zunächst, dass dies ein zu großer Widerspruch zu meiner Suche nach mehr Wildnis im Alltag werden könnte. Aber gerade in der Großstadt fand ich mehr Natur, unberührte Ecken und vergessene Wildnis, als ich je zuvor erlebt hatte. Ich genoss das Eintauchen in die wilde Berliner Draußenwelt zwischen Fuchs, Eisvogel und Dachs und freute ich mich über die immer stärkere Online-Vernetzung der naturbegeisterten Menschen über Social Media. Der Moment, in dem ich „Nature Drawing and Journaling“ von John Muir Laws in meinen Händen hielt und die ersten Zeilen las, gleicht einem epischen Film – in Zeitlupe und dramatisch hinterlegt: Nature Journaling! Mir fiel es wie Schuppen von den Augen: Das ist es, was ich mein Leben lang gesucht habe. Natur und Journal, kreativ sein, Natur entdecken, Fragen stellen dürfen und keine schönen Bilder malen müssen? Das ist meine Bestimmung! Ich darf wieder Forscherin sein, neugierig, Freude in der Natur haben, zeichnen ohne Angst vor Kritik an meinen Zeichnungen, die so viel mehr sind als Bilder an der Wand. Ich streife wieder mit Skizzenbuch, Lupe, Stiften und Glitzern in den Augen durch die Wiesen, mit Muscheln und Steinen in den Jackentaschen und Laub in den Haaren.
Ich habe das Glück, meine Liebe zur Natur und die Praxis des Nature Journaling in die Welt hinaus tragen zu dürfen, denn für mich ist das ein Weg, diese wunderbare Welt zu retten. Fühlst du auch dieses Feuer in dir brennen? Hörst du die leise Stimme in dir, die etwas Großartiges verspricht, das dich wieder mit in die wilde Natur vor deiner Haustür nehmen möchte? Die Wunder dieser Welt sind dort draußen und warten auf dich!

„Jetzt liegt es an dir, die Wunder der Natur wiederzuentdecken und zu feiern! Bist du bereit?“

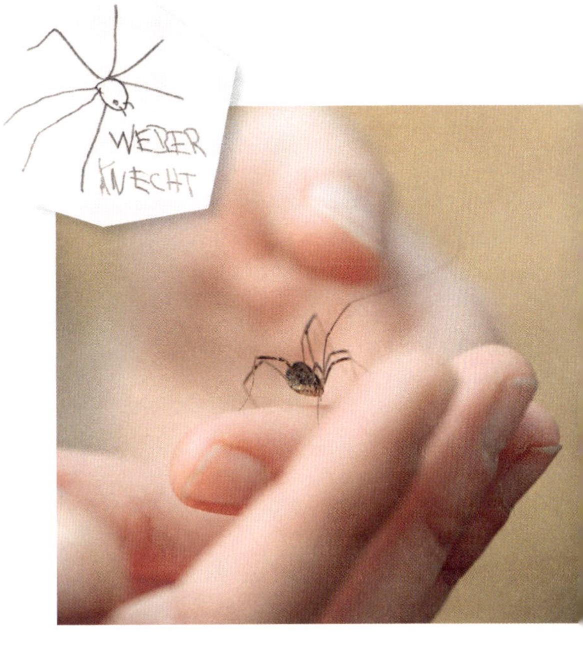

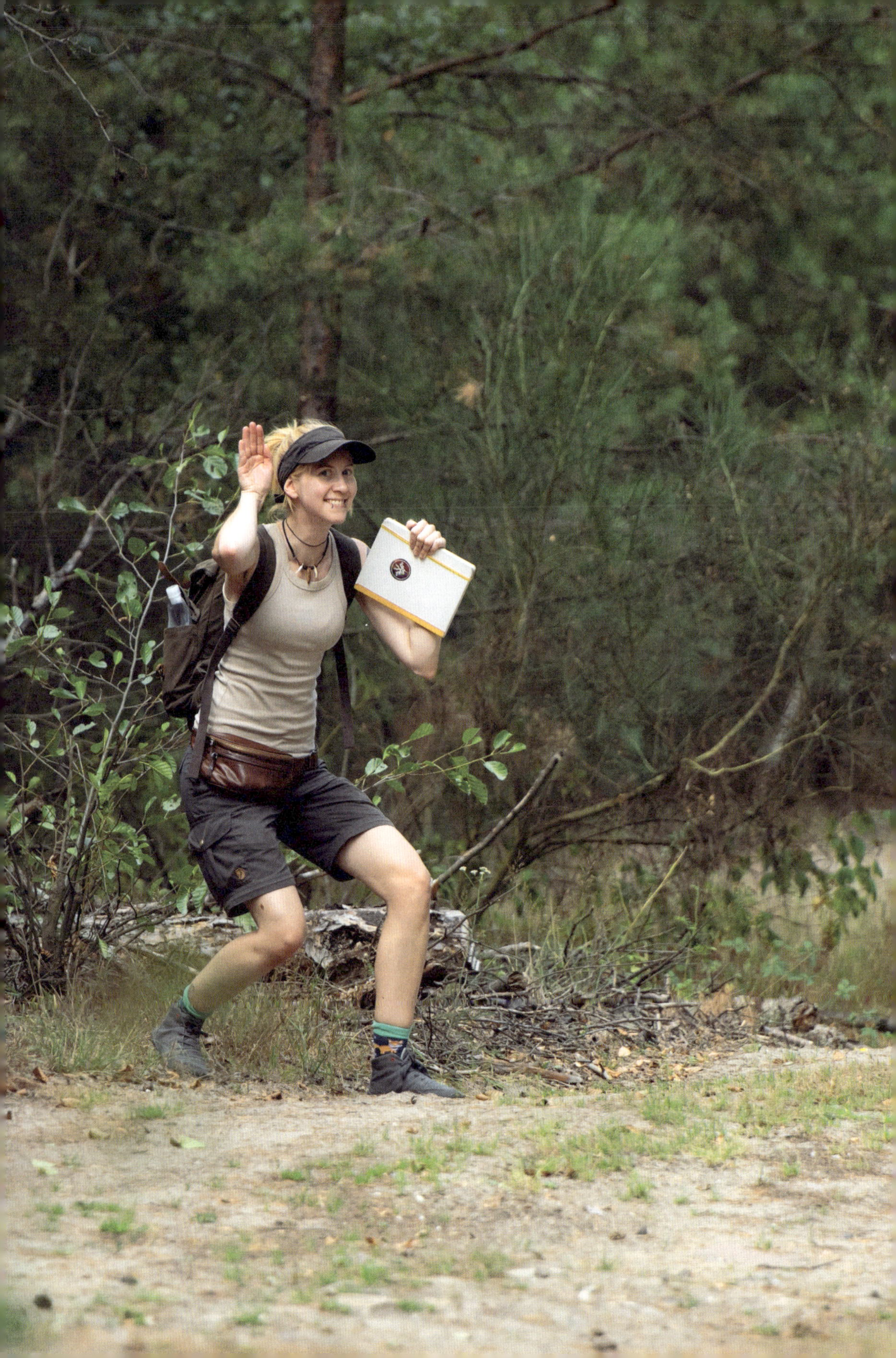

„Mit deinem Journal wird jeder Spaziergang im Park zu einem spannenden Abenteuer voller Wunder!“

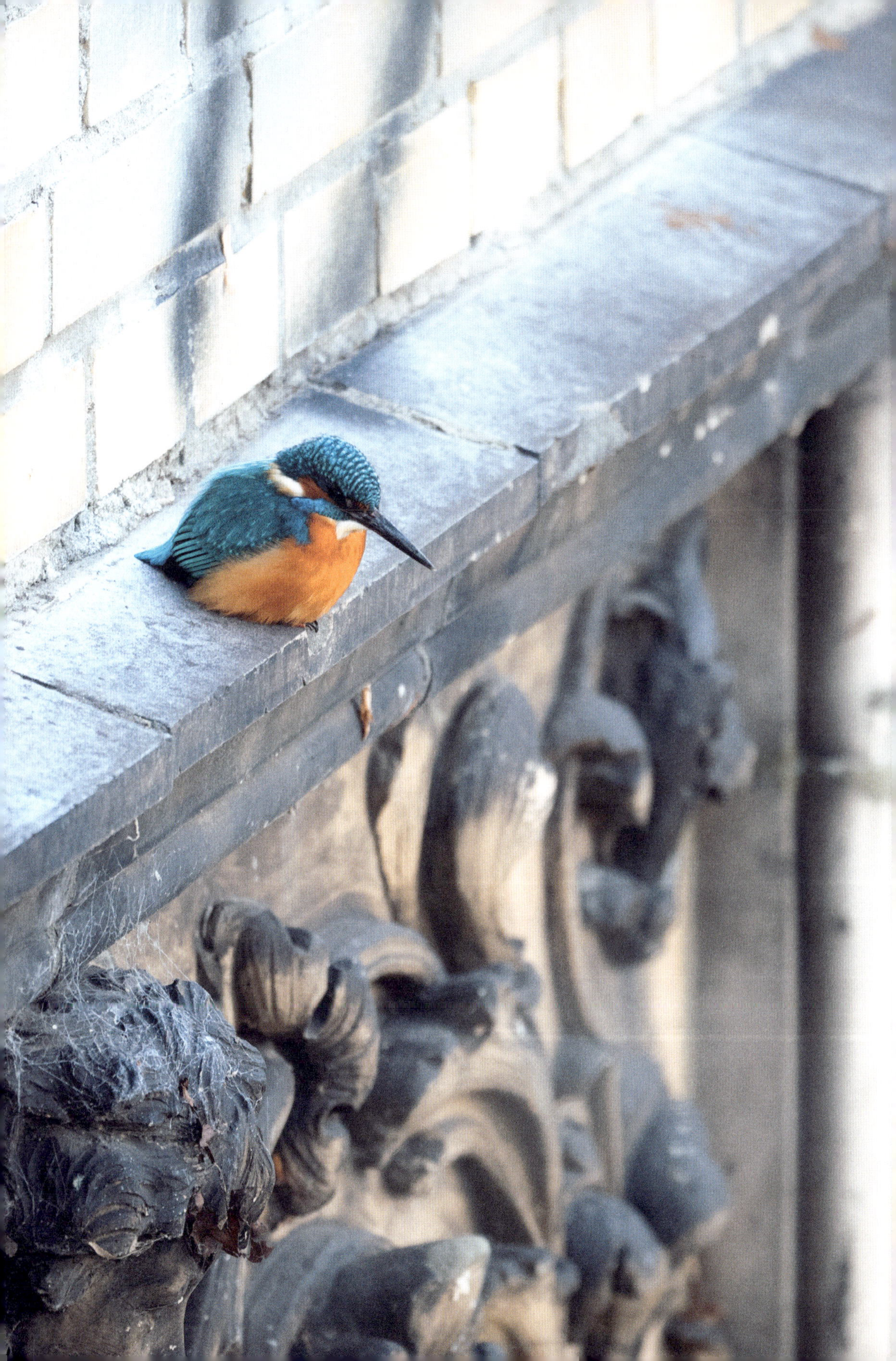

DER ZAUBER DES ANFANGS

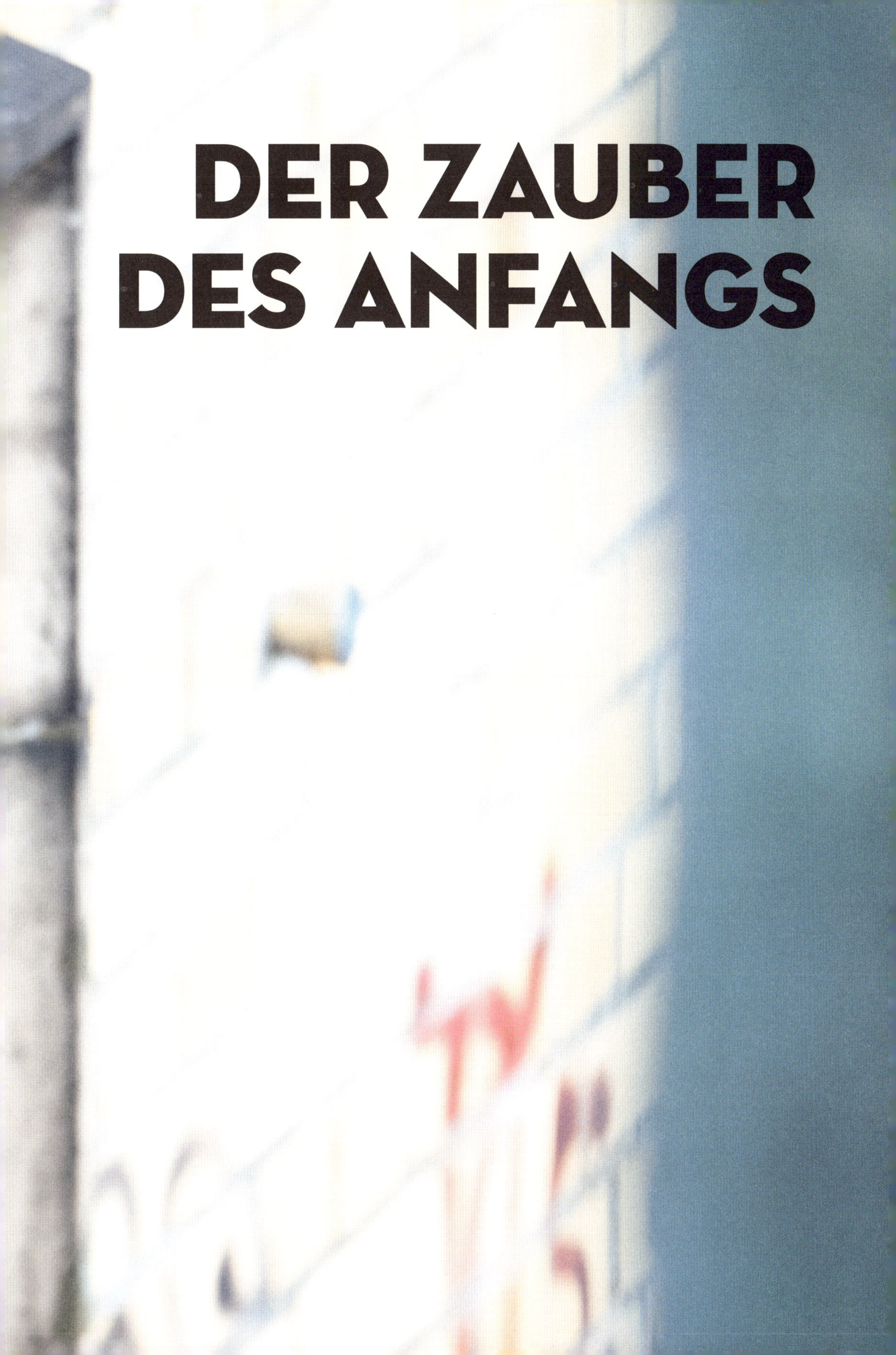

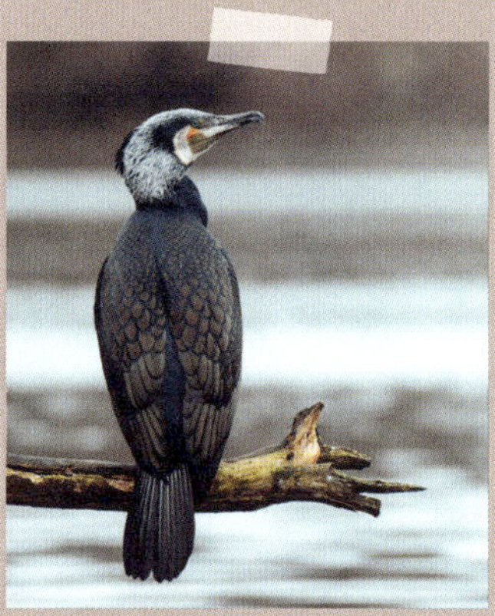

KORMORANE AM BERLINER SEEUFER

Den meisten Spazierengehenden fallen die wunderschönen „Seeraben" auf den Ästen eines umgestürzten Baumes im Wasser gar nicht erst auf.

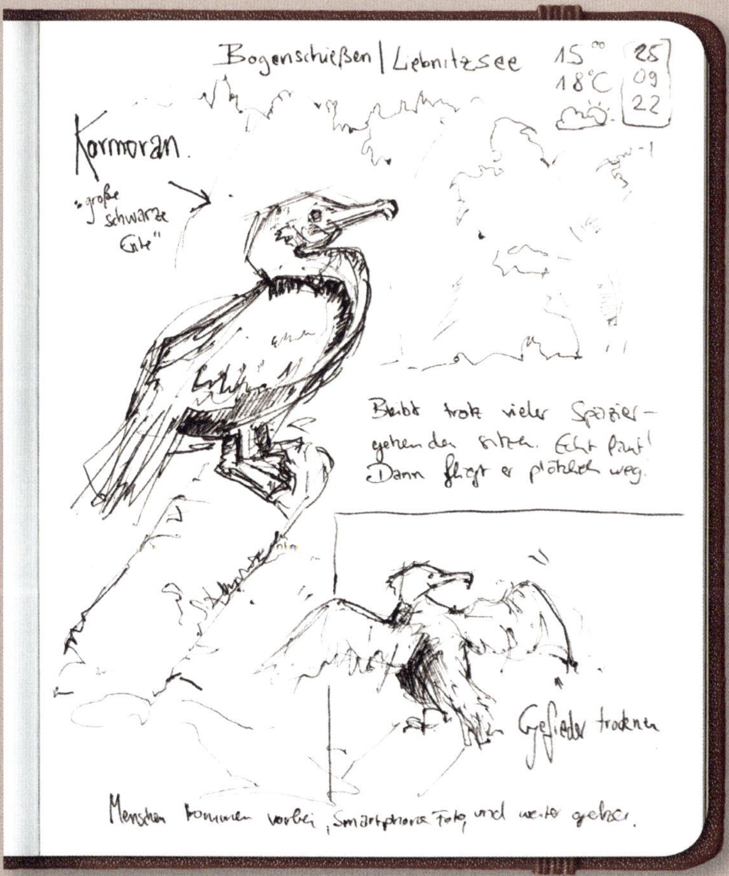

Was ist Nature Journaling?

Nature Journaling ist eine wunderbare Möglichkeit, dich mit der Natur zu verbinden, deine Kreativität wieder frei spielen zu lassen und deiner Neugier zu folgen. Es ist eine richtig wertvolle Methode, um deine Erlebnisse, Beobachtungen, Gedanken und Gefühle mit und in der Natur dokumentieren und wertzuschätzen.

Das funktioniert auf jede nur erdenkliche Art und Weise. Ich nehme gerne einfach ein erschwingliches Skizzenbuch und ein paar Stifte – schon kann es losgehen! Es gibt kein richtig und falsch, denn Nature Journaling ist so individuell wie du selbst! Du kannst Bilder, Zeichnungen und Fotos nutzen, aber auch mit Worten beschreiben. Deine Erlebnisse und Beobachtungen können über Wörter und Gedichte lyrisch erfahrbar werden, aber auch wissenschaftlich durch Zählen, Messen und Vergleichen erfasst werden.
Mit der Zeit und ganz nebenbei lernst du beim Nature Journaling die Natur besser kennen und entwickelst deine zeichnerischen Fähigkeiten weiter. Wenn du einer Sache, die dir im Herzen liegt, viel Zeit und Energie widmest, wirst du automatisch besser.
So kannst du Stück für Stück die Geheimnisse und die unfassbare Schönheit der Natur um dich herum wiederentdecken und sie letzten Endes bewahren und schützen, denn nur was wir auch sehen und kennen, können wir auch schützen.

WARUM ENGLISCH?

Kann ich nicht einfach auch „Naturtagebuch" sagen? Es gibt viele ähnliche Begriffe: Naturtagebuch, Naturskizzenbuch, Wildnis-Tagebuch und mehr. Das englische „Nature Journal" ist seit Jahren ein fester Begriff in der Kreativ-Szene, der einige Grundpfeiler, Methoden und Werte einschließt, an welchen ich mich ebenfalls orientieren möchte. Die Verlaufsform „-ing" verkörpert für mich auch genau das, was Nature Journaling sein soll: Es ist kein abgeschlossenes, für sich stehendes Hobby oder staubiges Buch, sondern ein immerwährender Prozess, der den Alltag durchdringt und begleitet. Er ist nicht irgendwann fertig, sondern eine Erinnerung daran, immer neugierig zu bleiben.

TIPP

Du musst fürs Nature Journaling keine Künstler:in sein, besonders grandios malen können oder dich schon gut mit der Natur auskennen.

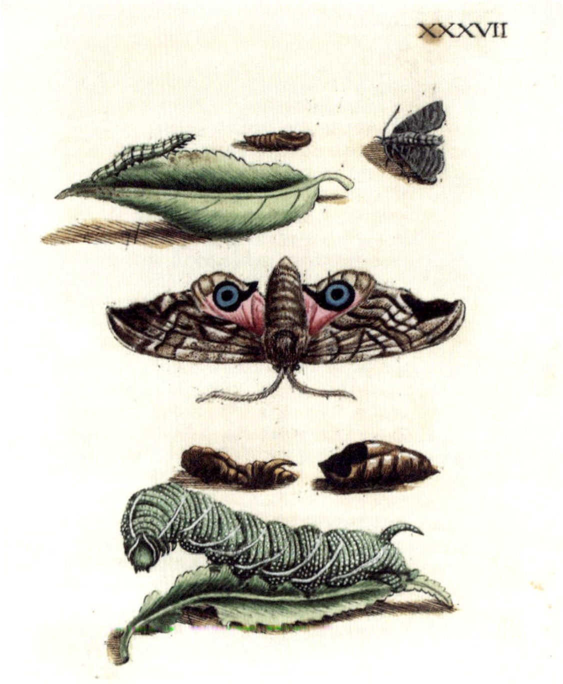

Nur durch neugieriges Beobachten konnte Merian diese wunderbare Verwandlung so genau darstellen.

DER URSPRUNG …

„Nature Journaling" gibt es an sich schon eine ganze Weile, wenn auch vielleicht nicht unter diesem Namen. Seine historischen Vorläufer sind die tagebuchähnlichen Naturstudien von großen Naturforschenden und Künstler:innen, wie Maria Sibylla Merian, Leonardo Da Vinci, Alexander von Humboldt oder Johann Wolfgang von Goethe. „Die Natur" war schon immer Teil unseres Lebens und deshalb auch in Kunst und Wissenschaft präsent. Aber seit wann gibt es die Verbindung von Natur, kreativem Ausdruck, Dokumentation und dem eigenen Selbst? Ich glaube, wir haben schon immer „ge-naturejournalt". In einer der ältesten Höhlenmalereien sind Tiere und Pflanzen zu erkennen. Unsere Geschichten sind darin verwoben – erzählt an Höhlenwänden. Durch die Geschichte aller indigenen Völker zieht sich eine Linie der Naturverbundenheit, dokumentiert auf unterschiedlichste Art und Weise. Heute besteht ein Nature Journal aus Papier oder befindet sich sogar schon digital auf dem Tablet, früher nutzte man Wände, Bäume, Knochen, Ton und Stoffe.

… UND DIE GEGENWART

Den Begriff des Nature Journaling wie wir ihn heute verwenden, haben wundervolle Menschen wie Clare Walker Leslie, John „Jack" Muir Laws und viele mehr aus ihren Kreisen geformt. Ich versuche, ihrer Moral, ihren Linien und Werten folgend das Nature Journaling in den deutschsprachigen Raum zu übertragen und ergänze es durch meine persönliche Reise in die Wildnispädagogik. Wunderbarerweise gibt es eine Vielzahl ähnlicher Strömungen, die sich parallel entwickeln und dem Thema Kunst und Natur einen Facettenreichtum ermöglichen, bei dem jeder interessierte Mensch einen Anknüpfungspunkt für sich finden kann. Dazu gehören Urban Sketching, Natur-Aquarellmalerei, „Natur Kritzeleien", Land Art, kreatives Waldbaden und Freiluftmalerei. Kurz gesagt: Ein Nature Journal ist ein Ort – meist ein Skizzenbuch –, an dem du alle deine Interaktionen, Gedanken, Entdeckungen, Gefühle in und mit der Natur zusammen fassen kannst. Eine Dokumentation deiner persönlichen Naturverbindungs-Reise. Diese kann so individuell wie du selbst sein: Du kannst zeichnen, schreiben, zählen, messen, etwas einkleben, Statistiken benutzen, Comics einbinden, Collagen erstellen und vieles mehr. Du kannst in jedem Moment und an jedem Ort damit starten, es ist nie zu früh oder spät. Der beste Moment ist jetzt.

Übung

Schreibe spontan je drei Assoziationen auf:

Was bedeutet „Natur“ für dich?

Was bedeutet „Journaling“ für dich?

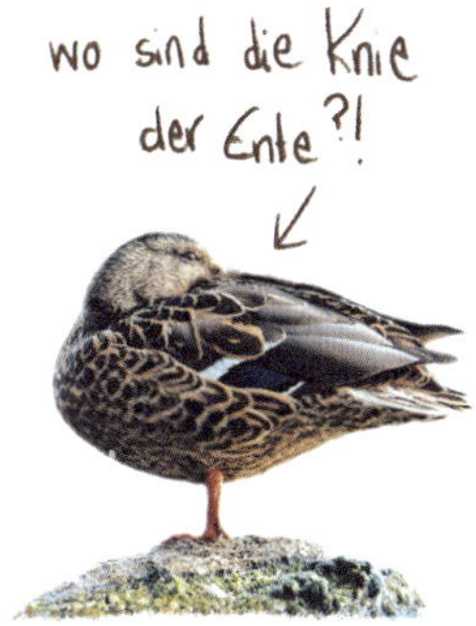

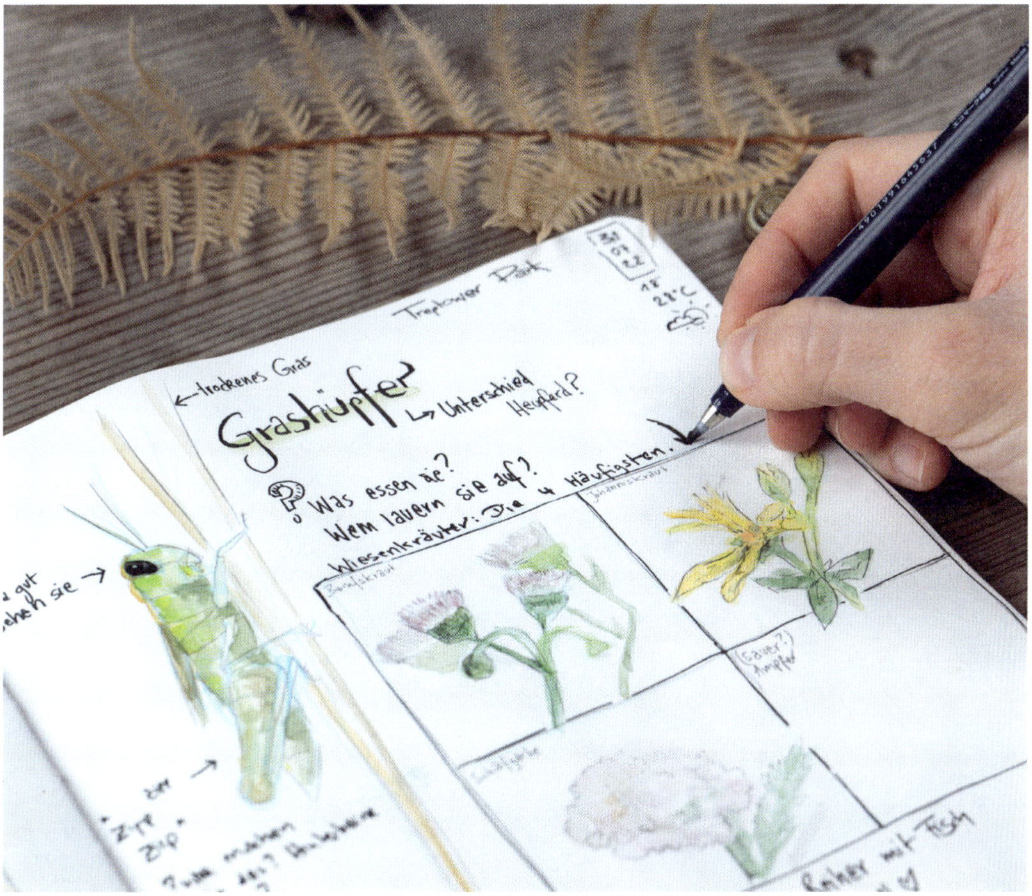

Mit jeder Journalseite entdeckst du in der Wiese neue Schätze.

Kreative Naturverbindung

Nature Journaling ist nicht nur eine wunderbare Methode, um deine Kreativität aufleben zu lassen, es ist auch eine Kernroutine und essenzieller Teil der Wildnispädagogik.

Die Wildnispädagogik möchte die Menschen, noch mehr als Erlebnis- und Naturpädagogik, wieder mit ihrer inneren und äußeren Natur vertraut und heimisch werden lassen. Sie dürfen selbst wieder wilder werden. Durch das gemeinsame Leben und das Lernen in der Natur erfahren wir, dass das „da draußen" unser aller Zuhause ist.
Indem wir Fragen stellen und selbst forschen, sammeln wir Wissen über heimische Tiere, Pflanzen und Pilze. Durch Naturhandwerk, das Einüben von „Living Skills" sowie das Leben von „Kreiskultur" erkennen wir: Alles ist mit allem verbunden. Diese Stück für Stück wiedererlangte Naturverbundenheit wird mittels verschiedener Methoden, den sogenannten Kernroutinen, grundlegend eingeübt und nachhaltig gestärkt. Sie sind alle miteinander verwoben und können sich gegenseitig bereichern.

DER SITZPLATZ

Draußen zu sein ist die Basis für alle deine Naturbeobachtungen. Ohne direkten, erlebten Naturkontakt gibt's keine Naturverbindung. Suche dir einen Ort in der nahen Natur, den du regelmäßig besuchen kannst. Dort setzt du dich hin, beobachtest und wirst dadurch dort heimisch. In dein Nature Journal trägst du deine Beobachtungen, Erlebnisse, Fragen und wunderbare Dinge, die dir begegnen, ein.

HERUMSTREIFEN

Ähnlich wie der Sitzplatz ist das Herumstreifen (im englischen „Wandering") ein zielloses Umherstreifen. Schlendere ohne Plan und Ziel durch die Natur und lass dich von deinem Bauchgefühl und deiner Neugier leiten. So kannst du in Bewegung bleiben und trotzdem innerlich still werden, dich mit der Natur verbinden und deine Wahrnehmung weiten. Deine Entdeckungen und Gefühle, Wege und Funde kannst du in deinem Nature Journal dokumentieren und dich auch noch später dran erinnern. Ich mag diese Übung besonders gerne, wenn ich ein bisschen unruhig bin und nicht an meinem Sitzplatz stillsitzen möchte. So kann ich in „bewegter Meditation" in die Natur eintauchen.

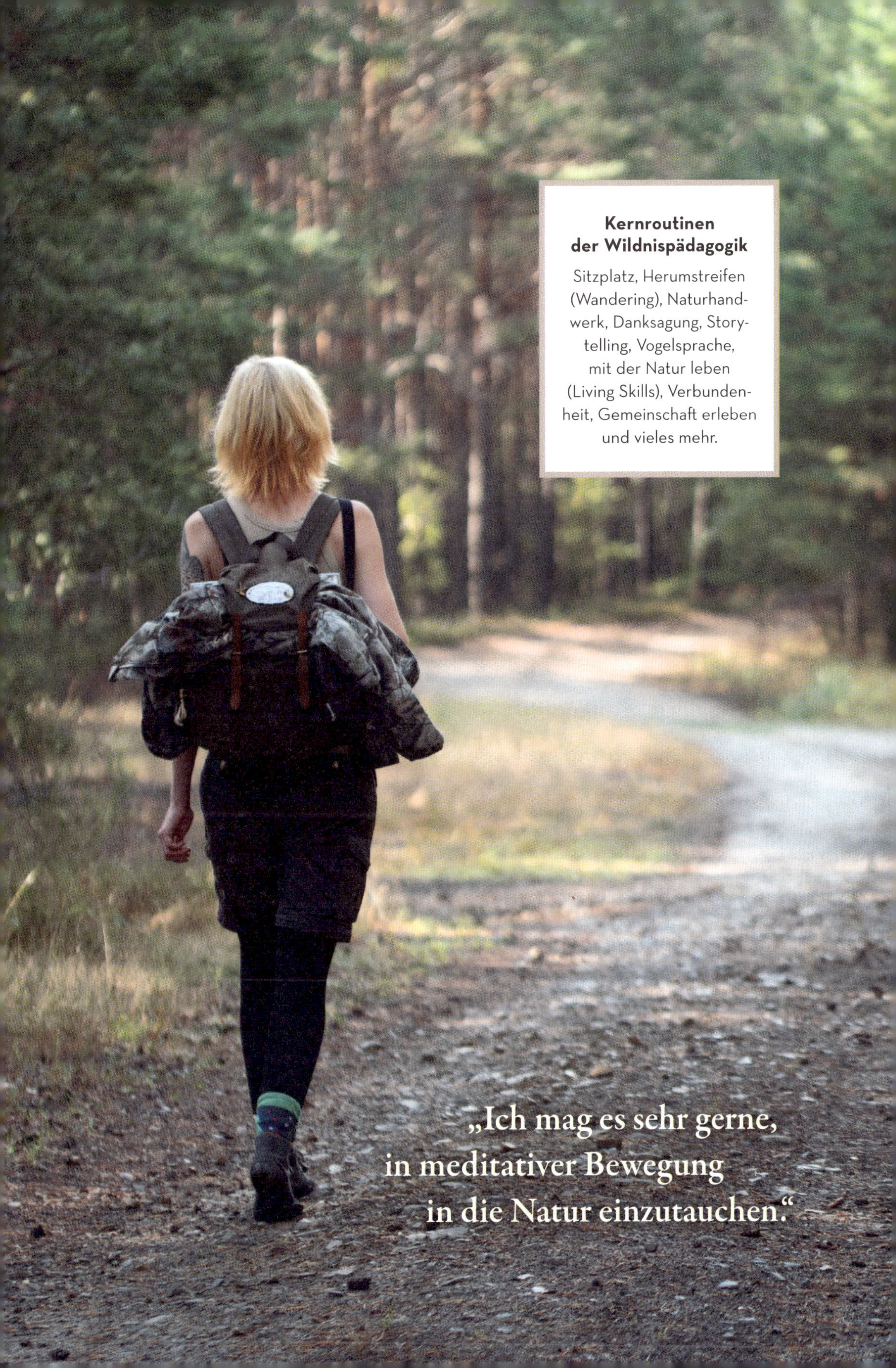

Kernroutinen der Wildnispädagogik

Sitzplatz, Herumstreifen (Wandering), Naturhandwerk, Danksagung, Storytelling, Vogelsprache, mit der Natur leben (Living Skills), Verbundenheit, Gemeinschaft erleben und vieles mehr.

„Ich mag es sehr gerne, in meditativer Bewegung in die Natur einzutauchen."

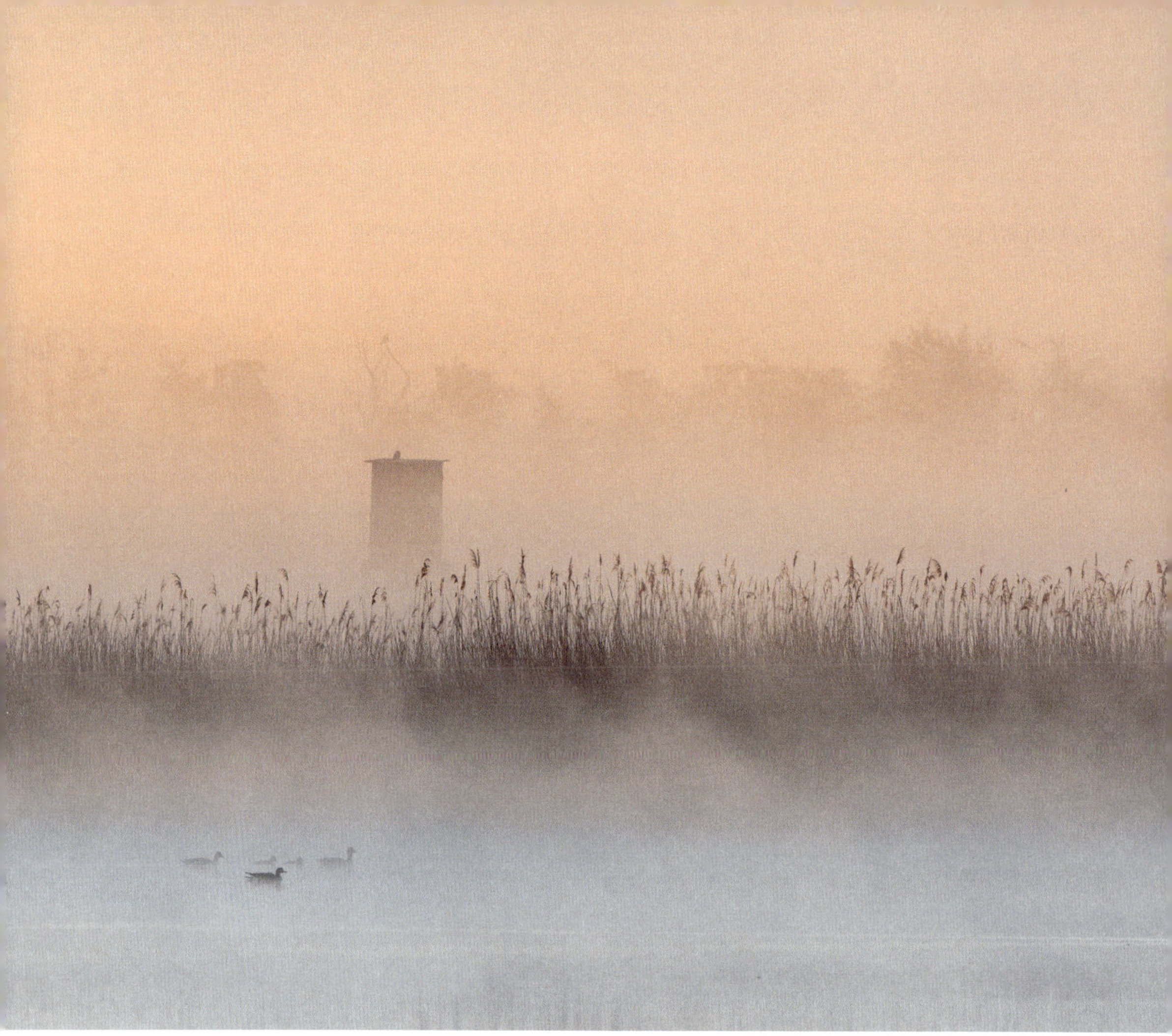

„Nur die Wesen in der Natur, die wir sehen und kennen, können wir auch schützen."

DANKBARKEIT

Regelmäßiges, wertschätzendes Innehalten und Danke sagen macht die kleinen Glücksmomente des Alltags sichtbar. Oft nutze ich eine kleine Ecke in meinem Journal dafür oder widme zu Beginn des Journals eine ganze Doppelseite dem Dankesagen. Diese Übung kannst du auch im Kreis von Familie und Freunden zum regelmäßigen Ritual werden lassen: Jeden Morgen oder Abend könnt ihr gemeinsam ein paar Dinge aufzählen oder aufschreiben, über die ihr euch in der Natur besonders freut oder die euch gerade glücklich machen. Das verbindet ungemein, lässt dich einen Blick in den Alltag deines Gegenübers werfen und ihr sammelt gemeinsam kleine Dankbarkeitsmomente. Mit deinem Nature Journal schenkst du der Natur Aufmerksamkeit und öffnest deinen Blick für ihre großen und kleinen Schätze.

NATURWISSEN

Während du dich mit deiner Umgebung vertraut machst, entsteht eine wertschätzende Verbindung zwischen dir und deiner Mitwelt. Du lernst dich selbst als Teil eines Ganzen kennen. Mit deinem Nature Journal entsteht deine ganz persönliche Schatzkammer und Dokumentation der Natur bei dir vor Ort. Du baust eine Beziehung zu ihr auf und lernst sie kennen. Du wirst Spezialist:in für die Natur, die genau vor deiner Haustür wohnt. Indem du sie dokumentierst und wahrnimmst, wirst du heimisch, schlägst Wurzeln und kannst dich auf eine ganz magische Art mit deiner Natur vor Ort verbunden fühlen.

NATURHANDWERK

Etwas mit den Händen herzustellen berührt mich tief in meiner Seele. Viel zu viel Zeit verbringen wir vor Bildschirmen und tippen Buchstaben. Arbeit, Zeit, Liebe und die Geschichten, die in einem handgeflochtenen Korb, einem selbst gemachten Kleidungsstück oder einer selbst gekochten Marmelade stecken, sind unvergleichlich verbindend schön. Halte Rezepte, Anleitungen und Techniken ebenfalls in deinem Nature Journal fest. So entsteht ein individuelles Anleitungsbuch all deiner erschaffenen Werke, die du jederzeit wieder nachschlagen kannst.

Zwischen Stadtbalkon und Plattenbauten: Naturverbindung ist überall möglich!

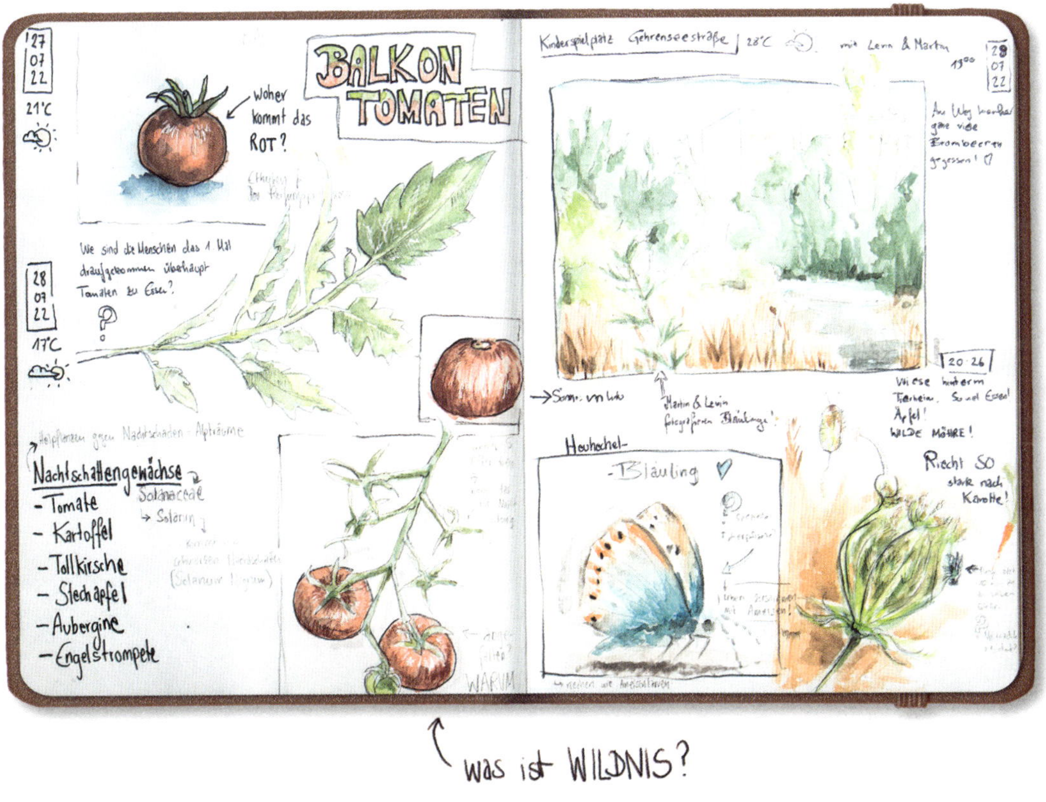

MIT DER NATUR LEBEN

Ohne Streichhölzer ein Feuer anzünden, in einem selbst gebauten Holzunterschlupf übernachten, wissen, wo draußen Nahrung und Wasser zu finden sind: Das ist elementar für das Leben in der Natur. Diese Fähigkeiten können wir wieder erlernen, um mit der Natur statt gegen sie zu leben. So können wir gelassen und wieder im Einklang mit der Welt um uns herum sein, ohne uns ausschließlich auf den Kampf ums Überleben fokussieren. Diesen Weg des Wieder-Wilder-Werdens dokumentiert dein Nature Journal in ganz wunderbarer und kreativer Weise.

STORYTELLING

Geschichten zu erzählen gehört seit Menschengedenken zu unserem Leben. Geschichten vermitteln Wissen über Generationen hinweg, sie inspirieren uns, helfen uns zu reflektieren und bringen uns gemeinsam zum Lachen. Auch deine „Geschichte des Tages“ mit deinen Naturerlebnissen und Entdeckungen kann Platz in deinem Nature Journal finden.

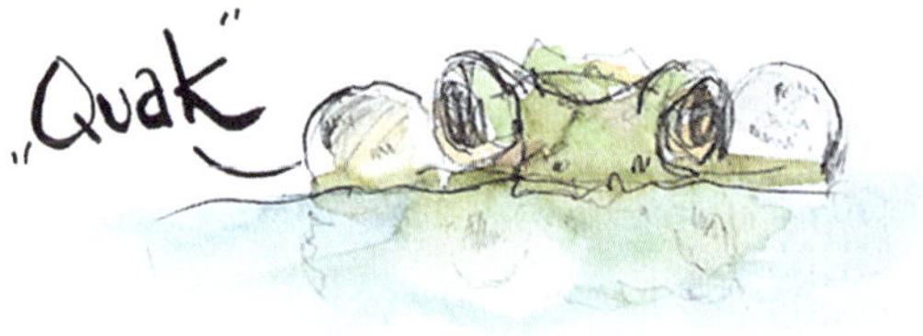

Werde zur aktiv Zuhörenden und dokumentiere deine Mitwelt.

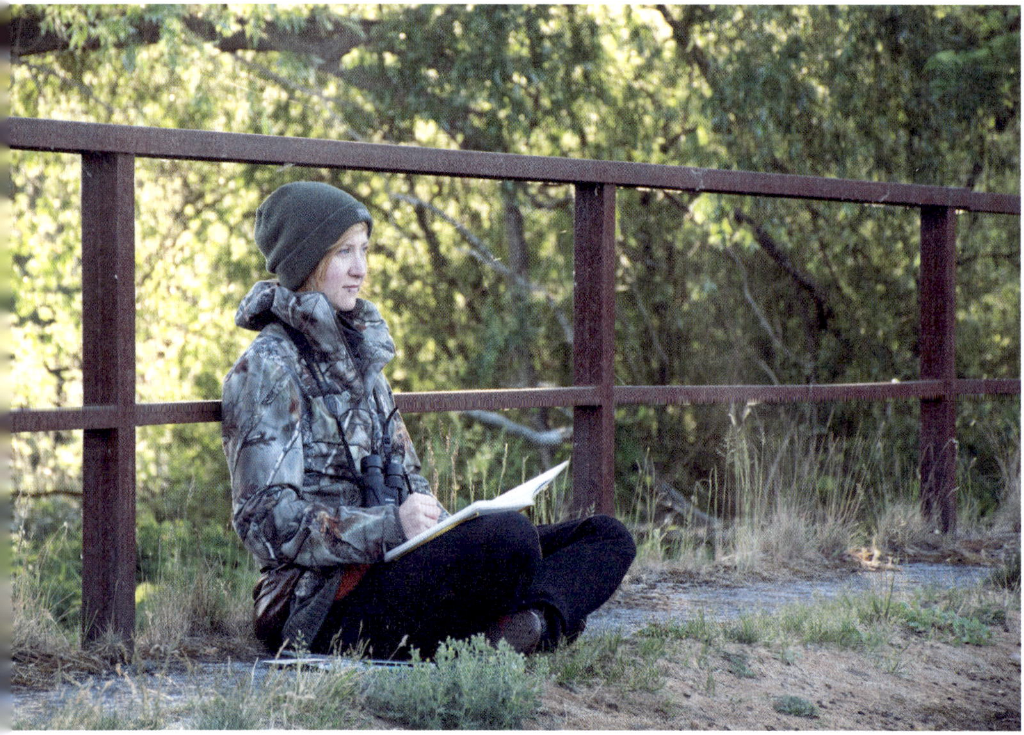

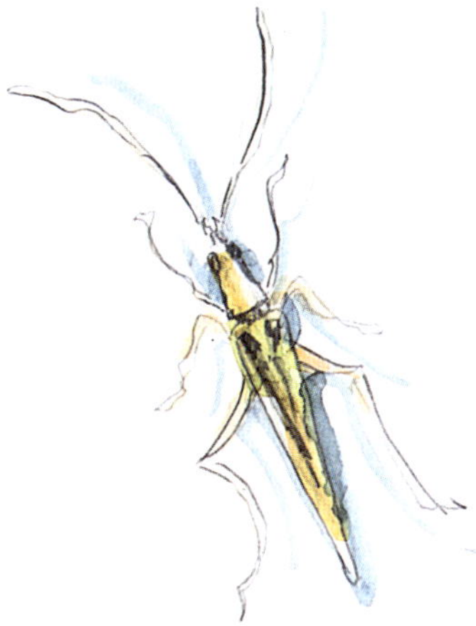

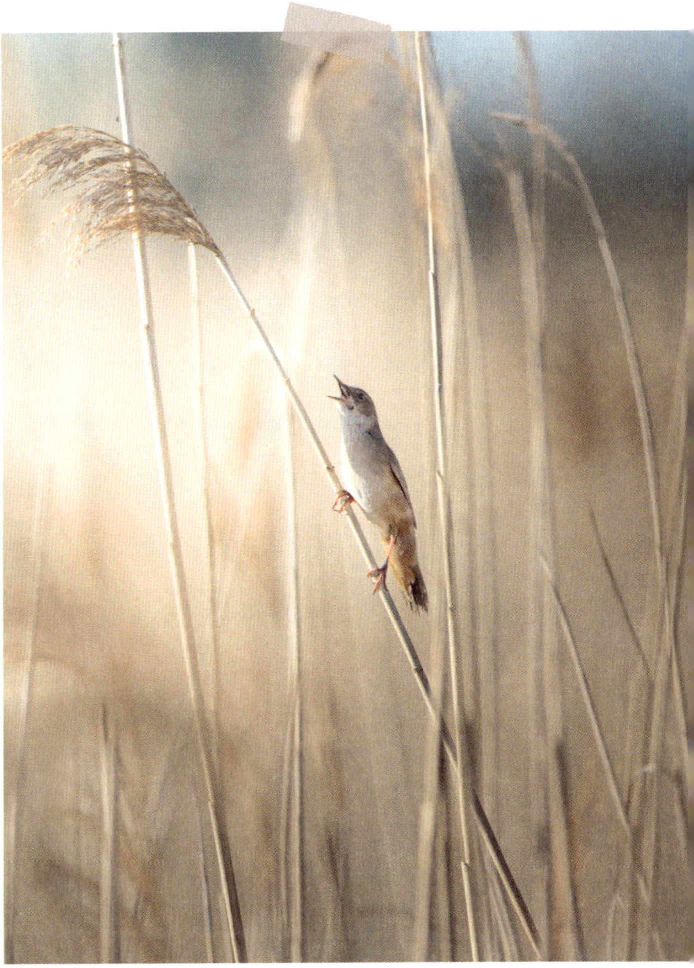

Den Gesang des Rohrschwirls lernte ich auf einer wunderschönen Sommermorgen-Wanderung kennen: Hinter seinem wahrhaft zum Namen passenden schwirrenden Gesang vermuteten wir zuerst eine seltsame Kröte oder ein lautes Insekt.

VOGELSPRACHE

Vogelgesang ist den meisten von uns geläufig. Er ist aber nur ein winziger Teil dessen, was die Gefiederten um uns herum zur Verständigung nutzen. Wir können wieder lernen, ihnen bewusst zuzuhören, ihre Sprache wie jede andere einzuüben und so in ihr Kommunikationsnetzwerk eintauchen. In deinem Nature Journal kannst du neue „Wörter" und Beobachtungen notieren, Melodien beschreiben und es als Lernressource immer wieder zur Hand nehmen.

GEMEINSCHAFT ERLEBEN

Wir Menschen sind Rudeltiere und die meisten von uns sehnen sich nach sozialen Kontakten und Austausch. Der Clan, die Gemeinschaft, war schon immer das, was jeden einzelnen Menschen getragen hat. Wir sind Teil eines großen Ganzen. Gemeinschaft wieder bewusst zu leben und auch in deinen Nature Journaling Abenteuern aktiv zu suchen, sich auszutauschen und gemeinsam zu journaln ist unglaublich bereichernd (s. S. 130).

Zehn Gründe für ein Nature Journal

Und warum du noch heute damit starten solltest! Die Anlässe und Motivationen können so vielfältig und individuell sein wie du selbst, aber eins ist gewiss: Es lohnt sich immer!

Wann hast du das letzte Mal einen Käfer genau beobachtet?

DANKBARKEIT

Beim Nature Journaling lernst du den Fokus auf die kleinen Dinge des Lebens zu setzen, sei es ein winziger blauer Käfer oder der Löwenzahn am Wegesrand. Mit der Zeit wird diese Gewohnheit auf deinen Alltag überspringen und du findest in jedem trüben Tag ein kleines Wunder. Menschen, die regelmäßig und bewusst Momente der Dankbarkeit in ihr Leben integrieren, sind glücklicher, und umso glücklicher man ist, desto dankbarer ist man auch dafür. Dafür musst du erst einmal überhaupt lernen, Dinge wieder aktiv wahrzunehmen und als beachtenswert einzuordnen. Dabei kann dich dein Nature Journal unterstützen.

AUFMERKSAMKEIT UND ACHTSAMKEIT

Alles will heutzutage deine Zeit und Aufmerksamkeit – wie oft hat dein Handy aufgeleuchtet, während du dieses Buch gelesen hast? Zeit ist eine unserer kostbarsten Ressourcen. Wann schenkst du etwas noch deine ungeteilte Aufmerksamkeit oder wem? Nature Journaling ist auch eine Form von gelebter Liebe zur Natur, denn genau das ist Aufmerksamkeit für mich: Liebe. Mit jeder Minute Aufmerksamkeit, die du der Natur widmest, bekommst du auch ein Stück zurück: Nicht nur du schaust den Käfer an, er schaut auch zurück. Auch als Achtsamkeits-Übung ist

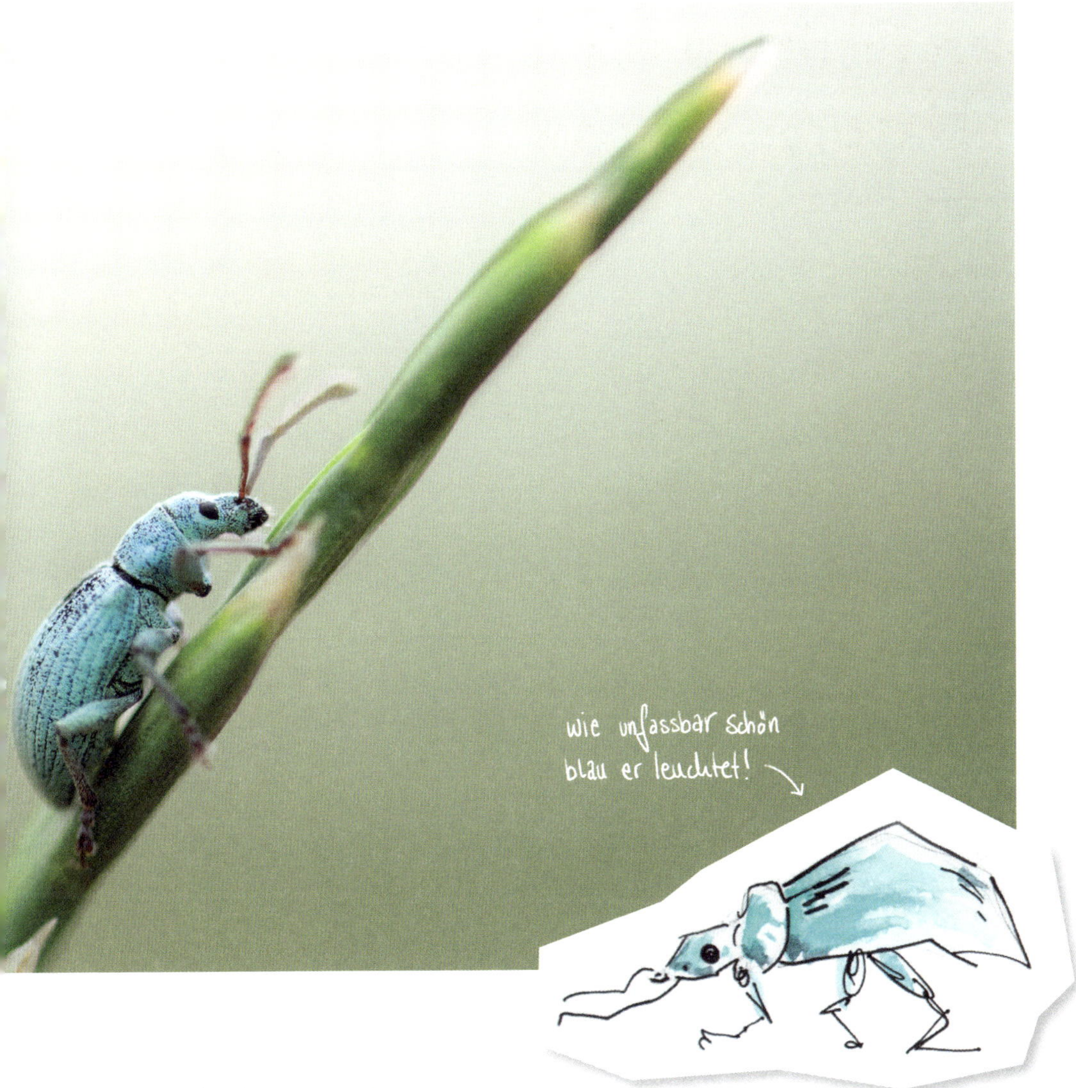

Nature Journaling hervorragend geeignet, besonders wenn du, wie ich bisher, Schwierigkeiten mit Meditieren hast: Zur Ruhe kommen und im Moment sein – aber eben mit Stift und Papier. Während du journalst, hast du etwas zu tun. Ähnlich wie bei der Konzentration auf deinen Atem fokussierst du dich dabei ganz auf den einen Vogel, die eine Wolke oder den ganzen Wind in den Bäumen.

Käfer-Meditation

Suche draußen einen Käfer und setz dich für zehn Minuten zu ihm. Beobachte ihn still und bleibe in Gedanken nur bei ihm.

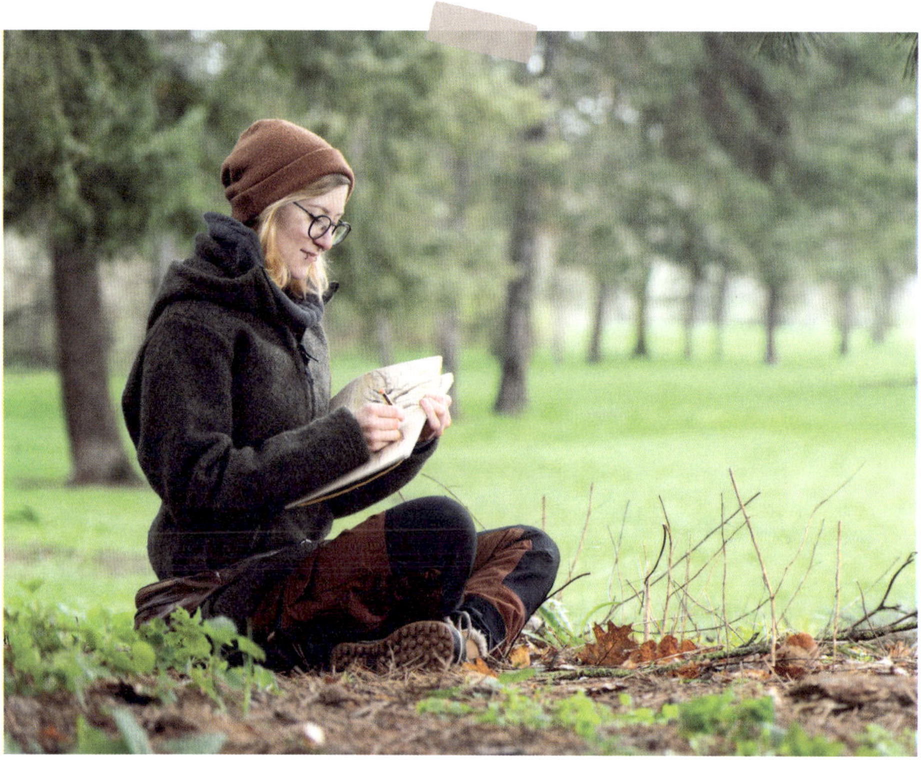

Mit jeder Journalseite baust du neue Beziehungen zu deiner Mitwelt auf.

BEZIEHUNGSAUFBAU

Beim Journaling betrachtest nicht nur du das Rotkehlchen, es betrachtet auch dich und du baust eine Beziehung zu ihm auf. So geschieht es mit allem in der Natur, dem du deine Zeit schenkst. Der Baum vor der Tür, den du vorher vielleicht nicht einmal wirklich wahrgenommen hast, wird mit jeder Journalseite, die du ihm über die Jahreszeiten hinweg widmest, zu deinem Baum. Eine Winter-Linde? Du lernst sie kennen, ihre Eigenheiten, ihren Charakter, wer in ihr wohnt, ihr Verhalten. Und plötzlich ist dir der jährliche Baumschnitt gar nicht mehr egal, sondern du beobachtest akribisch, dass ihr auch kein Ästchen zu viel gekrümmt wird. Wir brauchen wieder mehr von diesen verflochtenen, liebevollen Naturbeziehungen, gerade in Zeiten wie heute, in denen die Klimakatastrophe kaum noch abwendbar scheint.

NATURVERBINDUNG

Natur und Draußensein tun gut und sind gesund. Wir bewegen uns tendenziell mehr, wenn wir unser Haus verlassen und erleben an der frischen Luft Tausende neue Sinneseindrücke. Darüber freuen sich unser Körper, das Herz, der Blutdruck und unser Immunsystem. Zugleich ist Natur Balsam für unsere Seele. Wir ent-

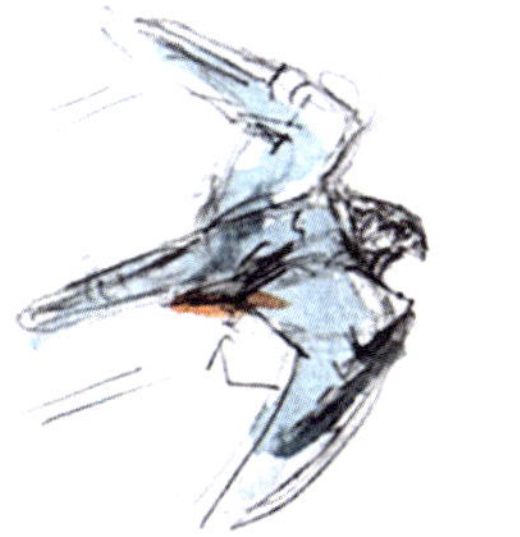

decken uns selbst neu, werden selbstbewusster, bauen Stress ab und stellen uns unseren Ängsten. Sehnen sich die meisten von uns nicht nach mehr Wildnis, nach mehr Natur im Alltag? Wenn wir regelmäßig unser Journal mit nach draußen nehmen, schenken wir uns selbst endlich wieder die dringend notwendige, unstrukturierte Draußenzeit, um wieder eine Verbindung zu ihr aufzubauen. Wie oft hast du im Alltag Zeit dafür, nur dazusitzen und zu staunen? Wir sind so entfremdet von der Natur, dass wir nicht mehr wissen, welche Vögel vor unserer Haustür singen oder wo unser Essen wächst. Wir haben keine Zeit mehr, schon gar nicht für uns und die Natur, „einfach nur sein" und kreatives Ausprobieren sind Mangelware, denn unsere Tage sind durchgeplant und alles hat feste Vorgaben. Jeder Strich in deinem Journal ist eine Rebellion dagegen, immer produktiv und verwertbar sein zu müssen. So lässt du Stück für Stück mehr Naturverbindung, Liebe und Beziehungsaufbau zur Mitwelt in dein Leben. Du bist ein Teil der Natur und alles ist mit allem verbunden.

WISSENSCHAFTLICHES DENKEN

Je länger du dein Nature Journal führst, desto mehr Informationen enthält es. Du lernst zu dokumentieren, Zahlen systematisch für dich aufzuarbeiten und sammelst wichtige Daten über deine Region. Wer außer dir weiß, wann die Mauersegler vor deiner Haustür in den letzten Jahren angekommen sind, und ab wann wir uns Sorgen machen müssen, wenn sie noch nicht da sind? Wer zählt mit, wie viele Knospen der Apfelbaum hatte und zu welchem Datum sie noch mal Frost abbekommen haben? Diese Informationen scheinen für einen einzelnen Menschen banal zu sein, vielleicht ein bisschen interessant, aber gesellschaftlich und wissenschaftlich sind sie superspannend und wichtig. Viele „Citizen Science"-Projekte von Bürgerforscher:innen erkennen dank dieser von „Amateur:innen" gesammelten Daten Zusammenhänge, die sonst verborgen geblieben wären.

← Nachforschen: Welche Citizen Sience Projekte gibt's in meiner Stadt?

Wer beobachtet wen? Beziehungsaufbau geschieht in zwei Richtungen!

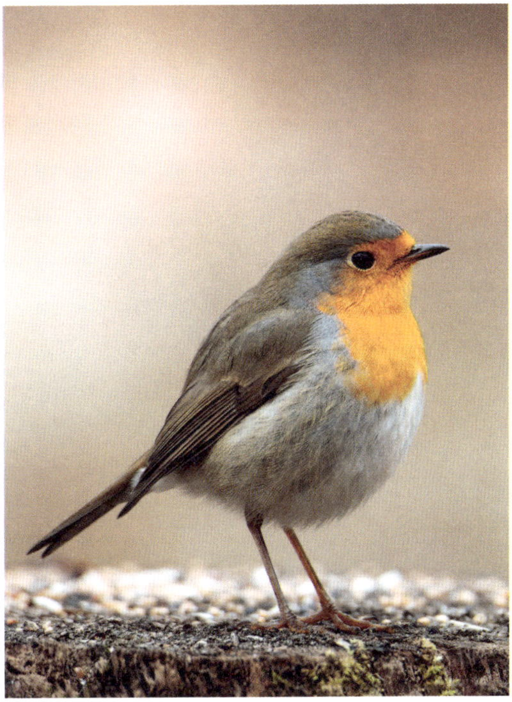

KREATIVES DENKEN

In deinem Nature Journal kannst du einen Raum kreieren, in dem du neue kreative Methoden für dich ausprobieren darfst, wo du Spuren hinterlassen und deiner Wahrnehmung Ausdruck verleihen kannst. Indem du eigenständig und neugierig hinterfragst und erforschst, findest du neue Wege, Probleme auf oft ungewöhnliche Art zu lösen und entdeckst spannende Antworten auf Fragen, die du vorher nie gestellt hättest. Losgelöst von Ergebnissen und Perfektionismus kannst du dich wieder voll und ganz auf den Prozess einlassen und ihn genießen.

NEUGIER WECKEN

Nature Journaling weckt deine Neugier. In deinem Nature Journal kannst du dich endlich wieder trauen, Fragen zu stellen. Hast du früher oft ein „jetzt frag doch nicht so viel" oder „sei nicht so neugierig" zu hören bekommen? Jetzt darfst und sollst du sogar Fragen stellen – und alles, ohne Antworten zu wissen. Genial, oder? Beim Nature Journaling lernen wir, hinter die Kulissen zu schauen und die Welt mit neuen Augen zu sehen. Die Natur wird mit jeder Frage reicher an Wundern und überall um dich herum tauchen bemerkenswerte, neugierig machende Kaninchenbauten auf – fast wie bei Alice im Wunderland. Hast du den Mut, den Fragen zu folgen?

SPASS

Lass dein Journal dein Spielplatz sein. Wo hast du heutzutage noch die Gelegenheit, frei zu spielen? Auf deinen Journalseiten kannst du dich ausprobieren, experimentieren und Dinge einfach nur der Sache wegen machen. Nichts muss einen Zweck erfüllen, du kannst die Seiten füllen, ohne Druck, ein Ergebnis produzieren zu müssen. Es kann ein Ort sein, an dem du nicht produktiv sein musst, sondern einfach sein und spielen kannst.

BEOBACHTEN UND STAUNEN

Ein Ahornblatt, eine getigerte Katze, ein Gänseblümchen – von allen hast du wahrscheinlich recht schnell ein Bild im Kopf, weil du schon oft welche gesehen hast. Oft verlockt uns diese Schablone im Kopf dazu, gar nicht mehr genau hinzusehen. Wenn wir tatsächlich ein Gänseblümchen in der Hand halten, denken wir dank unserem energiesparenden Hirn oft: Kenn ich ja schon. Trau dich das nächste Mal, wenn du ein Blümchen siehst, genau dieses eine Exemplar

„Dankbar, am Leben und Teil so vieler Wunder zu sein!"

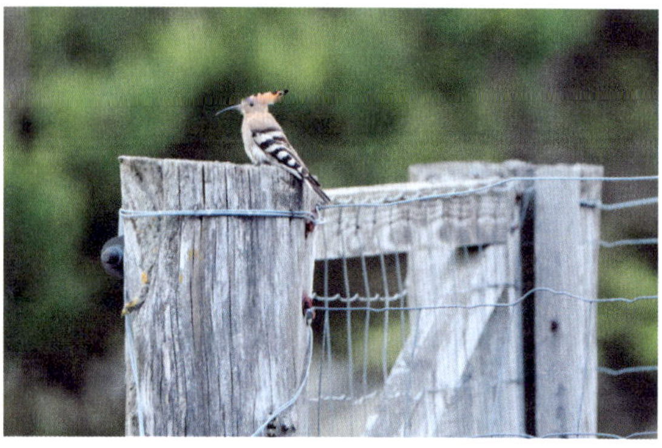

Ein Wiedehopf, mitten in Berlin.

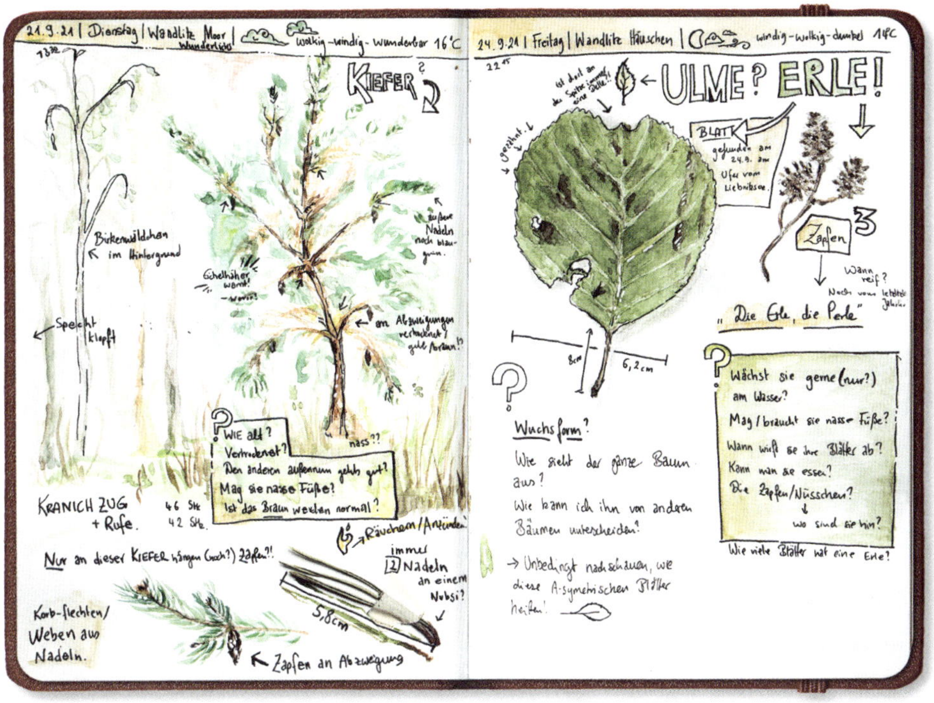

anzusehen und dein mentales Platzhalterbild mit der Realität abzugleichen: Sind die Blütenblätter wirklich komplett weiß? Ist der Stängel komplett glatt? Und ist das in der Mitte einfach nur ein gelber Fleck, oder besteht er aus vielen kleinen ... Dingen? Trau dich, mithilfe deines Journals hinter die Kulissen zu schauen und lass die Schubladen, in die du Dinge vielleicht schon gepackt hast, links liegen. So kommst du in kürzester Zeit in wundersames Staunen über die vielen kleinen und großen noch unentdeckten Wunder dieser Welt.

LANGSAMER WERDEN UND IM MOMENT SEIN

Heute läuft gefühlt alles in doppelter Geschwindigkeit und für nichts ist wirklich Zeit. Wie gut kann es da tun, sich einmal in Echtzeit und ohne vorzuspulen mit der Natur zu beschäftigen.

Jedes fallende Blatt, jede Blume am Wegesrand und jeder Spatz auf der Hecke sind kleine Einladungen, aus deinem Alltagsprint herauszuhüpfen und die Welt um dich herum bewusst wahrzunehmen. Jeder Moment kommt so, wie er gerade ist, nie wieder und genauso war er auch noch nie da. Deine Mitwelt und du, ihr verändert euch von Sekunde zu Sekunde und jeder Moment eurer Begegnung ist einzigartig. Anschließend kannst du deine Erlebnisse im Journal dokumentieren, damit sie nicht wie süßer Honig zwischen deinen Fingern zerfließen, sondern als kleine Zuckerstück-Erinnerungen im Gedächtnis bleiben. So bekommen sie einen Ehrenplatz in deinem Herzen.

Beobachten & Staunen

Das Konzept kannst du auch super in deinen Alltag integrieren. Beobachte doch mal einen deiner Lieblingsmenschen mit offener Neugier und du wirst staunen, was du alles Neues entdeckst.

Finde deinen Nordstern

Warum willst du ein Nature Journal starten? Finde deine intrinsische Motivation, die dich über Stolpersteine und „heute lieber Netflix" führt und leitet. Sei ganz ehrlich und offen zu dir selbst.

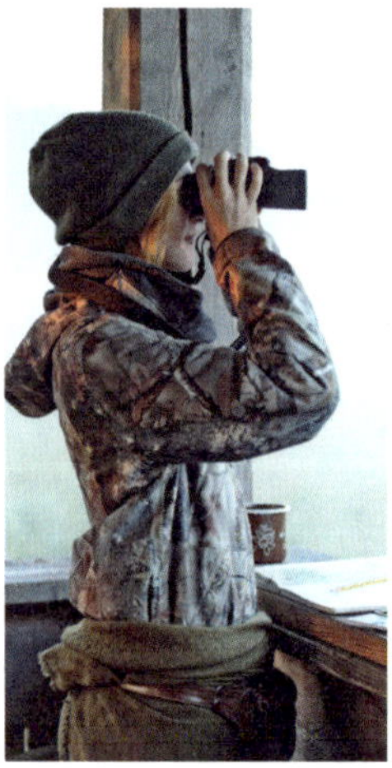

Gehe auf innere Forschungsreise und folge dem Ruf deines Herzens.

Du findest die Idee, dein eigenes Nature Journal zu führen, spannend und willst es mal ausprobieren? Super! Aber schon ein paar Minuten später stellt sich dich Frage: „Wäre ein Abend mit Netflix und Chips auf dem Sofa nicht gemütlicher?" Keine Sorge, damit bist du nicht allein! Solche Entspannungszeiten haben ihre volle Berechtigung und dürfen auch sein!
Wie funktioniert es dann aber trotzdem, etwas Neues wie das Nature Journaling in dein Leben lassen? Wie sollst du, in einer Welt voll von 1001 Verlockungen, mit einer neuen Praxis starten, geschweige denn es zu einer Routine werden lassen?
Es kann zwischen drei Wochen bis zu drei Monaten dauern, bis dir etwas wirklich zur Gewohnheit geworden ist. Es ist also nichts mehr, was wir aktiv initiieren müssen, sondern als Teil unseres Alltags leben. Mir hilft es sehr, einen gezielten Plan zu machen und dafür meinen „Nordstern" zu finden. Der Nordstern ist mein „Warum", also mein innerer Grund, warum ich das Nature Journaling in Angriff nehmen möchte. Warum möchte ich eine engere Beziehung zur Natur (wieder) aufleben lassen? Wieso will ich nach all den Jahren den Mut und die Zeit finden, wieder einen Stift in die Hand zu nehmen und mir dafür Platz im Kalender freischaufeln? Lass uns gemeinsam deinen Nordstern finden!
Wenn du diesen einen Grund (oder vielleicht auch mehrere) gefunden hast, dann kann dich nichts mehr so leicht aus der Bahn werfen. An deinem Nordstern kannst du dich jederzeit wieder orientieren und zu deiner Motivation zurückfinden.

1

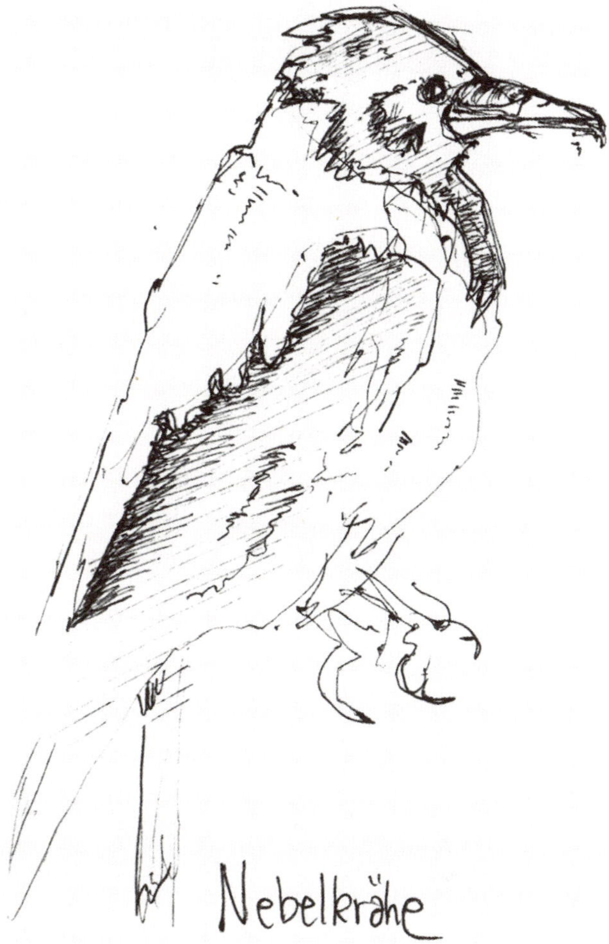

1. Durch regelmäßiges Journaling schließe ich mit der Nebelkrähe im Garten Freundschaft.
2. Beziehungsaufbau für 20 Sekunden.

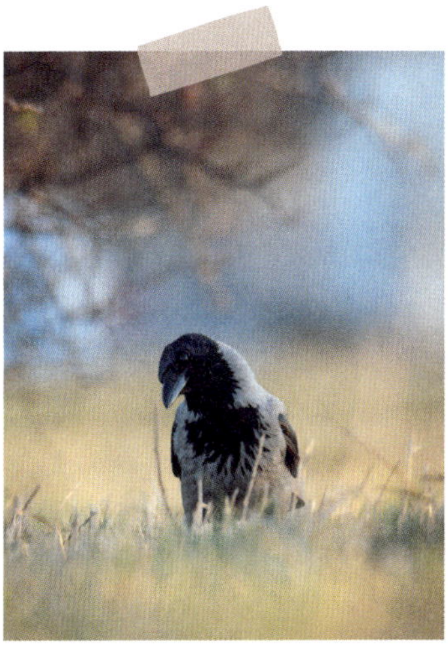

2

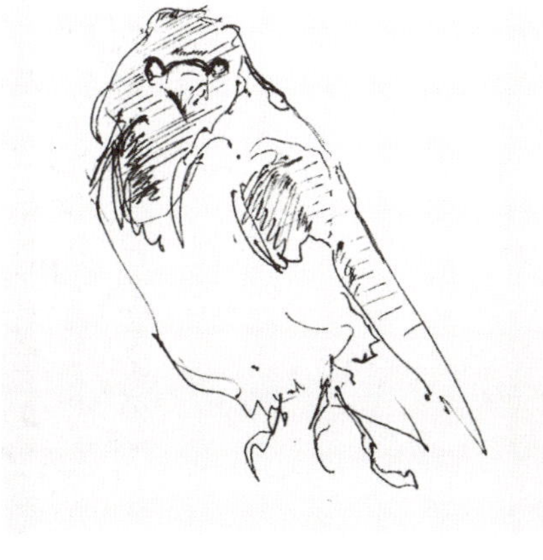

Auf Schatzsuche im Herzen

Spüre in dich hinein: Warum willst du wieder in Kontakt mit der Natur kommen? Mach dich auf die ehrliche Suche nach deiner intrinsischen Motivation und lass sie dein Nordstern sein.

DEIN NORDSTERN FÜRS NATURE JOURNALING

Gehe auf Schatzsuche und finde deine Intention, dein Leitmotiv, deine intrinsische Motivation, die dich über Stolpersteine und durch „heute lieber Sofa" führt.

Du brauchst: Ein Skizzenbuch, deinen Lieblingsstift **Zeitrahmen:** 15 Minuten

SO GEHT'S

Sei ehrlich und offen zu dir selbst. Es gibt keine falsche Motivation, kein falsches Warum. Es darf sich mit der Zeit immer wieder ändern und verwandeln. Nimm dir 15 Minuten Zeit, horche in dich hinein. Warum willst du mit dem Nature Journaling beginnen? Notiere alle Gründe, die dir einfallen.

Fasse nun alle deine Gedanken, Gefühle, Wünsche und Motivationen in 2–3 Sätzen zusammen und schreibe sie vorne in dein Journal. Sie dürfen gerne enthusiastisch und sprudelnd formuliert sein! So hast du deinen Nordstern immer dabei. Wenn es schwierig wird und du nicht weiterweißt oder frustriert bist, blättere zu dieser ersten Seite und besinne dich auf dein Warum.

MIR HELFEN DABEI EIN PAAR LEITFRAGEN:

- Was bedeutet Natur und Naturverbindung für dich? Wie lebst du sie?
- Wie fühlt es sich jetzt gerade für dich an, einen Stift oder Pinsel in die Hand zu nehmen?
- Wie würdest du dich gerne fühlen, wenn du das tust?
- Warum willst du (wieder) mit dem Zeichnen und Kreativsein starten?
- Was waren in der Vergangenheit die größten Hürden, die dich vom Kreativsein und In-der-Natur-Sein abgehalten haben?
- Was kannst du tun, ändern oder anders machen, um sie zu überwinden?
- Warum willst du ins Nature Journaling einsteigen?
- Welches Bild hast du von dir selbst als Künstler:in und Nature Journaler:in?
- Wie glaubst du geht es dir, wenn du die Routine des Nature Journalings in deinen Alltag eingebunden hast? Wie verändert es dein Leben?
- Was möchtest du so erleben, fühlen und lernen?
- Was glaubst du ist der tiefer liegende Grund, warum du gerne ein Nature Journal führen willst?

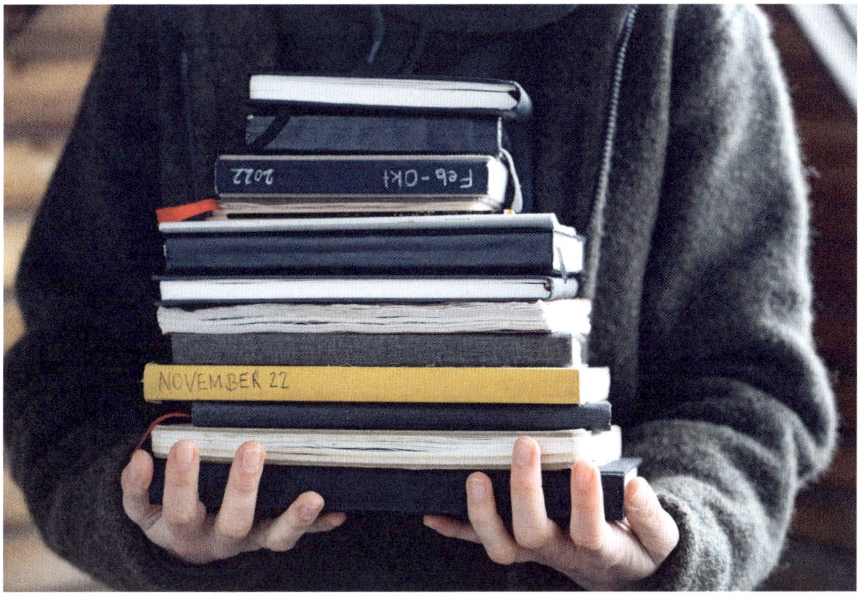

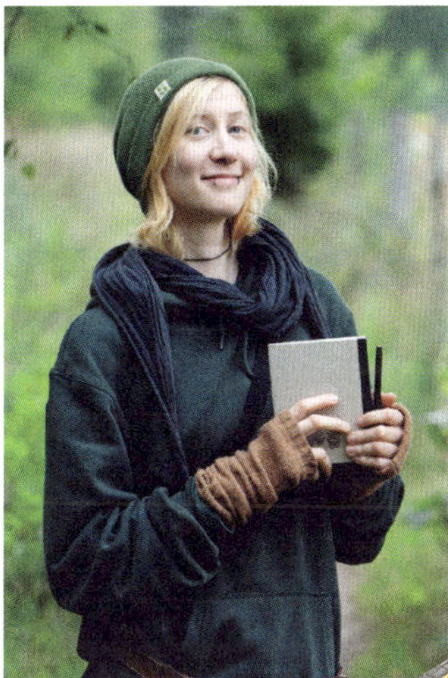

Ist dein Warum einmal klar gefunden, füllen sich die Journalseiten wie von selbst.

Das macht's

Deine Intention soll dir dein Nordstern sein, der dich leitet, wenn du dich in trüben Gedanken verstrickst und nicht weiterweißt. Sie ist dein Anker, an dem du dich zurücktasten kannst, bevor du dein Skizzenbuch unter einem Stapel Zeitschriften verschwinden lässt. Und sie ist die Melodie der Wildnis in deinem Herzen, die dich immer wieder sanft mit deinem Nature Journal nach draußen lockt. Sie ist nur für dich. Hörst du sie rufen?

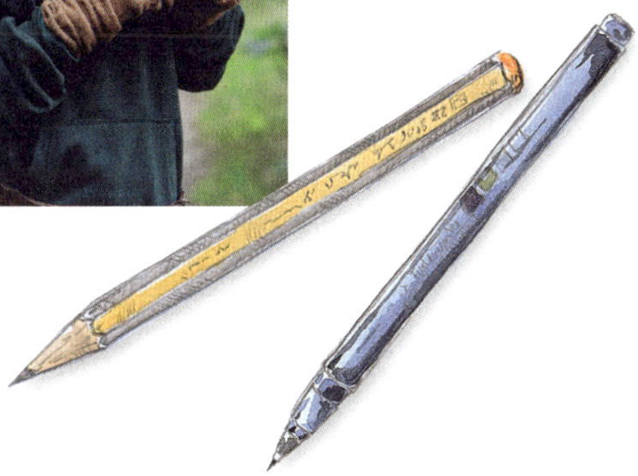

Materialien

Was brauchst du eigentlich an Ausrüstung für deine Nature-Journaling-Reise? Oder besser: Was brauchst du nicht? Denn dein wichtigstes Werkzeug bist du selbst!

Du hast schon alles, was du für's Nature Journaling brauchst: dich, die Natur, deine Wahrnehmung, deine Neugier, irgendeinen Stift und Papier. Mehr brauchst du nicht, um zu starten. Du musst dir nicht erst einen Stapel teurer Farben und diverses Aquarellpapier kaufen, bevor du mit dem Journaling starten kannst und darfst. Vielleicht hast du wie ich eine Allerlei-Schublade, mit alten Wasserfarbkästen und Buntstiften aus Schulzeiten, die sich seitdem mit Werbekugelschreibern und guten Vorsätzen füllt: Morgen starte ich aber wirklich wieder mit dem Zeichnen. Die Zeit ist jetzt! Nutze die Gelegenheit und verwende erst einmal Dinge, die du schon hast. Falls das keine Option ist, besorge dir erst mal ein kleines Skizzenbuch und einen Bleistift im Schreibwarenladen nebenan. Starte pragmatisch, mehr und besseres Material kannst du später immer noch kaufen.

GRIFFBEREIT

Du brauchst keinen teuren Einkauf beim Kunstbedarf, um mit dem Nature Journaling loslegen zu dürfen. Es ist viel wichtiger, dass du deine Sachen immer dabeihast, falls du ein Natur-Wunder entdeckst. Es ist so schade, wenn ein kostbarer Moment in Vergessenheit gerät und nicht in deinem Journal landet, weil du Stift und Papier nicht dabeihast. Auch die besten Journal-Materialien helfen dir nicht weiter, wenn sie zu Hause auf dem Schreibtisch liegen, während du draußen tolle Entdeckungen machst.
Auch wenn du Stifte und Journal ganz unten in deinem Rucksack sicher verstaut hast, besteht die Gefahr, dass es zu viel Aufwand ist, sie in zauberhaften Momenten schnell herauszuholen. Außerdem erschrecken sich Reh, Ente und Biber sehr leicht vor lautem Rucksack-Gewühle, ich spreche hier leider aus Erfahrung. Versuche deshalb, die wichtigsten Journal-Materialien immer griffbereit in der Hand, der Umhänge- oder Jackentasche zu haben. So bist du jederzeit bereit, die Wunder dieser Welt zu dokumentieren. Manche Menschen bevorzugen es, ihre Nature-Journaling-Materialien in einer speziellen Tasche zu haben, die sie jederzeit einfach nur von der Garderobe neben der Tür nehmen müssen, und schon können die Draußenabenteuer beginnen.

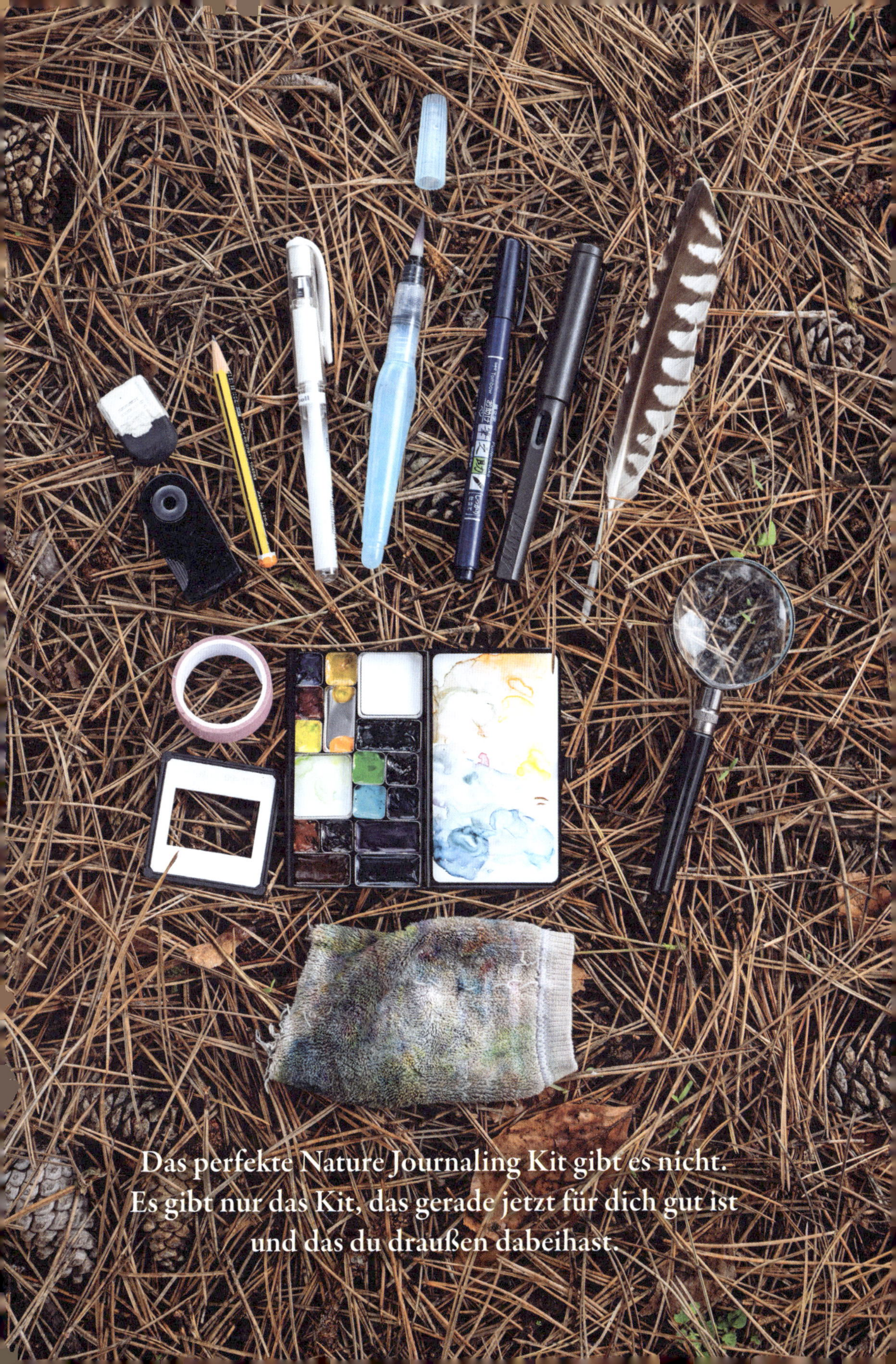

Das perfekte Nature Journaling Kit gibt es nicht. Es gibt nur das Kit, das gerade jetzt für dich gut ist und das du draußen dabeihast.

Dein Nature Journal Kit

Die Marken sind nur Vorschläge. Mit der Zeit findest du heraus, was dir gefällt. Ich empfehle zu Beginn, nur wenig anzuschaffen, zu improvisieren und dich Stück für Stück durch neues Material durchzuprobieren.

Skizzenbuch	Hahnemühle DIN-A5-Aquarell 100 % Cotton, Hahnemühle Traveler's Journal, The Nature Journal Sketchbook von John Muir Laws, DIN-A6-Skizzenbuch von Kunst&Papier
Pinsel	DaVinci Casaneo, Aquarellpinsel Nr. 0, Nr. 2 oder Wassertankpinsel von Pentel AquaBrush, breit
Fineliner	Tombow WS-BH Brush Pen Fudenosuke, harte/weichere Spitze oder Micron Black Pen 02/005
Bleistift	Staedler Bleistift in HB und B2 oder MUJI Mechanical Wooden Pencil 0.5 mit Mine B2
Aquarellfarben	Farbkasten mit halben Näpfchen, Art Toolkit Pocket Palette mit befüllbaren Näpfchen, Aquarellfarbe in Tuben von Schmincke, Horadam oder Daniel Smith.
Aquarellbuntstifte	von Faber Castell oder Boesner
Spitzer	mit Auffangbehälter, damit kein Abfall in der Natur landet
Radiergummi	ohne Abrieb, damit kein Plastik in der Natur landet
Maßband	aus dem Schneiderbedarf zum Aufrollen (klein!)
Lupe	aus dem Kunstbedarf oder für Briefmarken. Auf gute Qualität achten.
alte Socke	möglichst aus flauschiger Baumwolle

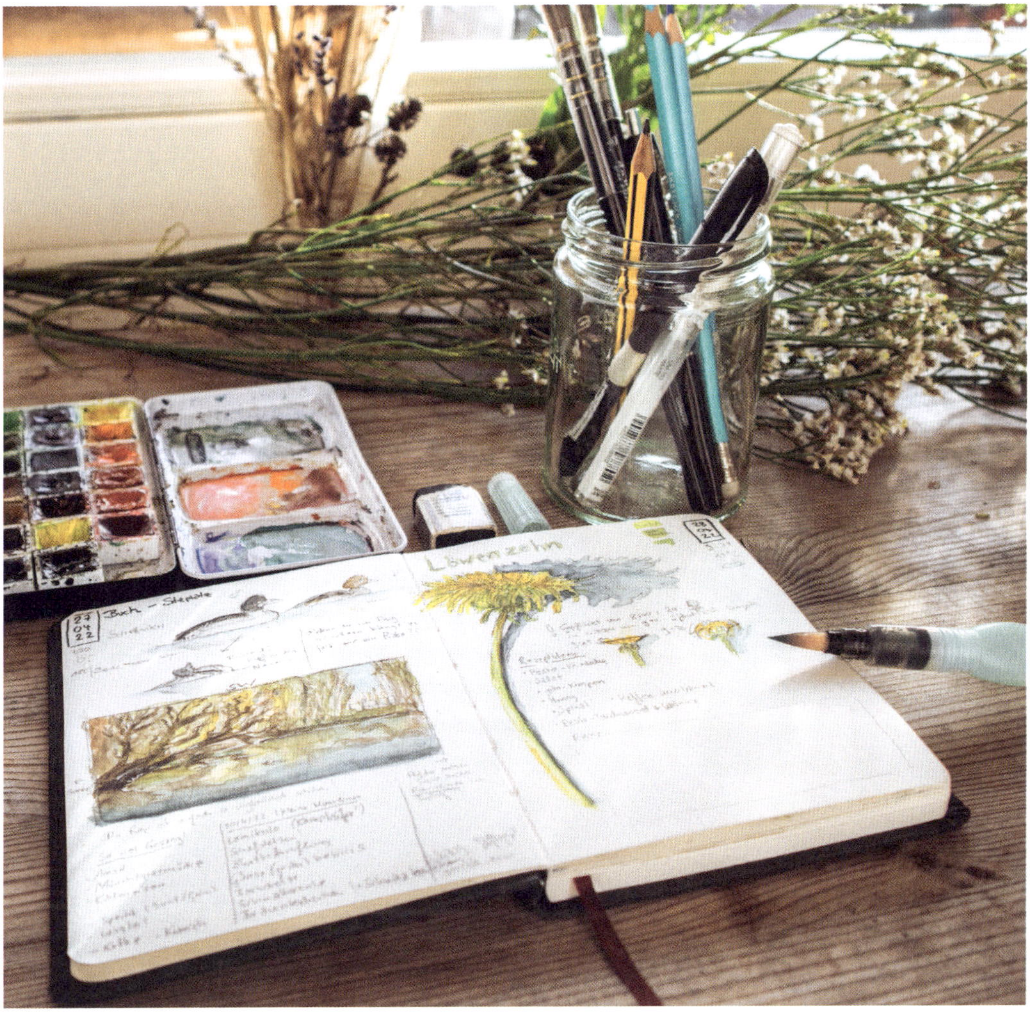

Starte mit den Materialien, die du schon hast. „Keep it simple!“ ist mein Leitspruch.

ES LIEGT IN DEINER HAND: DER PINSEL

Ich bin ein absoluter Wassertankpinsel-Fan. Das sind Pinsel, die im Stiel einen kleinen Behälter haben, in den du Leitungswasser – oder bei Minusgraden auch Gin – füllen kannst. So musst du kein extra Wasserglas mitnehmen, sondern kannst durch leichtes Drücken immer wieder Wasser in deinen Pinsel nachgeben oder sogar ganze Pfützen in deinem Journal hinterlassen. Der Nachteil: Er ist aus Plastik. Bisher hält mein Pinsel von Pentel aber schon seit über zwei Jahren den täglichen Gebrauch aus. Das schafft ein konventioneller Pinsel selten bei mir. Natürlich kannst du auch deine schon vorhandenen normalen Pinsel benutzen. Denke jedoch daran, dass du für sie Wasser zum Auswaschen brauchst, welches auch wieder mit nach Hause genommen werden sollte, da die meisten Farben umweltschädlich sind.

NEUE BESTIMMUNG FÜR ALTE SOCKEN

Die Idee dafür stammt von John Muir Laws und ich finde sie absolut genial! Kennst du das Mysterium, dass in der Waschmaschine einzelne Socken verschwinden? Endlich haben die einzelnen Socken, deren Gegenpart von der Maschine gefressen wurde, einen neuen Lebenszweck: Fürs Nature Journaling kannst du aus ihnen ganz einfach ein Abstreiftuch für deinen Pinsel basteln. Schneide vorne den Zehenbereich ab und schon hast du eine Art Armband, an dem du deinen Pinsel immer wieder von alter Farbe befreien kannst.

FARBEN

Neben Aquarellfarben sind Buntstifte ein fabelhaftes Medium, um deinen Journalseiten Farbe zu verleihen, wenn du gerade startest. Vielleicht hast du noch ein paar aus Schulzeiten tief vergraben in einer Schublade liegen. Bei Aquarellfarben reichen schon wenige verschiedene Töne aus, um alle Farben zu mischen, die du jemals brauchst.

SNACKS UND GETRÄNKE

Snacks sind eigentlich das Allerwichtigste. Nichts hebt meine Stimmung an einem eiskalten Morgen mehr als eine heiße Tasse Kaffee. Mit ein wenig Studentenfutter oder ein paar Sandwiches wird jeder Journaling-Ausflug lecker abgerundet. Ich nutze Snacks auch manchmal als bildliche „Karotte“ vor meiner Nase, um mich selbst zum Journaling draußen zu überreden: Wenn ich mich jetzt warm einpacke, mich aufraffe aus dem warmen Bett und meine Sachen schnappe, bekomme ich fantastische Draußenzeit bei Sonnenaufgang, gekrönt mit einer köstlichen Tasse Kaffee und Frühstück.

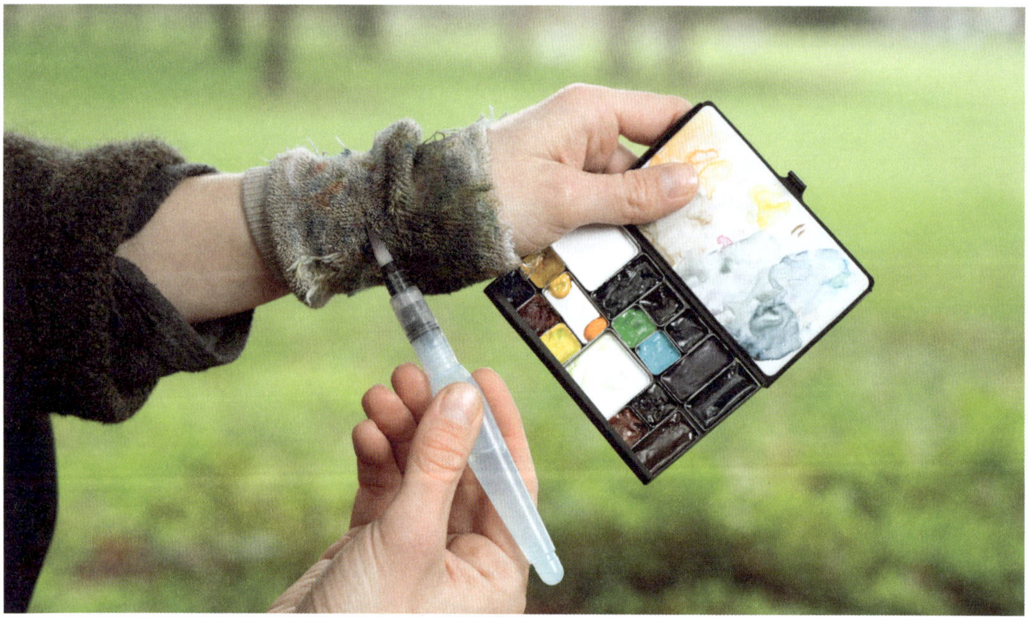

„Wenig Lust auf Pinselwasser schleppen? Der Wassertankpinsel und eine alte Socke machen's möglich!“

FARBEN, MIT DENEN DU DEINEN AQUARELLKASTEN SELBST BESTÜCKEN KANNST

3 Primärfarben
Daraus lassen sich alle anderen mischen.

- Yellow (PRIMÄR gelb)
- Magenta (PRIMÄR rot)
- Cyan (PRIMÄR blau)

Zusätzlich

- Sienna gebrannt
- Lichter Ocker
- Umbra gebrannt
- Paynesgrey bläulich
- Violett
- Kobalttürkis

Gemütlichkeitsfarben
Brauche ich oft, muss ich dann seltener anmischen.

- Viele Grüntöne: Undersea Green, Maigrün, Kobaltgrün
- Kadmiumrot (Tomatenrot), Kadmiumgelb, Kadmiumorange
- Moonglow, Amethyst (Glitzer!)

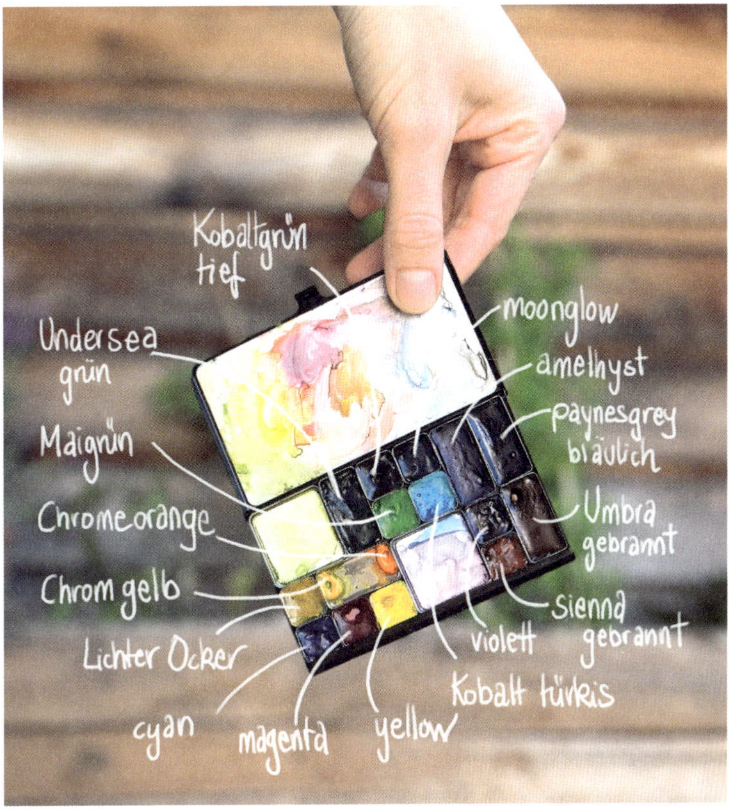

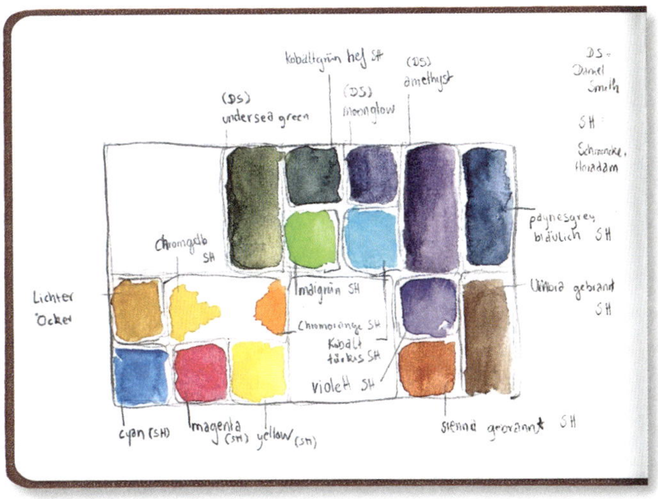

Selbst befüllte (magnetische) Näpfchen lassen sich kreativ immer wieder neu anordnen. Ich schreibe mir meine Lieblingskombinationen wie ein gutes Rezept vorne in mein Journal.

Die drei Grundpfeiler des Nature Journaling

Du kannst deine Entdeckung auf unterschiedlichste Art und Weise dokumentieren. Neben den Zeichnungen kannst du auch Worte und Zahlen verwenden.

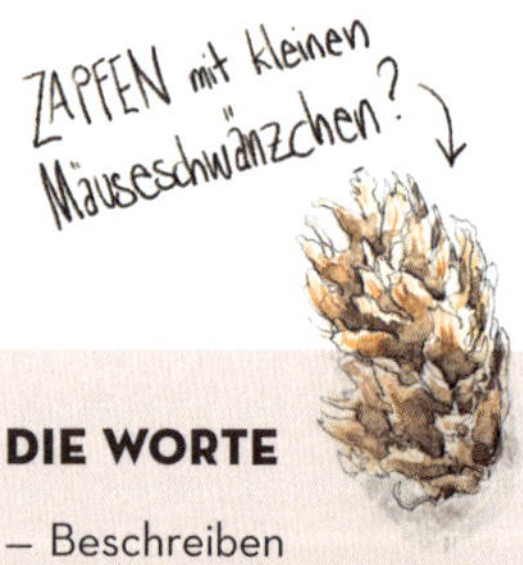

DIE WORTE

- Beschreiben
- Fragen stellen
- Gedichte
- Elfchen
- Haiku
- Farben benennen
- neue Wörter (er-)finden
- Details beschreiben
- deine Geschichte

Wie du auf der Journalseite mit der Kastanie gesehen hast, besteht eine Seite in meinem Nature Journal nicht nur aus netten Zeichnungen, sondern aus viel mehr: Worten, Bildern und Zahlen. Ich nenne sie gerne „die drei Welten".
Mit diesem Grundgerüst des Nature Journaling kannst du jede deiner Seiten zu einer spannenden, neugierigen und kreativen Reise werden lassen. Versuche jedes Mal, Elemente aller Welten zu benutzen, auch wenn dir manche mehr liegen als andere. Mit der Zeit wirst du feststellen, wie sehr sie sich gegenseitig bereichern, ergänzen und so ein facettenreiches Gesamtbild entsteht.

DIE WELT DER WORTE

Den meisten von uns ist das geschriebene Wort trotz Laptop und Smartphone immer noch vertraut. Verwende in deinem Journal alle Worte, die du (er-)finden kannst, um deine Erlebnisse mit der Natur zu beschreiben. Notiere dir Fragen, besondere Entdeckungen und Auffälligkeiten. Finde Überschriften für deine Seiten, gib Farben und Wesen neue Namen und schreibe deine persönliche Geschichte auf. Vielleicht willst du auch einmal lyrische Formen wie das „Elfchen" ausprobieren (S. 98)

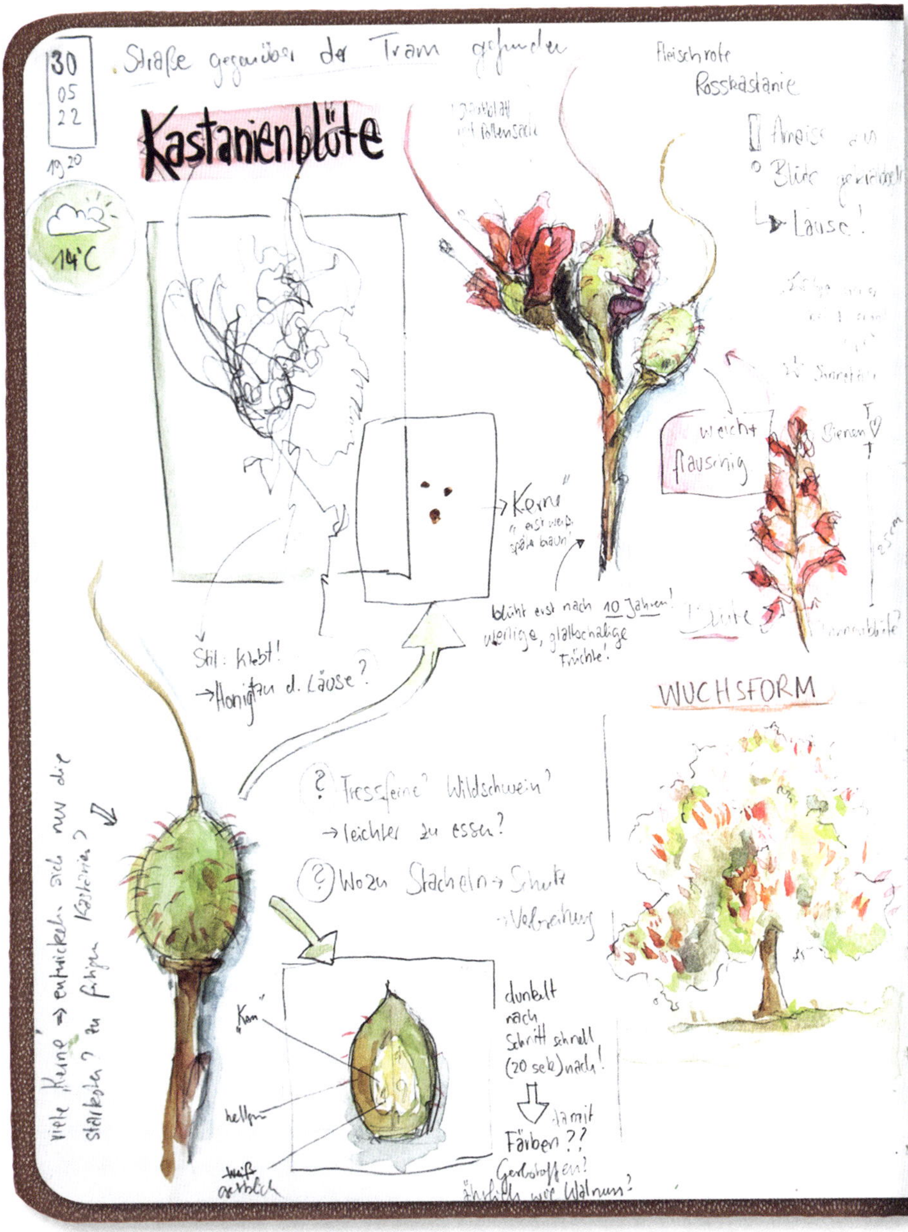

Wilde Nachbarn kennenlernen

Direkt neben meiner WG wachsen ein paar wundersame Kastanienbäume, die mir ohne meine Nature Journaling Routine wohl nie aufgefallen wären. Wo wächst in deiner Gegend der nächste Kastanienbaum?

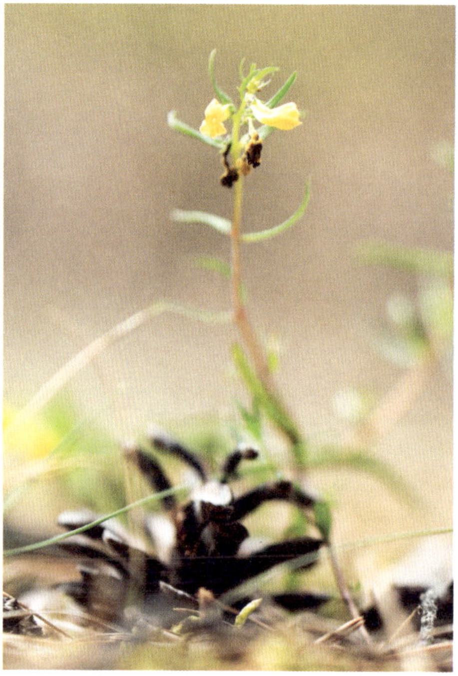

„Hast du schon mal gemessen, wie schnell eine Blume wächst?“

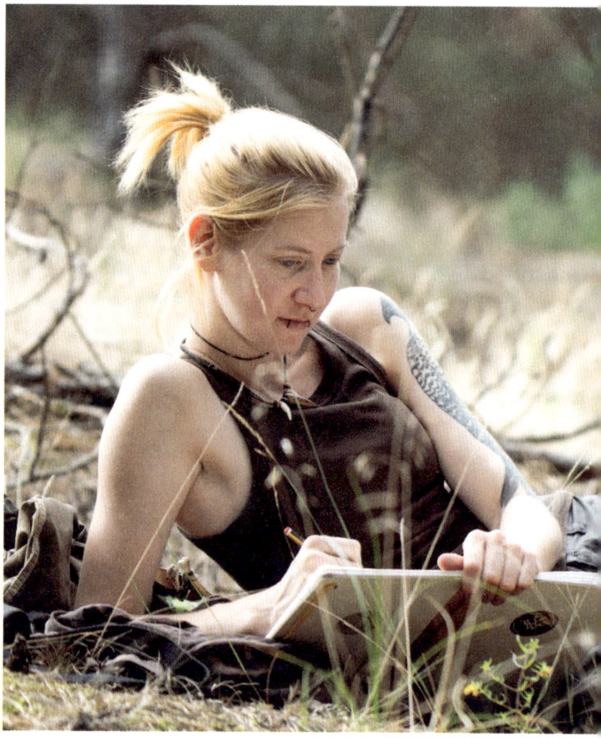

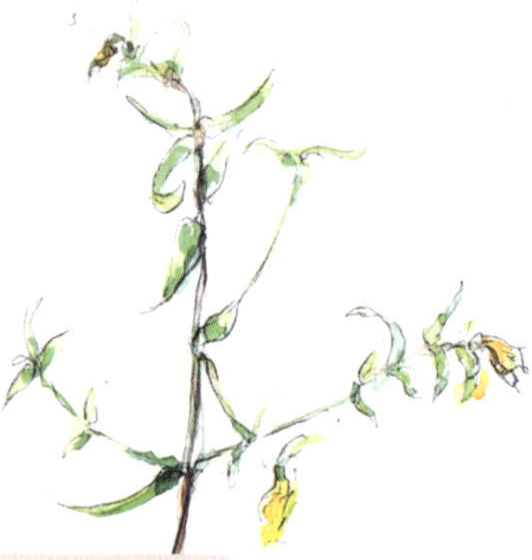

DIE BILDER

- Zeichnen
- Einkleben
- Farben sammeln
- Strukturen
- Karten
- Fotos
- Perspektive
- Zoom

DIE WELT DER BILDER

Zeichnungen und Bilder sind das, woran die meisten bei einem Skizzenbuch zuerst denken. Linien, Formen, Farben, gemalt mit den unterschiedlichsten Medien, eingeklebte Fotos und Ausschnitte, abgerubbelte Strukturen, Postkarten, Blätter, Haare, Blüten, Sand, nah heran gezoomt oder auch als „großes Ganzes“ abgebildet. All das macht dein Journal lebendig und eröffnet Möglichkeiten, deine Kreativität auszudrücken und deine Naturverbindung auf eine Art zu dokumentieren, die mit Worten vielleicht nicht denkbar wären.

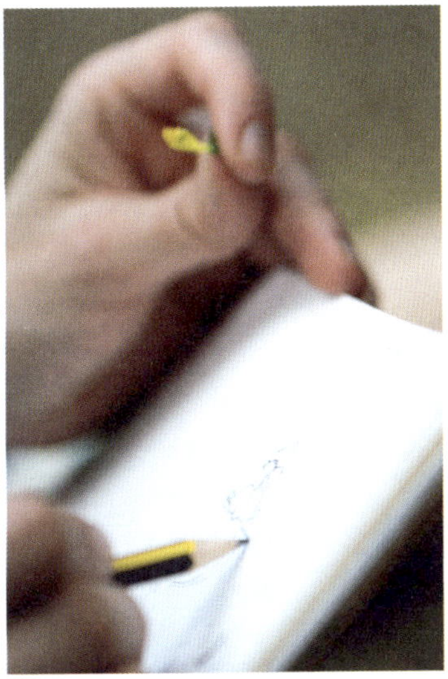

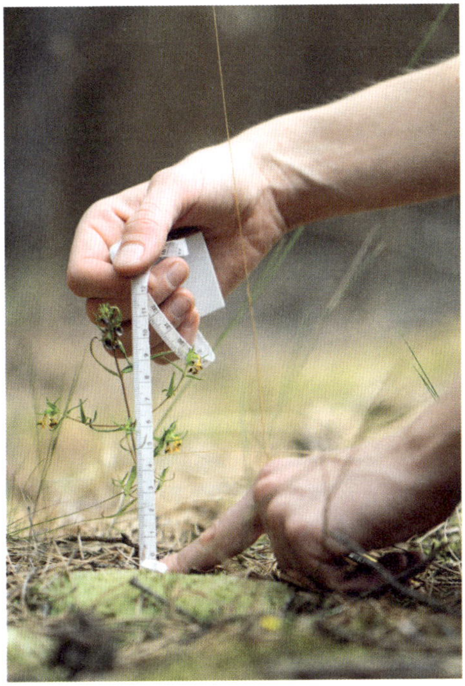

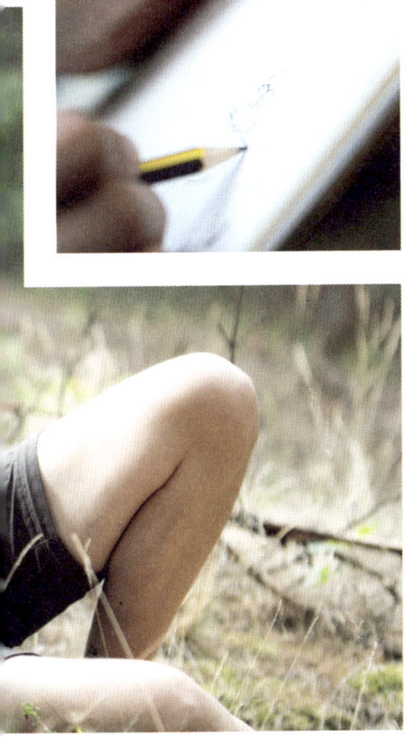

Mathe konnte ich früher nie leiden! Doch beim Journaling hab ich gemerkt, wie wunderbar und nützlich Zahlen sind, um die Welt um mich zu beschreiben!

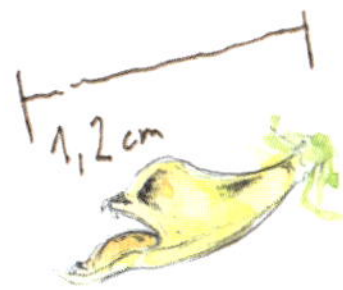

DIE WELT DER ZAHLEN

Neben Worten und Bildern sind mir dank des Nature Journaling auch Zahlen endlich ans Herz gewachsen. Du kannst Blätter zählen, Regenwürmer wiegen, Dinge in Zahlen erfassen und in Tabellen abbilden, deine eigenen Statistiken und Nachschlagewerke erstellen. Du kannst Daten von heute mit denen vor Jahren vergleichen, zeitliche Abfolgen, Verwandlungen, Größenveränderungen abbilden. Diese Art der Datensammlung stellt einen sehr bereichernden Bestandteil in deinem Nature Journal dar.

DIE ZAHLEN

- Messen
- Wiegen
- Vergleichen
- Statistiken
- Zahlen
- Symmetrien
- Dokumentieren
- Ablauf
- Zeit
- Verhältnisse
- Maßstäbe

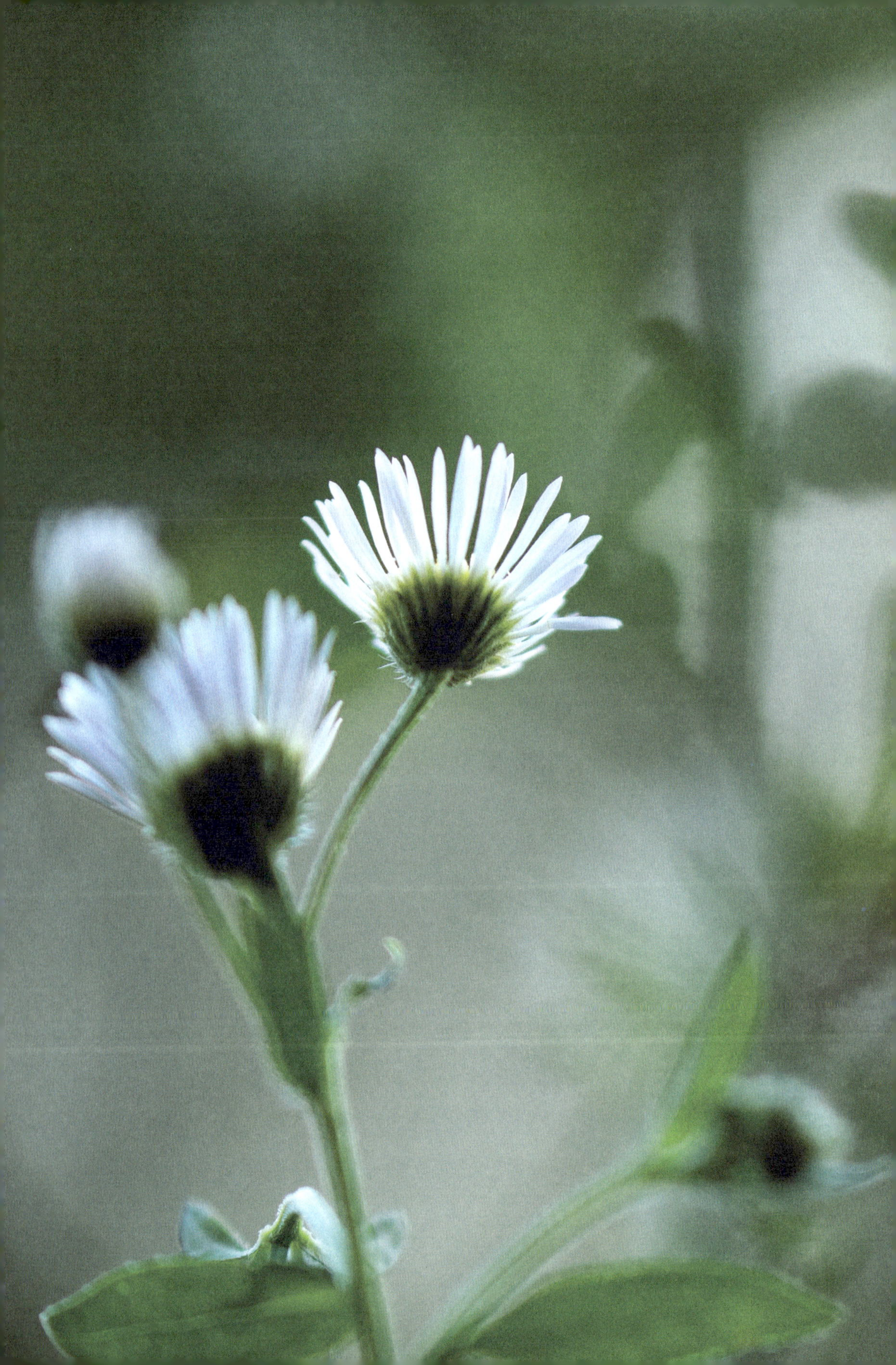

„Ich will
nicht lernen,
eine Blume zu
zeichnen,
sondern zeichne
die Blume, um
mehr über
sie zu lernen."

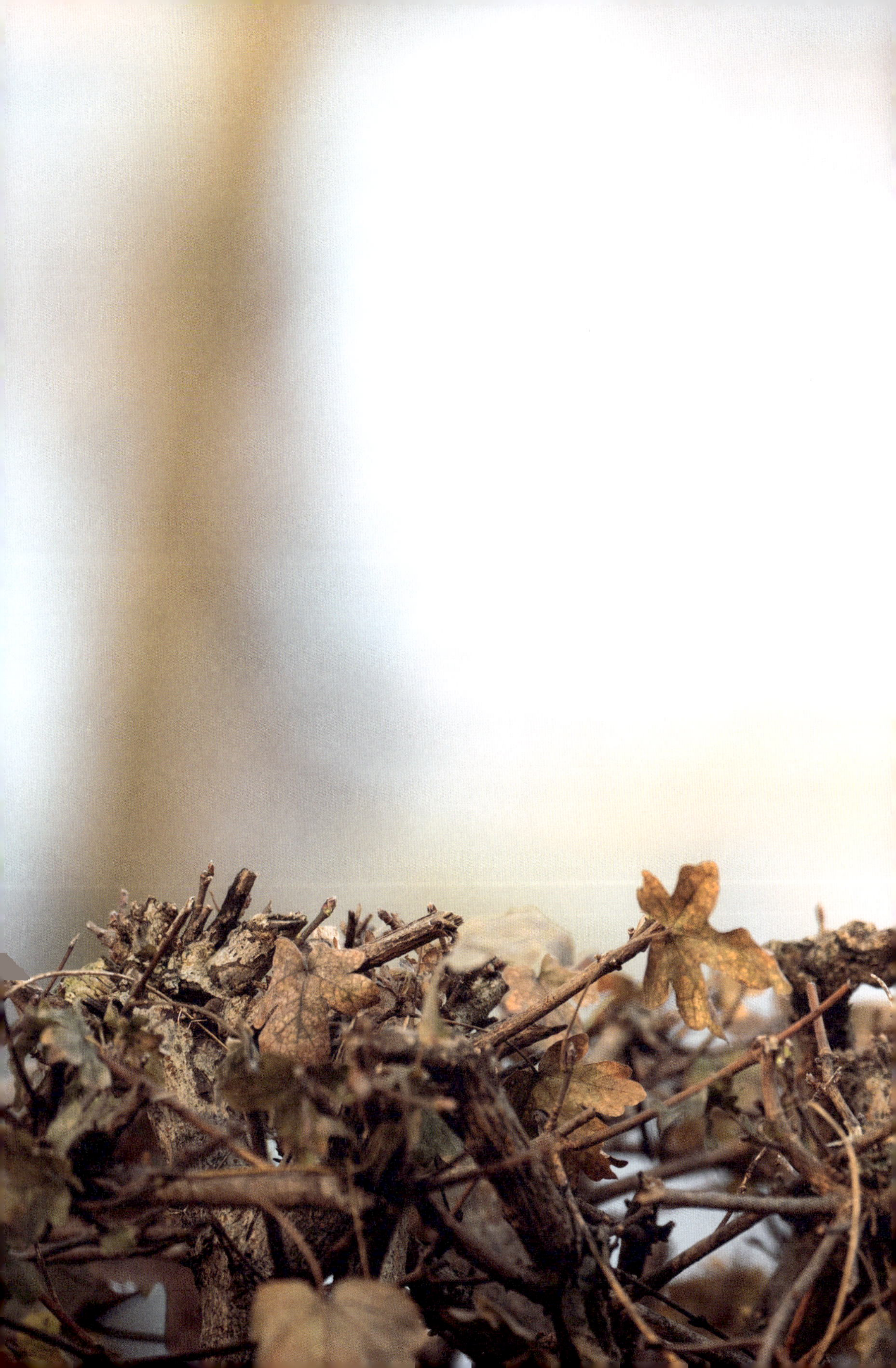

LOSLEGEN

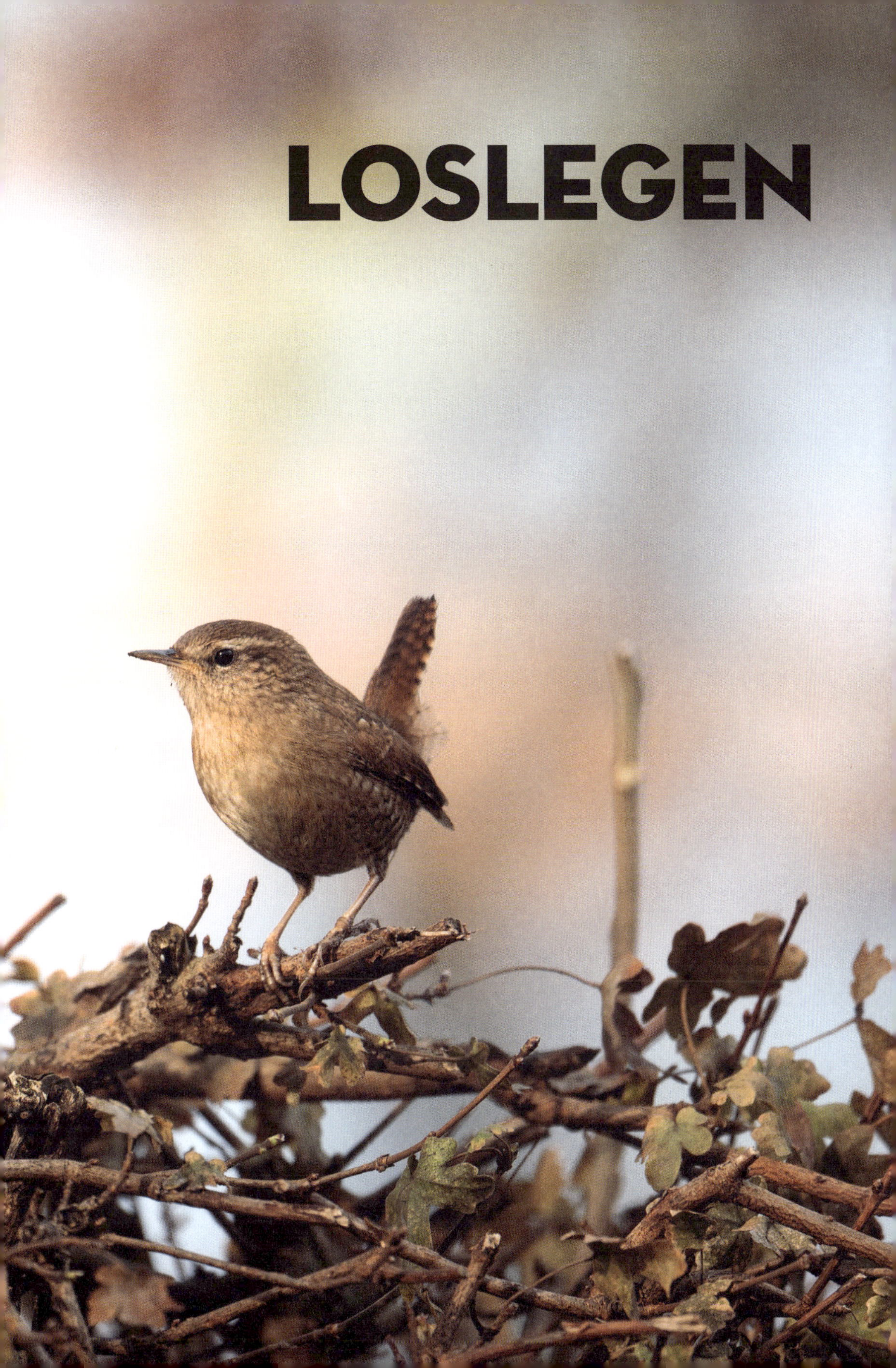

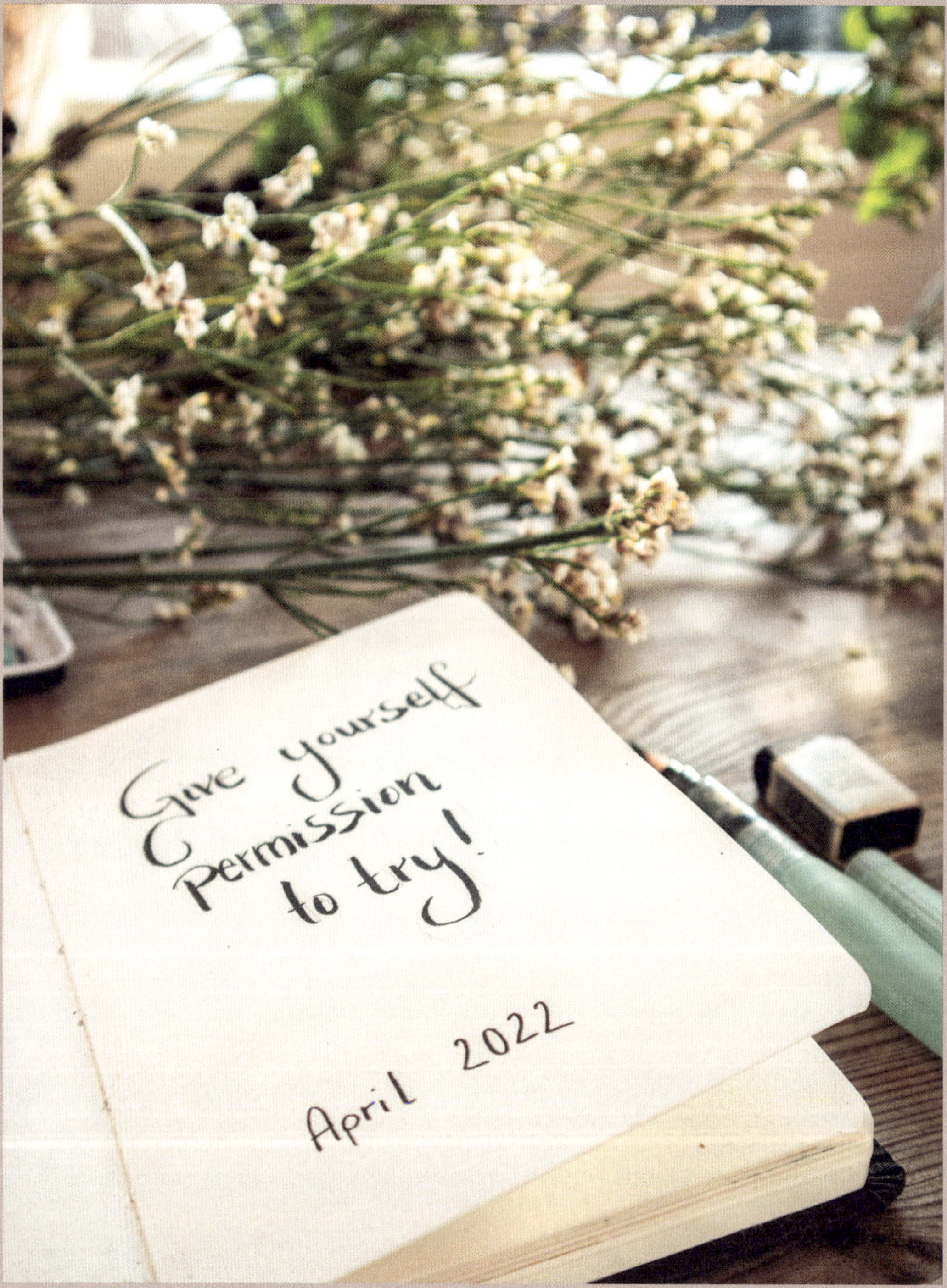

JEDER MENSCH DARF ZEICHNEN!

Ja, auch du! Gib dir selbst die Erlaubnis, immer wieder Stift und Papier zur Hand zu nehmen, und versuche, die kleinen, wunderbaren Momente des Alltags festzuhalten.

Deine erste Journal-Seite

Jetzt sitzt du vor deinem neuen Skizzenbuch, die Stifte sind gespitzt, die Farben sortiert und aufgereiht. Du kannst jetzt loslegen! Aber so richtig will es vielleicht noch nicht gelingen? So ging es mir am Anfang auch.

Mach dir keine Sorgen, das geht jedem Menschen zu Beginn einer Reise so. Anfänger:innen, Profis und auch große Maler:innen: Alle müssen einmal den ersten Schritt machen und der ist nicht immer leicht.
Ich habe für dich einige Tipps und konkrete Übungen vorbereitet, mit denen du dich ganz leicht und gemütlich jeden Tag aufs Neue auf deine Nature-Journaling-Reise einlassen kannst: Metadaten, Überschriften finden, Konturenzeichnungen und „Rahmen geben".
Wenn du diese Methoden regelmäßig in deine Journaling-Routine einbindest, wirst du schon bald feststellen, wie schnell es dir in Fleisch und Blut übergeht kreativ und neugierig zu sein.

EIN PAAR TIPPS ZUM START

Kein Moment gleicht dem anderen und jeder ist unendlich kostbar. Trau dich, die Wunder dieser Welt mit Stift und Papier einzufangen und unvergesslich durch deine Augen zu dokumentieren. Die ersten Seiten werden sicher nicht einfach werden, vielleicht seltsam aussehen und sich komisch anfühlen, aber so ist das bei jedem Anfang, egal wie viel oder gut jemand schon zeichnen, schreiben oder dokumentieren kann.
Mit diesen Tipps wird der Start einfacher:

Tipp 1: Immer und überall

Trage dein Journal und wenigstens einen Stift von nun an immer bei dir. Nichts ist ärgerlicher als eine verpasste Gelegenheit, in der du es gerne hervorgeholt hättest, die Materialien aber zu Hause auf dem Schreibtisch lagen.

Tipp 2: Die erste Seite

Starte deine Journaling-Reise auf der zweiten oder dritten Seite eines neuen Skizzenbuchs. So verschwindet der Druck, die erste Seite zu füllen. Wenn du willst, kannst du dort später immer noch etwas eintragen.

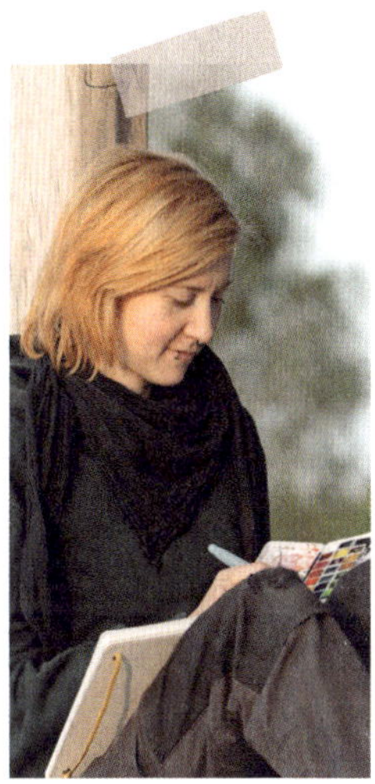

„Die Angst vor der leeren Seite ist 'ne echte Sache! Sie heißt: Atelodemiourgiopapyrophobia."

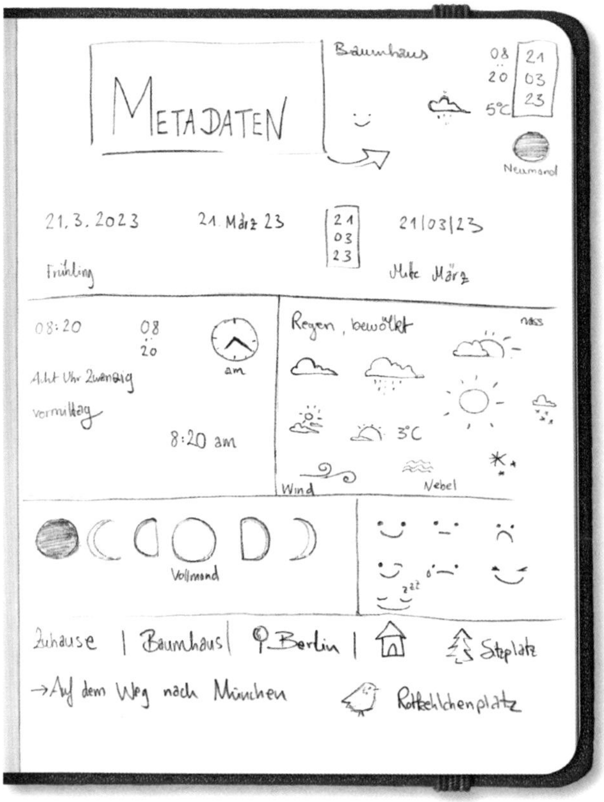

WAS SIND METADATEN?

- Datum
- Uhrzeit
- Ort (Alias)
- Wetter
- Temperatur
- Mondphase
- Stimmung
- Himmels-richtung
- Begleitung
- Bedeutung des Ortes

Tipp 3: Verlustangst

Schreibe deinen Namen und deine Kontaktdaten vorne ins Buch. Wenn du dein Journal fleißig füllst und oft dabeihast, wächst auch das Risiko, es zu verlieren. Was für ein Geschenk, wenn jemand deinen Nature-Journal-Schatz findet und ihn dir zurückgeben kann.

Tipp 4: Zu viel Platz

Wenn dir selbst in einem kleineren Journal die Fläche, die du füllen sollst, zu groß vorkommt, unterteile sie in kleine Abschnitte, wie bei einem Comic. So hast du nur noch kleine Kästchen vor dir, die weniger überwältigend sind. Trage deine Beobachtungen eine nach der anderen ein.

METADATEN

Vor einer komplett leeren Seite zu sitzen und nicht zu wissen, wo man anfangen soll, kann ganz schön beängstigend sein. Der „Horror Vacui", also die Angst vor der Leere, ist real und nicht zu unterschätzen. Um meiner Neugier und Kreativität ein Geländer zum Entlanggleiten zu geben, starte ich jede leere Seite mit dem Dokumentieren der Metadaten. Metadaten sind Eckdaten, die du sammeln kannst. Das können neutrale Informationen sein wie Datum, Ort und Uhrzeit. Auch das Wetter, die Temperatur und die Himmelsrichtung sind im Nachhinein sehr aufschlussreich und spannend. Dokumentiere auch Persönliches: deine Stimmung, wie es dir gerade geht, was der Ort für dich bedeutet, und die Mondphase. So schaffst du eine spezielle, unvergessliche Beziehung zu genau dem Tag und dem Moment, an dem du diese Journalseite aufgeschlagen hast. Metadaten sind meistens recht einfach zu finden, du kannst sie ohne groß zu überlegen niederschreiben und dabei gar nichts „falsch" machen. Dadurch helfen sie dir beim Loslegen und Überwinden der leeren Seite und lassen dich mit allen Sinnen im Moment ankommen.

ÜBERSCHRIFTEN FINDEN

Du kannst die leere Seite auch als erstes mit einer Überschrift füllen. Gib hierfür deiner Naturzeit einen Namen. Ich gehe dafür immer in das Mindset, dass ich gerade den Titel für einen epischen Kinofilm finden möchte: „Die melancholische Nebelelster", „Mutiger Löwenzahn an der Tram", „Drei Stockenten auf geheimer Mission!". Von Wortneuschöpfungen, dramatischen Beschreibungen bis zu dem Benennen von Offensichtlichem kann alles dabei sein!

RAHMEN GEBEN

Um dem vielen Platz ein bisschen Struktur zu geben, kannst du auf deinem leeren Papier auch als Erstes ein paar wilde Rahmen setzen: Dreiecke, Rechtecke, Kreise oder völlig frei.
In jeder Form kannst du einen neuen Aspekt deines Naturobjektes betrachten und so den Erwartungshorizont an dich überschaubar halten und dich langsam über verschiedene Zugänge an die Natur herantasten.

Ein paar Metadaten, Rahmen und Überschriften auf der Journalseite machen den Einstieg um vieles leichter.

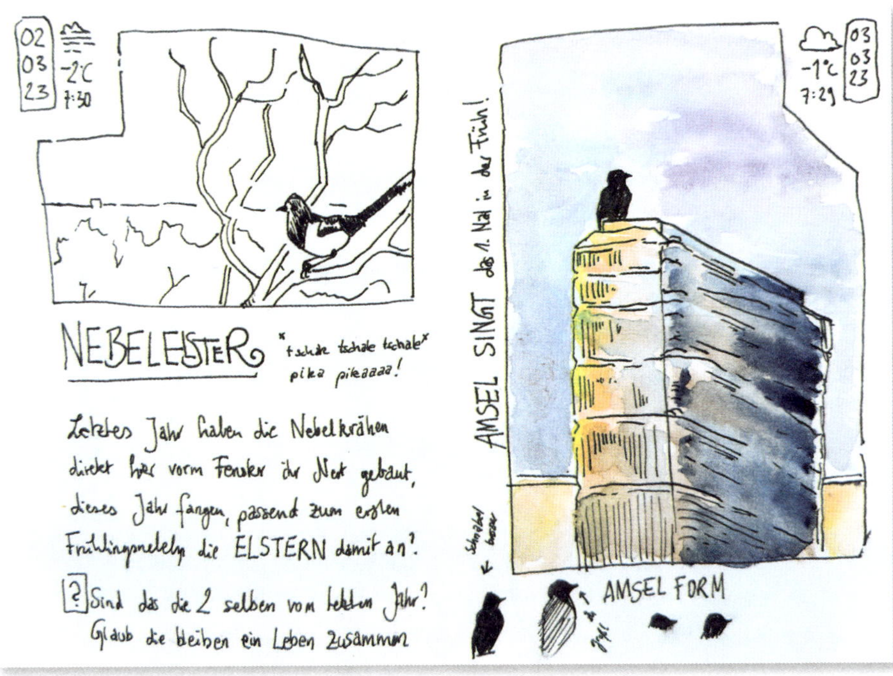

KONTURENZEICHNUNG

Überwinde die Angst vor der leeren Seite mit einer Vertrauensübung – in dich selbst.

Du brauchst: Papier (DIN-A5 oder größer), deinen Lieblingsstift (z. B. Fineliner), einen Naturgegenstand (z. B. Baumblatt, Kastanie, Schneckenhaus), eine Portion Mut **Zeitrahmen:** ein paar Minuten

SO GEHT'S

Eine wunderbare Möglichkeit, um dich an die „Welt der Bilder" in deinem Journal heranzutasten, sind Konturenzeichnungen! (Eine Kontur ist die Umrandung, die Außenlinie, der Scherenschnitt eines Objektes.)
Oh nein, was aber, wenn die Zeichnung krumm und schief wird? Keine Sorge, das ist sogar wunderbar und geplant! Damit beschäftigen wir uns beim Thema Perfektionismus (s. S. 73) noch ausführlicher. Fürs Erste lade ich dich jetzt ein, den Sprung ins kalte „Journalwasser" zu wagen und die Übung einfach auszuprobieren! Du wirst sehen, es macht unfassbar viel Freude!
Suche dir einen zweidimensionalen Naturgegenstand, wie zum Beispiel ein Laubblatt, das macht es für den Anfang am leichtesten. Deine Aufgabe ist es, innerhalb einer Minute den Umriss deines Naturgegenstandes in einer durchgehenden Linie auf dein Papier zu zeichnen, ohne den Stift zwischendurch abzusetzen. Klingt doch ganz einfach, oder? Jetzt kommt aber der magische Punkt: Das Ganze machst du OHNE Hinschauen! Was?! Ja, richtig gelesen! Trau dich heute, dir selbst zu vertrauen! Halte dein Baumblatt am besten mit ausgestrecktem Arm von dir weg, sodass du nicht gleichzeitig dein Zeichenpapier sehen kannst. Du hast nur Augen für ihn, nicht für Stift und Papier. Jetzt lass deinen Blick, wie eine kleine Ameise, an der Kontur deines Blattes entlangwandern. Starte an einem markanten Punkt, wie dem Stiel, und wandere Stück für Stück am Blattrand entlang. Gleichzeitig überträgt dein Stift diese „Wanderung" aufs Papier. OHNE hinzusehen und in einer kontinuierlichen Linie. Gehe Stückchen für Stückchen, lass dich von vielen Kurven und Ecken nicht aus der Ruhe bringen. Bist du wieder am Ausgangspunkt angelangt, schau auf deine Zeichnung! Das Ergebnis wird kein perfektes Abbild sein (soll es auch nicht!), es wird viele sonderbare Kringel, Überlappungen und Ecken geben, Start und Ende können weit voneinander entfernt liegen. Aber es ist eine ganz besondere Zeichnung mit Charakter entstanden! Ineinanderfließende Linien, die das Wesen deines Blattes erfassen! Ein intensiver Blick hinter die Kulissen deines Blattes, der manchmal treffender sein kann, als wenn du deinen Blick korrigierend auf dein Papier hättest schweifen lassen.

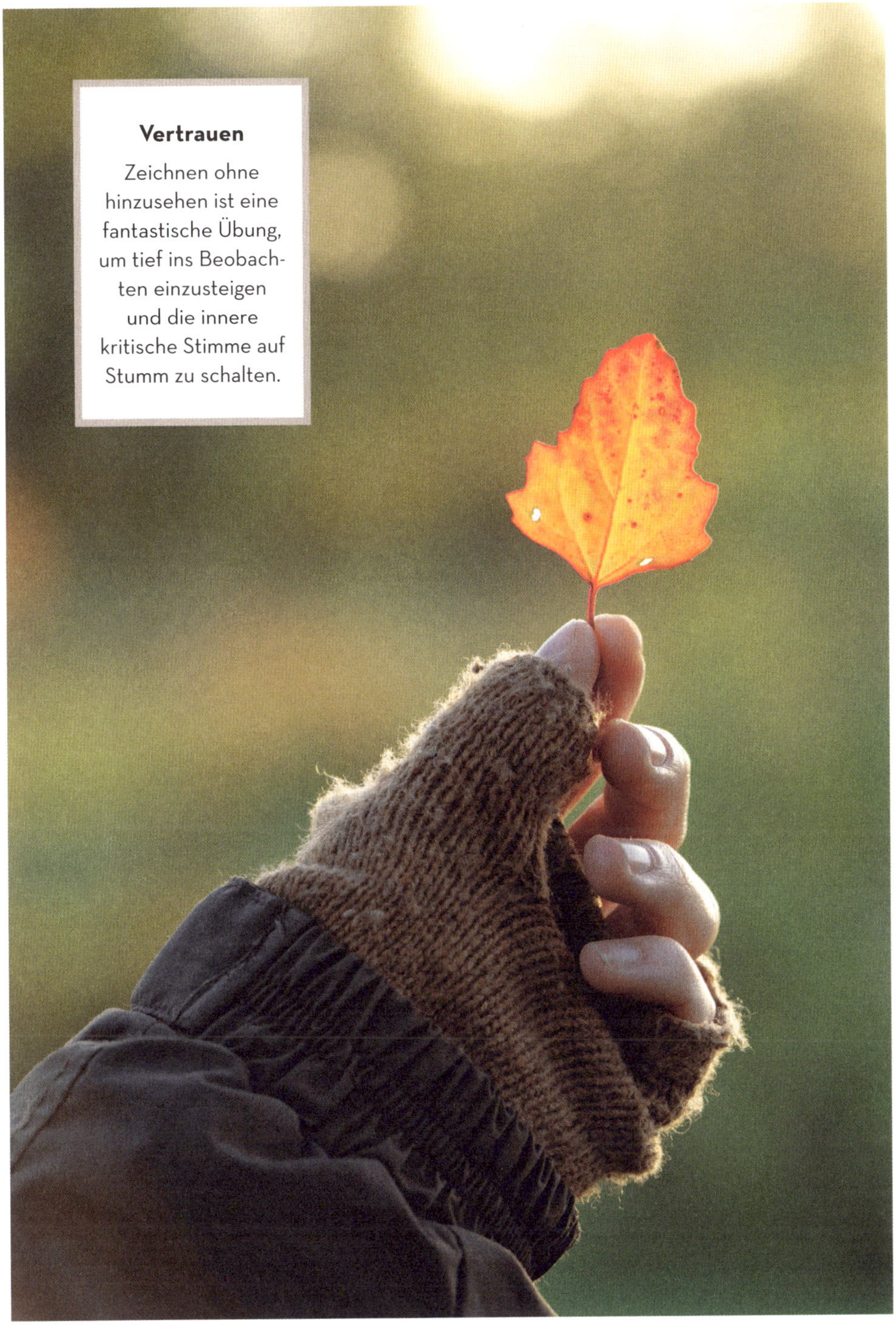

Vertrauen

Zeichnen ohne hinzusehen ist eine fantastische Übung, um tief ins Beobachten einzusteigen und die innere kritische Stimme auf Stumm zu schalten.

Das macht's
Wie gefällt dir deine Zeichnung und wie ging es dir dabei? Was war leicht, was herausfordernd? Warum sollst du hier im „Blindflug" zeichnen? Davon abgesehen, dass Aufwärmungen bei jeder Aktivität guttun, ist die „Konturenzeichnung" ohne Hinschauen eine wunderbare Möglichkeit, dir wieder selbst zu vertrauen, zu lernen und somit Mut für kommende Nature-Journaling-Abenteuer zu tanken! Ohne dass du viel darüber nachdenken musst, füllst du eine Skizzenbuchseite mit wunderschönen, selbstbewussten und einzigartigen Linien, die eine direkte Verbindung von dir zum Naturgegenstand repräsentieren. Keine Logik, keine innere Kritiker:in konnte sich einmischen. Was hätte sie denn auch sagen sollen? Die innere Stimme, die wohl sonst IMMER etwas auszusetzen findet, ist außer Gefecht gesetzt, wenn du nicht hinschaust. Wer nicht hinschaut, KANN gar keine perfekte Zeichnung liefern. (logisch, oder?) Somit fehlt allem Perfektionismus die Argumentationsgrundlage für jegliche Kritik. Gleichzeitig ist deine erste bedrohliche, leere Seite im Handumdrehen mit mutigen Linien gefüllt und du kannst sie als Ankerpunkt für die nächsten Werke nehmen.

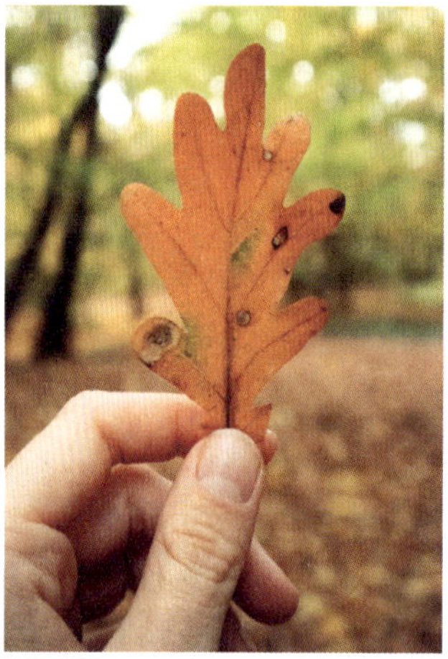

1

2

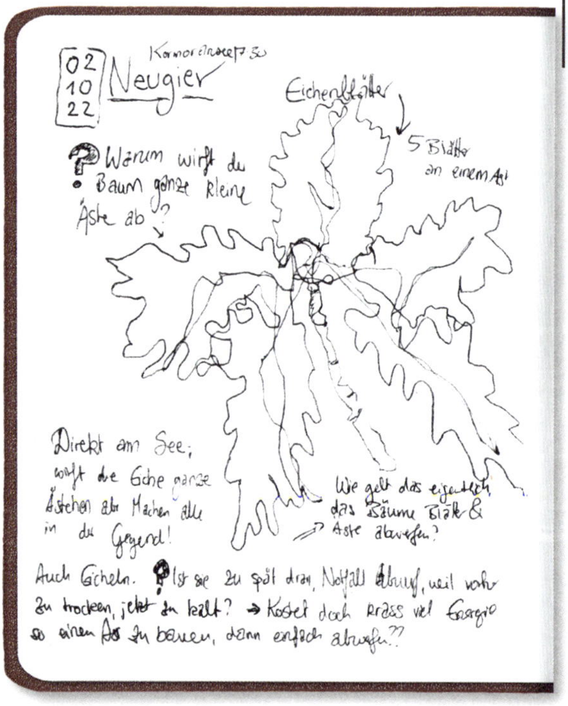

1. Ein flächiger Gegenstand wie ein Laubblatt macht es dir am Anfang besonders leicht.

2. Eine Konturenzeichnung ist kein perfektes Abbild, aber sie fängt das Wesen deines Blattes ein.

PS: Schummel doch auch mal! Musstest du die ganze Kontur lang aktiv dem Drang widerstehen, aufs Papier zu schauen (wirklich, nur ganz kurz)? Dann probiere es doch einmal aus, die gleiche Kontur noch einmal zu zeichnen! Aber diesmal darfst du auch aufs Papier schauen. Nur kurz, wie beim Schummeln in der Schule. Dein Fokus soll immer noch auf deinem Baumblatt in der Hand liegen. Wenn du nach einer Minute deine Konturlinie beendet hast, betrachte beide Zeichnungen nebeneinander und finde für dich heraus: Bei welcher Zeichnung hast du dich freier gefühlt, bei welcher warst du mit deinem Fokus beim Naturgegenstand und im Erkunden? Bei welcher Linie wirkt deine Linie selbstbewusster, bei welcher der beiden Zeichnungen bist du in den Flow, bei welcher ins Kritisieren gekommen?

Zeichnen ohne hinzusehen nimmt dir die Angst vor der leeren Seite.

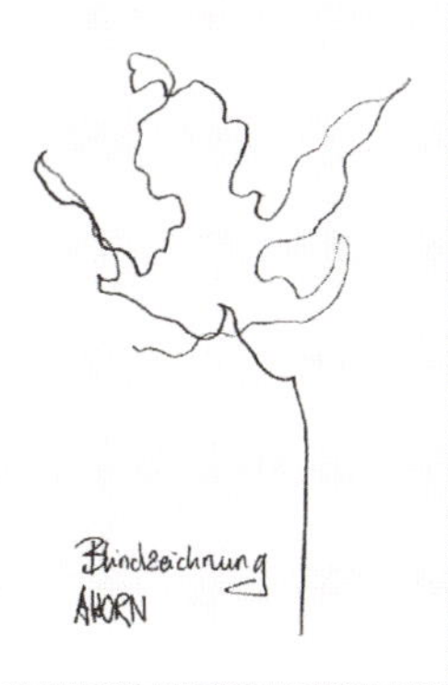

„Hab Mut, dir selbst zu vertrauen."

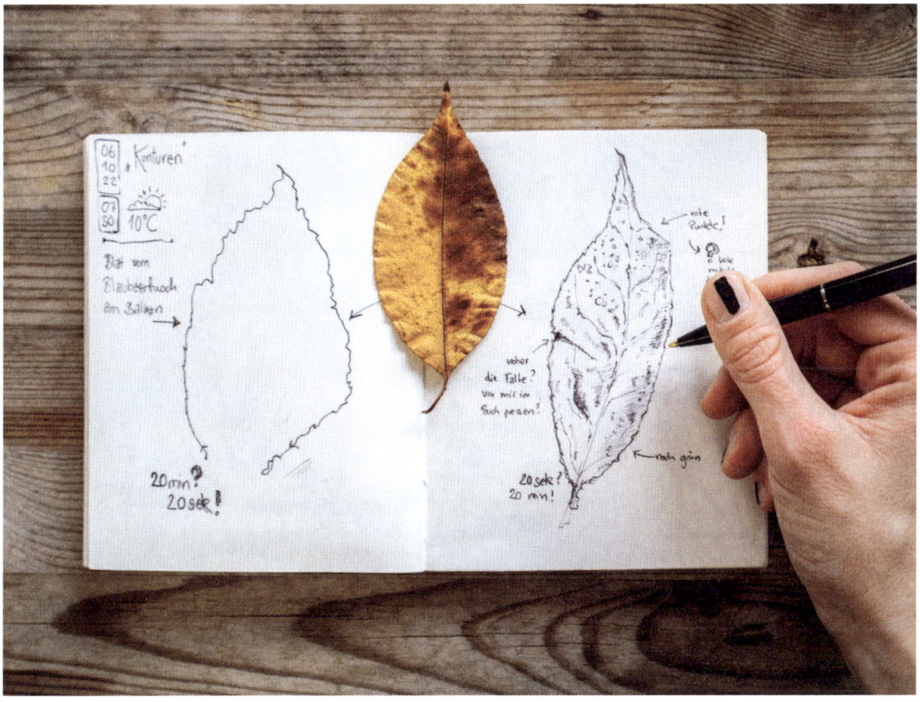

WÖRTER (ER-)FINDEN

Gib deiner heutigen Entdeckungsreise ein Thema und beschreibe es mit Worten.

Du brauchst: Skizzenbuch oder Papier, einen beliebigen Stift, deinen Lieblings-Draußenplatz
Zeitrahmen: 10 Minuten

SO GEHT'S

Setze dich für zehn Minuten an einen Draußenort und beobachte: ein Blatt, was das Eichhörnchen macht, die Spatzen am Straßenrand. Alle Wörter, Begriffe und Überschriften, die dir währenddessen in den Sinn kommen, schreibst du einfach in dein Journal nieder. Genau wie bei den Bildern musst du in der Welt der Worte keine perfekten, passenden Begriffe finden. Es geht darum, dass du anfängst, deinen Wortschatz näher anzuschauen: Welche Wörter fallen dir überhaupt ein für das Grün des Blattes, die Stimmung der Umgebung oder wie das Licht auf das Fell des Eichhörnchens fällt? Fange mit einfachen Wörtern an und ergänze sie Stück für Stück! Trau dich, aus gewohnten Schriftmustern auszubrechen, streiche Wörter durch, wenn du andere findest, schreibe groß, gib deiner Seite eine Überschrift mitten auf der Seite und erfinde neue Begriffe für Neues und Altbekanntes. Lass sie flexibel und wie ein fröhlicher Fluss über deine Seite fließen.

Das macht's:

Worte ins Journal schreiben kann zu Beginn ein leichterer Zugang sein, als direkt mit detaillierten Zeichnungen zu starten. Wir sind vertrauter damit, Buchstaben handschriftlich zu Papier zu bringen. Auch wenn wir immer häufiger am PC schreiben, werden unsere Einkaufslisten und andere kleine Notizen doch oft noch handschriftlich verfasst. Probiere deshalb zuerst einmal, ein paar Worte in dein Journal zu schreiben. Trau dich, neue zu erschaffen, umzudeuten und sie für dich umschreibend zu verwenden.
Sobald du eine nahezu leere Seite mit ein paar Buchstaben füllst, verliert sie ihre Bedrohlichkeit und ein paar zu einer Zeichnung hinzugefügte Notizen nehmen den Druck, ein perfektes Bild erschaffen zu müssen. Ein paar Worte auf der Journalseite neben deinen Zeichnungen und schon ist sie kein „Kunstwerk" mehr, das am Ende an der Wand hängen muss, sondern ein fantastisches Forschungsprojekt und eine echte Entdeckungsgeschichte.

Das Fell ist braun –
wie eine Tafel Schokolade.
Wenn das Licht hineinfällt,
wird es rostrot wie die
Dachziegel gegenüber mit
kleinen sonnengelben Glitzer-
punkten drinnen. Ein echtes
Schoko-Ziegelbraun.

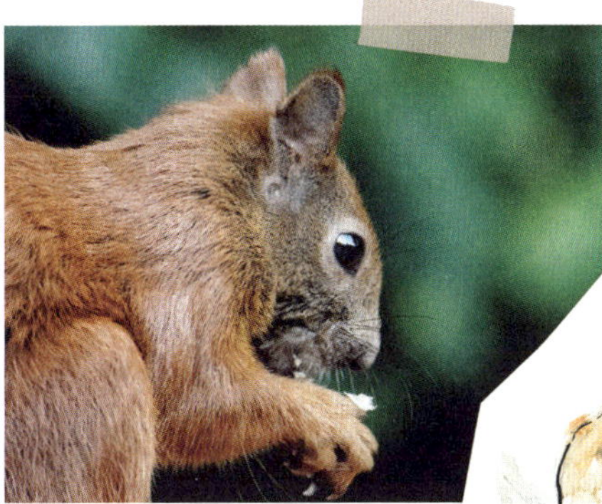

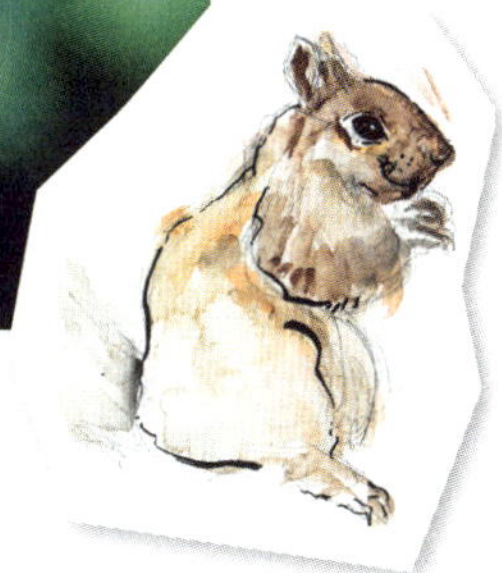

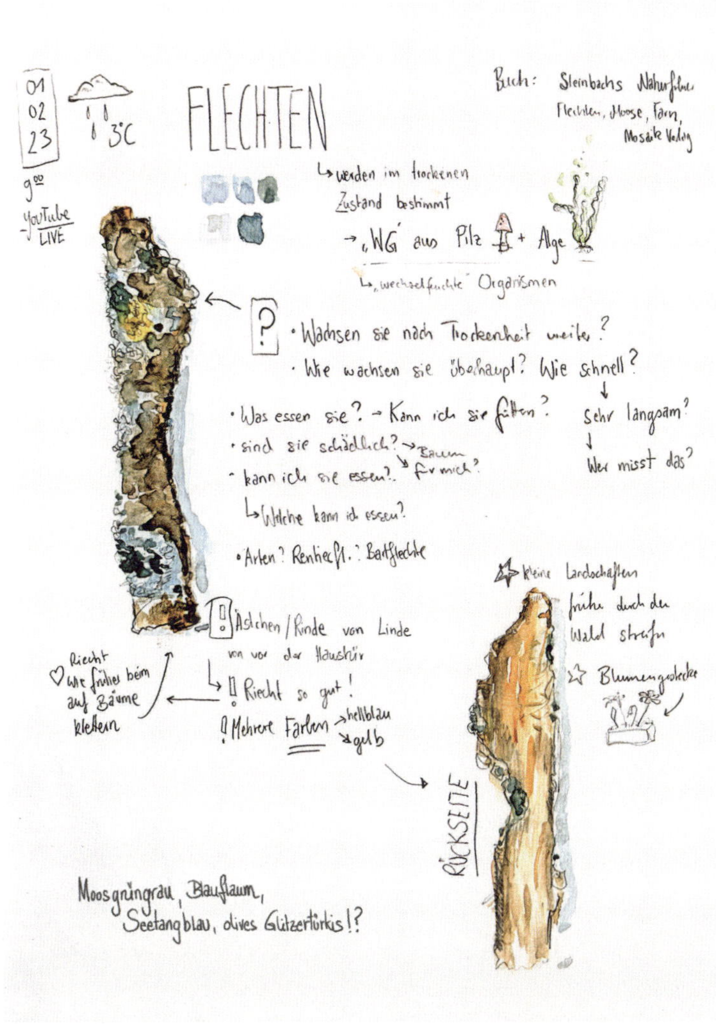

Sich neue Worte
zur Beschreibung
der Farbe der
Flechten einfallen
zu lassen fällt oft
zu Beginn leichter
als das Mischen.

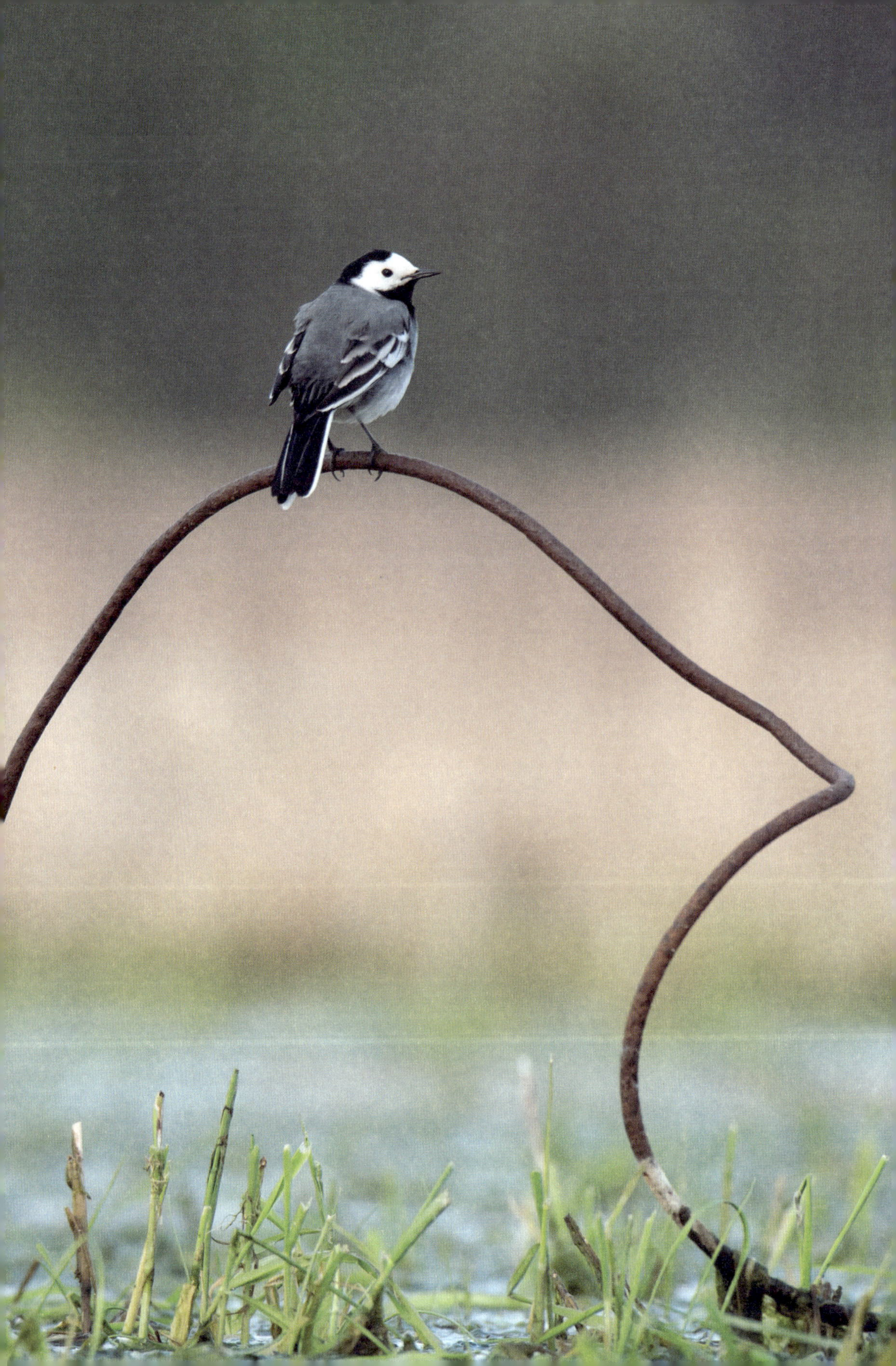

„Dein Journal ist dein Spielplatz, auf dem du ganz du selbst sein darfst, dich ausprobieren und toben sollst.“

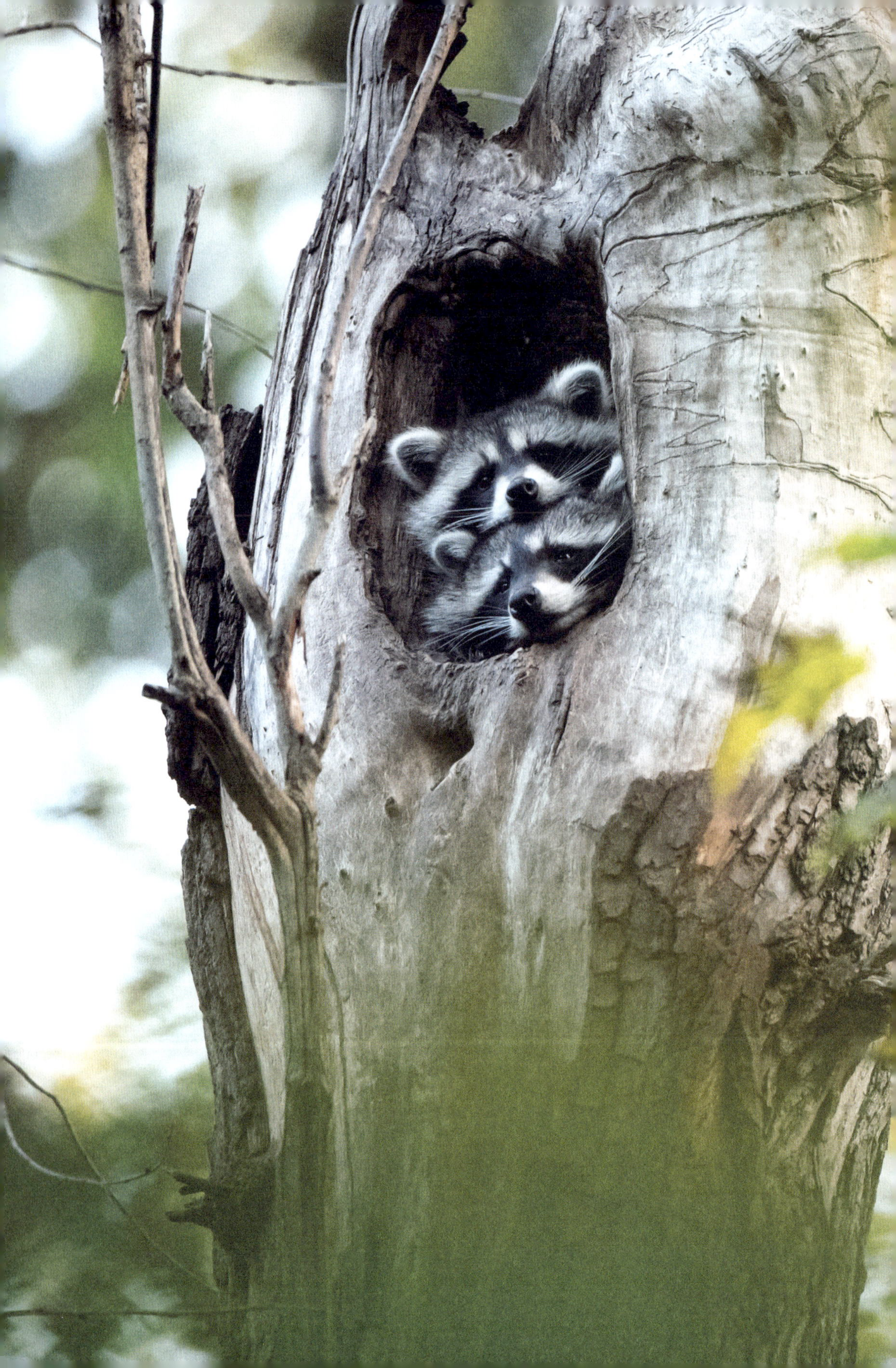

ÜBER STOCK UND STEIN

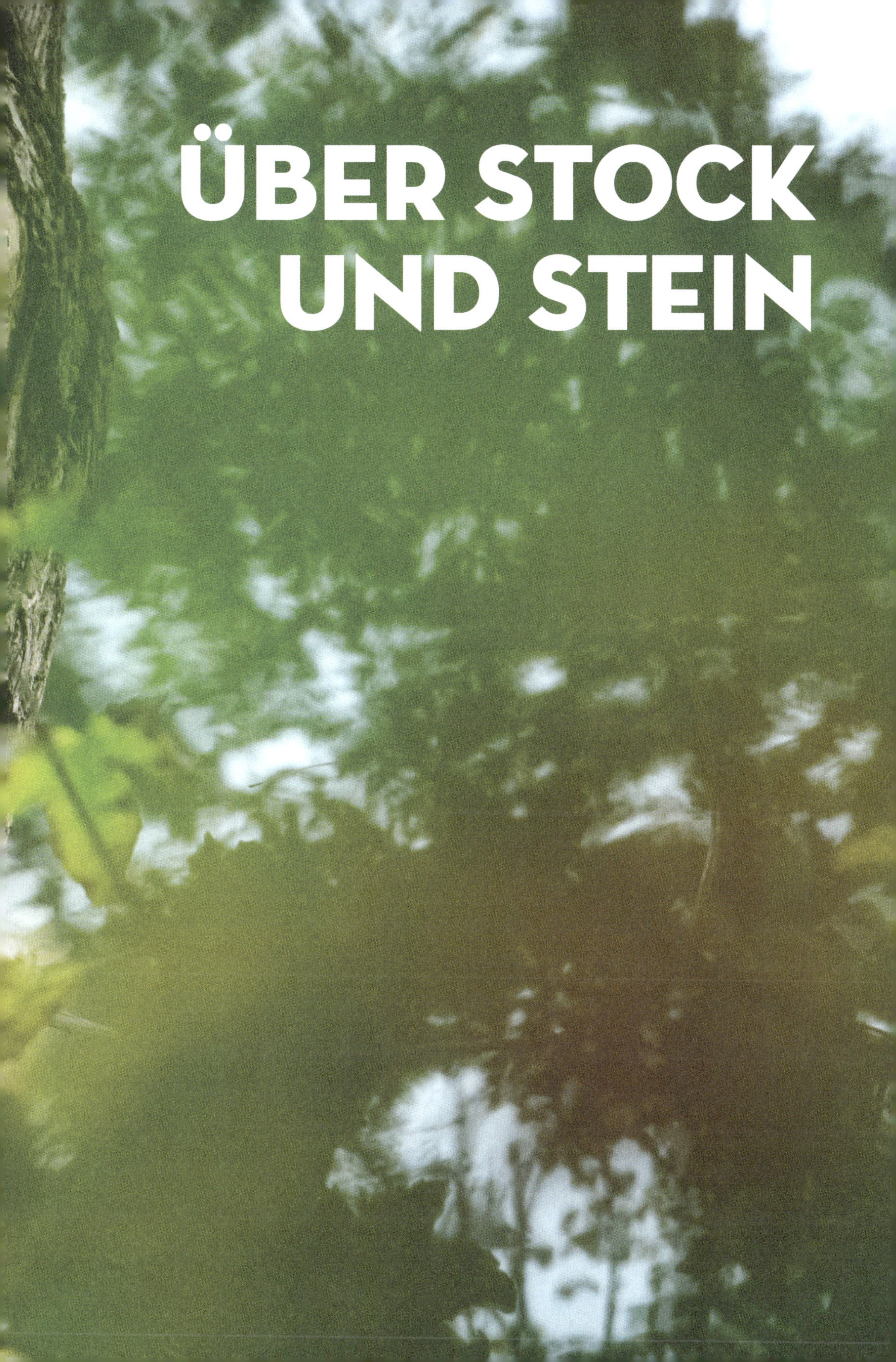

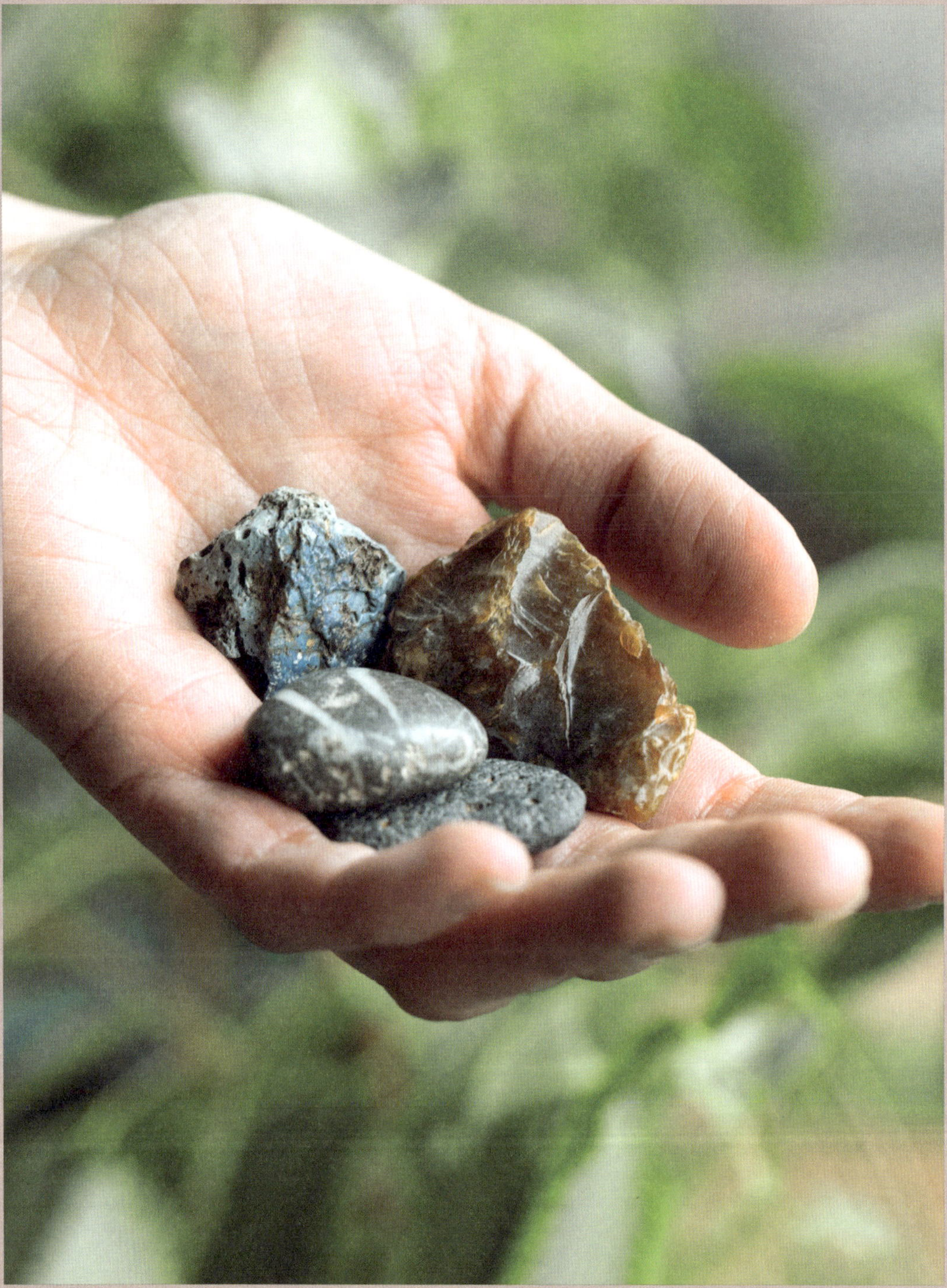

STOLPERFALLE ODER SCHATZ?

Der Alltag legt dir gerne diverse Steine auf deiner Nature-Journaling-Reise in den Weg. Vielleicht sind es aber auch ungeahnte neue Möglichkeiten?

Wie wir neue Gewohnheiten ins Leben lassen.

Die ersten Journalseiten sind gefüllt, es hat dir große Freude gemacht und der Gedanke, ein Nature Journal zu führen, gefällt dir richtig gut? Wunderbar! Entlang des Weges warten aber auch einige Stolpersteine und Baumstämme auf dich, über die du hüpfen und klettern musst.

Wie bei jeder neuen Gewohnheit ist der Anfang voller Euphorie und vergleichsweise leicht geschafft. Nach ein paar Tagen oder Wochen holt einen die Alltagsroutine ein und es liegt so manches unüberwindbar scheinende Hindernis zwischen dir und deinem angefangenen Journal.Damit dein Buch nicht bis zum nächsten Neujahrsvorsatz in einer Sofaecke verstaubt, bekommst du ein paar Tipps, Tricks und passende Übungen für deinen „Nature-Journaling-Rucksack", mit denen du gegen die größten Stolpersteine schon jetzt gewappnet bist. Vor allem fünf große Stolpersteine können dir beim Nature Journaling begegnen:

- Ich habe nie Zeit dafür.
- Ich kann nicht gut genug zeichnen und habe kein Talent dafür.
- Ich schaffe es nicht, länger durchzuhalten und eine Routine aufzubauen.
- Draußen ist es immer viel zu dunkel/nass/kalt.
- Mir fehlt der Austausch und allein macht es mir keinen Spaß.

Erkennst du dich in einem oder sogar mehreren Punkten wieder? Die Stolpersteine können bei jedem Menschen unterschiedlich sein. Frage dich deshalb selbst: Was könnte deine größte Hürde sein, die dich vom Aufschlagen deines Nature Journals abhält? Sei ehrlich mit dir selbst. Das Großartige ist: Sind wir uns erst mal unserer Steinchen – und manchmal auch echter Gebirgsketten – bewusst sind, können wir schon vorher mit ihnen rechnen und auf sie reagieren. So schaffen wir es viel leichter, über viele davon mit Anlauf hinwegzuspringen, sie zu umgehen oder wegzutragen.

„Was könnte dein größter Stolperstein sein und was kannst du dagegen unternehmen?"

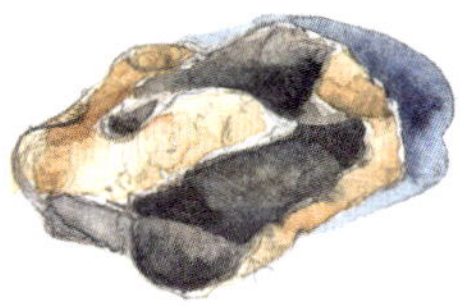

Ein Atemzug – ein Pinselstrich

Du hast dir vorgenommen, heute nun wirklich mit dem Zeichnen zu starten, und wenn es nur ein paar Minuten sind? Du überlegst, wie du die Kreativität in deinen schon überfüllten Alltag einlädst? Das ist kein Hexenwerk, du musst nur Stück für Stück ehrlich mit dir selbst über deine Prioritäten sein.

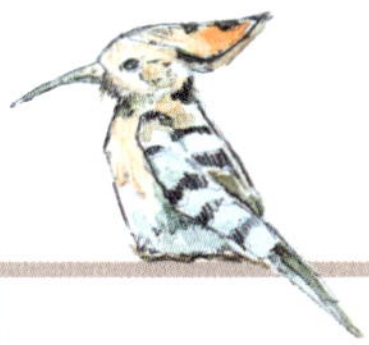

Wie frei kannst du dir deinen Alltag einteilen? Nicht jedem Menschen stehen die gleichen 24 Stunden zur Verfügung. Findet Journaling trotzdem einen Platz in deinem Leben?

Unser Alltag ist meistens bis oben hin vollgestopft mit „nur ein paar Minuten". Wir probieren jedes kleine bisschen Self-Care ins durchgeplante Leben zu quetschen: Kaffee, Dankbarkeitstagebuch, Kinder, Frühstück, Duschen, Meditieren. Wie wäre es noch mit ein bisschen Yoga? Na, fühlst du dich schon entspannt? Man möchte sich schon beim der vielen To-Dos wieder ins Bett verkrümeln, geschweige denn auch noch das Journal aufschlagen! Am Ende des Tages hetzen wir von einer Entspannungs-Aktivität zur nächsten und haben doch wieder keine Ruhe gefunden.
Mir hat es sehr geholfen, zu überlegen, welchen Aufgaben ich in meinem Alltag hohe Priorität geben möchte. Welche sind mir von Herzen wichtig, welche mache ich murrend, aus Gewohnheit oder weil ich es noch nicht geschafft habe, „Nein" zu sagen? Ich schreibe mir „Nature Journaling" wie einen wichtigen Arzttermin immer wieder in meinen Terminkalender. Kreativität und Naturverbindung sind für mich nichts anderes als Vorsorge, damit es mir gut gehen kann, und wenn ich sie zu oft verschiebe, merke ich das: Meine Laune und Gesundheit leiden darunter.
Wie das in der Praxis bei mir aussieht, zeige ich dir in den zwei folgenden Übungen. Bist du bereit, ehrlich auf dein Leben zu schauen?

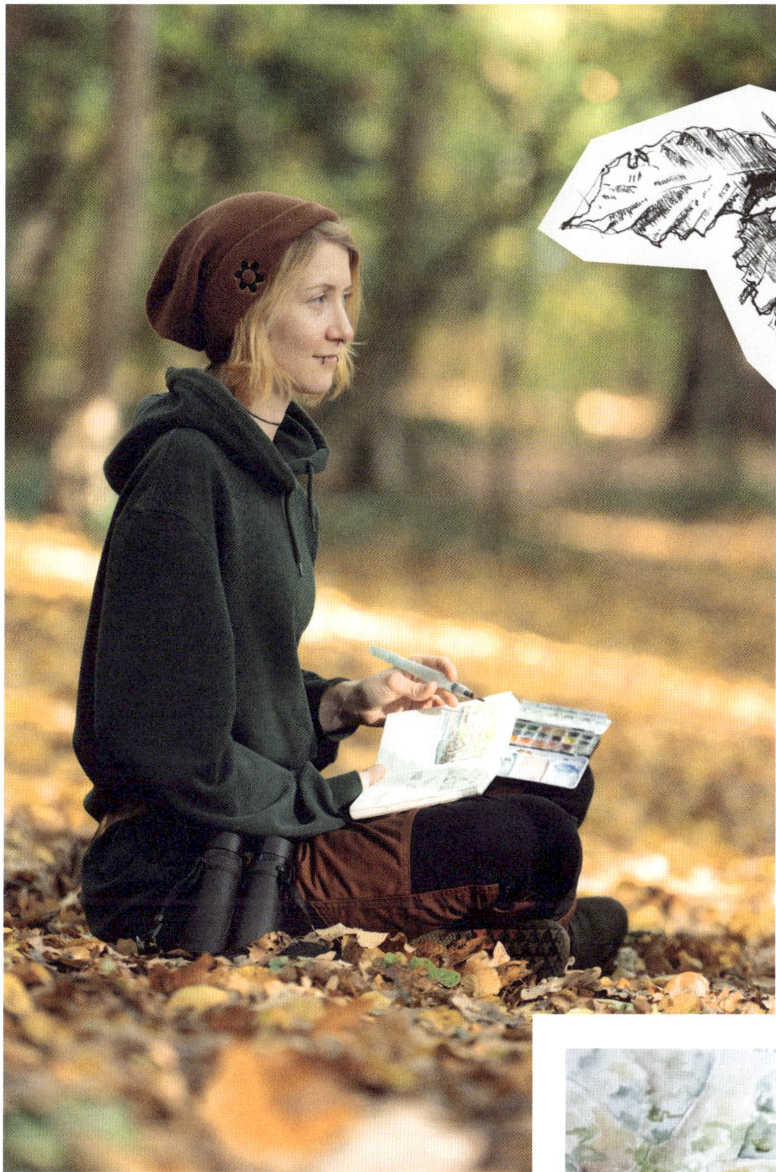

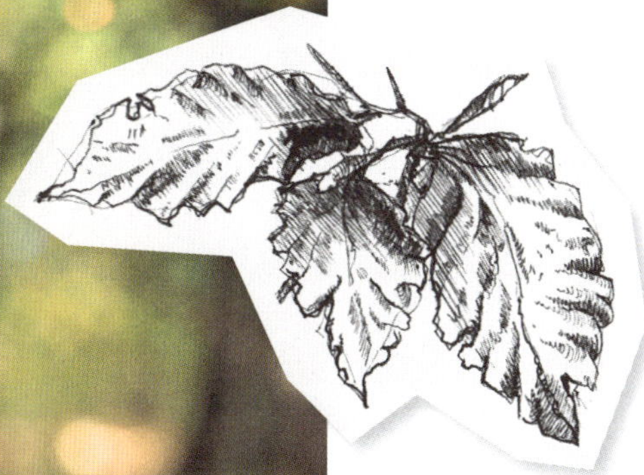

Wie oft haben wir das Gefühl, nicht genug Zeit zu haben? Immer genau dann sollten wir uns wenigstens zehn Minuten in die Natur setzen und „da“ sein.

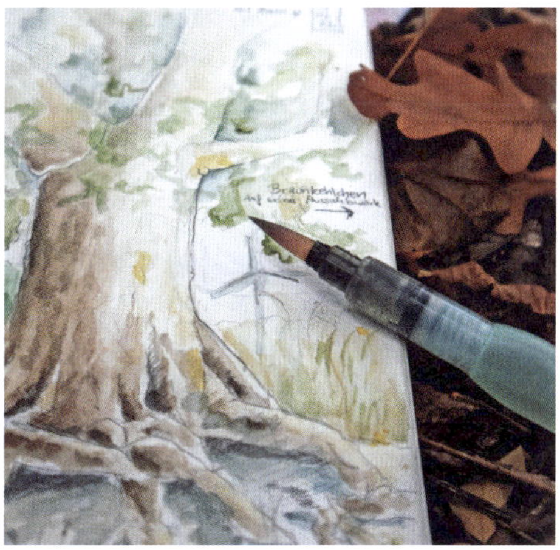

Journaling steht wie jeder wichtige Termin fest in meinem Terminkalender.

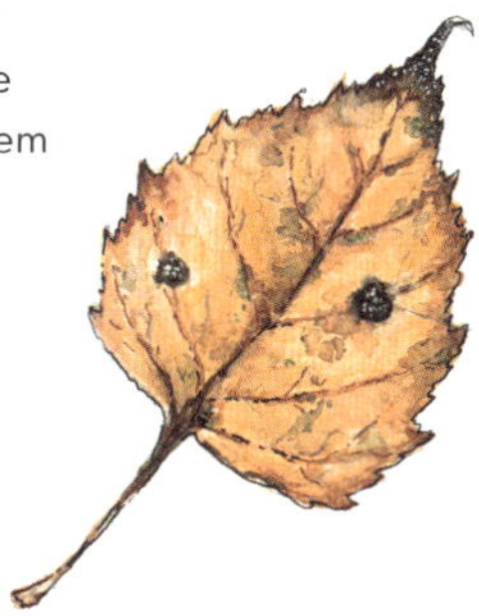

NUR FÜNF MINUTEN

Wie ein paar Minuten Journaln jeden Tag deine Welt verändern.

Du brauchst: Papier und einen beliebigen Stift, deinen Terminkalender **Zeitrahmen:** 5 Minuten

SO GEHT'S

Wirf einen Blick auf dein „Warum" aus dem vorherigen Kapitel und überlege dir, wie viel Raum du Nature Journaling im Alltag geben möchtest. Schau dir dann einen normalen Tag bei dir im Kalender an und überlege strategisch, wo du am besten deine fünf Minuten Natur-Kreativität am Tag unterbringen könntest. Du kannst natürlich auch nur einmal die Woche oder einmal im Monat einen Termin eintragen, das ist ganz dir überlassen. Schreibe die eingeplante Journalzeit wirklich in deinen Kalender. Wichtig ist, dass du diesen Termin genauso behandelst wie einen Zahnarzt-Termin oder Ähnliches.

Das macht's:

Planung ist nicht alles, aber doch ein großer Teil. Sobald wir etwas in unserem Kalender stehen haben, bekommen Aktivitäten eine feierliche Wichtigkeit und sind viel schwerer zu ignorieren. Einen Nature-Journaling-Termin ausfallen zu lassen oder zu verschieben ist dann gar nicht mehr nebenbei möglich, sondern muss aktiv geplant werden.

Ich starte gerne mit fünf-Minuten Blöcken in Nature-Journaling-Routinen. Dafür suchst du die kleinen Zwischenräume im Alltag, die du in kreative Momente verwandeln kannst: Beispielsweise die Wartezeit, bis das Wasser kocht, die Bahn kommt, die Waschmaschine fertig ist oder das Kind noch schnell einen ganz bestimmten Stein finden muss. Jede dieser Zwischenzeiten kannst du wahrnehmen, genießen, und wenn du magst, mit ein paar Strichen im Journal begleiten.

Ausdehnen darfst du deine Journalzeit dann immer noch. Wenn du mit einem Zeit-Krümel startest, kann es leicht passieren, dass du dann doch ein ganzes Stück Journal-Kuchen möchtest. Oder du bleibst bei deiner kleinen Krümel-Freude – auch viele kleine Stückchen ergeben mit der Zeit einen Kuchen.

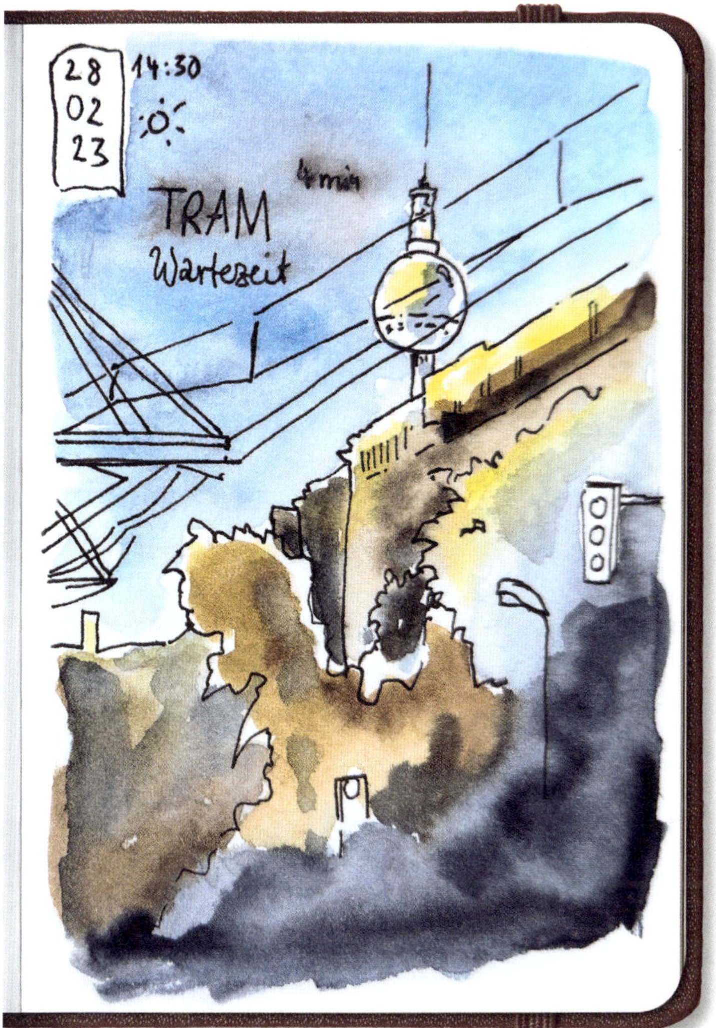

in nur
4 Minuten!

Eine grobe Skizze ist schnell während dem Warten auf die nächste Tram mit ein paar Strichen gemacht. Zu Hause kannst du ihr noch Farbe geben.

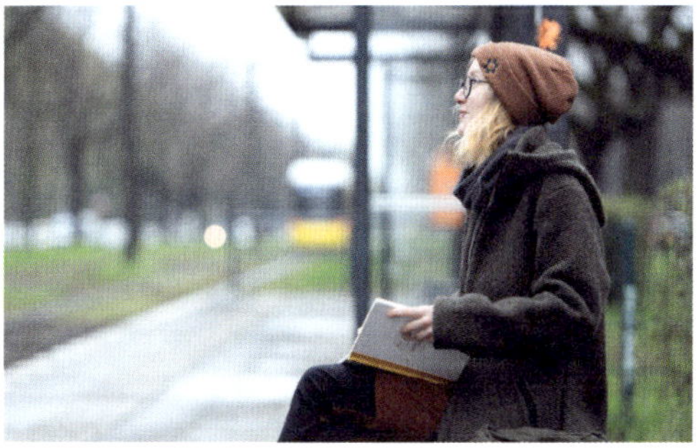

ZIEMLICH SMART

Wie du durch schlaues Zielesetzen kleine Journal-Momente in den Alltag lässt.

Du brauchst: Papier und deinen Lieblings-Stift **Zeitrahmen:** 10 Minuten

SO GEHT'S

Mit einer klaren Zielsetzung gelingt es mir oft viel einfacher, Nature Journaling den Platz in meinem Leben zu geben, den ich ihm geben möchte. Vielleicht funktioniert das auch für dich? Schreibe diese fünf Fragen in dein Journal und beantworte sie jeweils darunter:

Was willst du mit dem Führen eines Nature Journals erreichen? Lies dazu nochmal deine gesammelten Gründe aus der Übung auf S. 34 durch und suche dir einen konkreten Grund heraus, beispielsweise: „Ich kenne die Natur in einem Umkreis von 30 km um meinen derzeitigen Wohnort."

Wie willst du deinen Fortschritt messen? Findest du eine Größe, mit der du deine Naturverbindung, Spaß und Neugier messen kannst? Ich weiß, das ist gar nicht einfach. Ist es die Anzahl an Journalseiten, dein Wissen über die Natur oder schöne Momente, die du festhältst? Ein Beispiel: „Ich kenne zehn Säugetiere, 15 Vogelarten, fünf Pilze und zehn Pflanzen und erstelle zu jeder eine Doppelseite mit Informationen und Zeichnungen in meinem Nature Journal."

Was ist dein tiefer liegendes Warum? Warum willst du das wirklich? Beispielsweise: „Ich möchte mich an meinem Wohnort heimisch fühlen, mich auskennen und durch Wissen über Flora und Fauna Ruhe und Verbundenheit spüren."

Kontrolliere: Ist dein Ziel erreichbar und wie? Beispielhaft: „Ich schreibe jede Woche einen Termin in den Kalender, da ich mir so am wahrscheinlichsten die Zeit fürs Nature Journaling nehme. Ich plane auch Ausfalltermine für Krankheit und Urlaub ein."

Wie viel Zeit brauchst du, um dein Ziel zu erreichen? Beispielsweise: „Ich nehme mir ein ganzes Jahr dafür Zeit und werde jede Woche eine Stunde lang an meinem Journal arbeiten."

Formuliere dann dein SMARTes Ziel in einigen Sätzen. Z. B.: „Ich lerne im Jahr 2024 10 Säugetiere, 15 Vogelarten, 5 Pilze und 10 Pflanzen in einem Umkreis von 30 km um meinen derzeitigen Wohnort kennen. Dazu erstelle ich wöchentlich jeweils eine Stunde lang zu jeder Art eine Doppelseite mit Informationen & Zeichnungen in meinem Nature Journal."

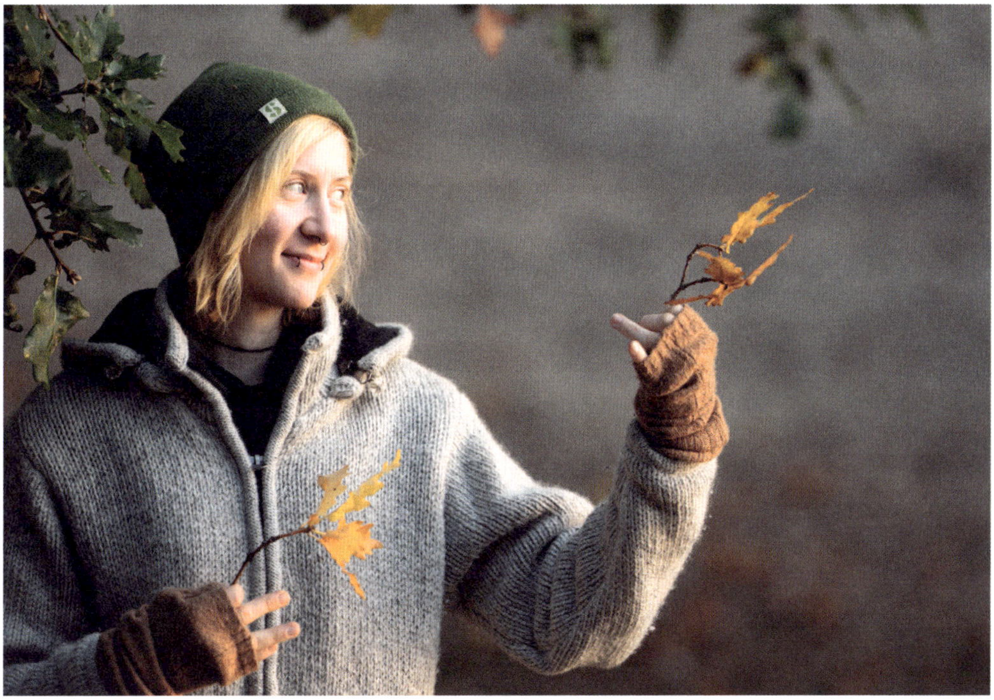

„Wo soll deine Nature-Journaling-Reise hingehen? Was willst du entdecken und erleben?“

Das macht's:
SMARTe Ziele kennst du vielleicht schon aus anderen Bereichen im schulischen oder beruflichen Kontext und auch beim Nature Journaling sind sie sinnvoll. SMART, also englisch für „schlau“, ist ein Akronym. Das heißt, jeder Buchstabe steht als Merkhilfe für ein Wort: Spezifisch, Messbar, Attraktiv, Realistisch und Terminiert. Durch das Definieren von SMARTen Zielen für deinen Nature-Journaling-Weg schwimmst du nicht mehr in einem Ozean aus Ungewissheit, ob und wie du dein Ziel überhaupt erreichen kannst. Stattdessen hast du etwas Greifbares vor dir. Schreibe deine Ziele neben den Warum-Punkten vorne ins Nature Journal. Sie können sich auch immer wieder ändern, nur für einen Tag gelten oder für mehrere Jahre. Wichtig ist, dass sie dir Orientierung und Halt in stürmischen Journaling-Zeiten geben.

Mit einem klaren Ziel vor Augen kannst du Journaling ganz bewusst einen festen Platz im Leben geben.

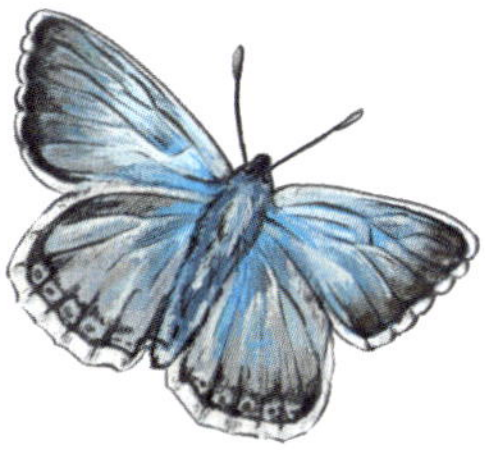

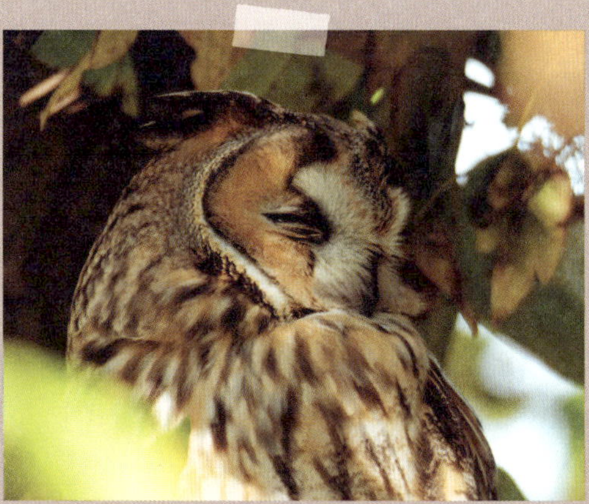

SCHÖNE BILDER MALEN?

Darum geht es beim Nature Journaling nicht, sondern um die magischen gemeinsamen Momente mit den wundervollen Wesen da draußen!

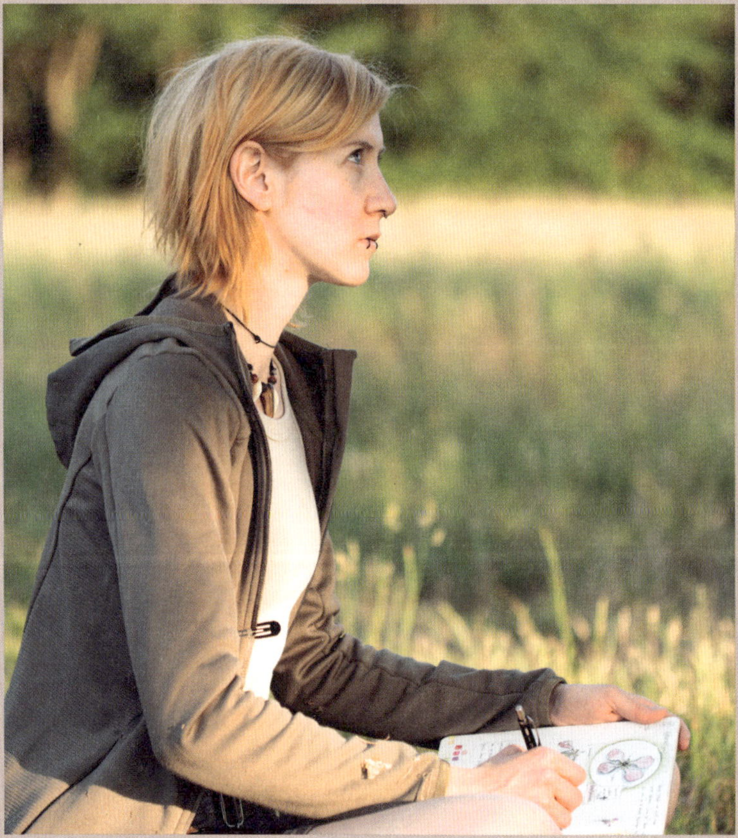

Den Perfektionismus besiegen

„Ich kann halt einfach nicht zeichnen!" Hast du dich bei dieser Aussage schon einmal ertappt? Das Perfektionismus-Monster zähmen leicht gemacht und warum die meisten Dinge, die sich im Leben lohnen, erst einmal schwer sind.

Kennst du auch diese kritische innere Stimme, die immer wieder lauter wird? Ich nenne sie liebevoll mein „kleines Perfektionismus-Monster". Das ist der drückende Klang in deinem Kopf, der dir zuflüstert: „Das kannst du nicht. Du wirst das sowieso nie schaffen. Fang lieber erst gar nicht an." Wie viele Male hast du schon einen Stift in die Hand nehmen wollen, und dich dann doch nicht getraut anzufangen, weil dich die kleine Zweifel-Stimme davon abgehalten hat? Wir fürchten, dass die Bilder und Journalseiten, die wir zu Papier bringen, niemals an unsere Idealvorstellungen herankommen werden. Bevor wir enttäuscht werden, lassen wir es dann aus Angst lieber komplett sein. Oder wir überwinden uns, malen tatsächlich ein paar Striche, nur um dann resignierend festzustellen: Es sieht nicht gut genug aus, ist nicht perfekt geworden. Also lassen wir es lieber. Das kleine Monster im Kopf ist glücklich, es hat ganze Arbeit geleistet und uns vor ungeheuerlichen Gefahren bewahrt: Ein nicht „hübsches" Bild wurde verhindert. Denn perfekte Abbilder sind doch der Sinn unserer „Natur-Skizzen", oder? Kleiner Spoiler: Nein! Beim Nature Journaling geht es nicht darum, schöne Bilder zu malen. Es geht um deinen Weg, den Bleistiftstrich, deine Naturverbindung, um Freude und Neugier. Es kommt nicht darauf an, ob du ein naturgetreues, realistisches Rotkehlchen zeichnen kannst oder (noch) nicht. Wir lassen immer Dinge aus, wenn wir sie zeichnen, weil wir sowieso alles durch unsere eigene gefilterte „Linse" sehen. Die Entscheidung, was wir zeichnen und was wir weglassen, macht deine Journalseiten interessant und zu deiner Seite. Das Wichtigste ist, dass du die Dinge, mit denen du dich beschäftigst, wertschätzt, bei ihnen und im Moment bist. Wir wollen uns mit der Natur verbinden, uns in diese zauberhafte Welt immer neu verlieben und alles dafür tun, sie zu bewahren.

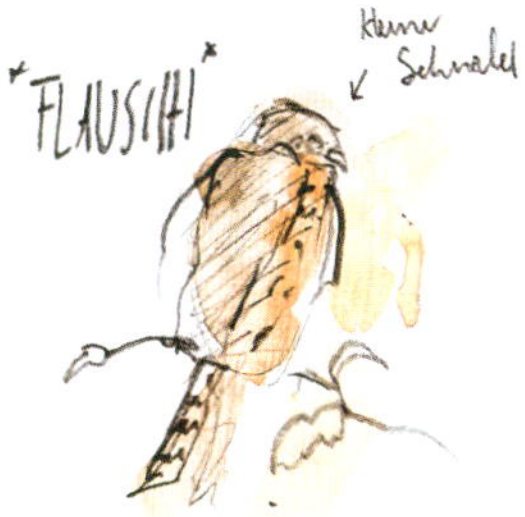

„Beim Journaling geht es um den Moment und die Verbindung – nicht um schöne Zeichnungen."

WAS IST SCHON PERFEKT?

Hast du dir schon mal Gedanken darüber gemacht, was „gut genug" in Bezug auf Zeichnungen und Nature Journaling für dich bedeutet? Oft ist es ein unbestimmtes Idealbild, das wir unbewusst erreichen wollen: Wir vergleichen uns mit großen Meistern der Kunst, die ihr ganzes Leben der Kunst gewidmet haben und parallel keinem 40-Stunden-Job, Kindern und sonstigen Verpflichtungen hinterherlaufen mussten. Wie viel Zeit kannst und möchtest du ins Nature Journaling investieren? Willst du der nächste Albrecht Dürer werden und ab jetzt 90 Stunden pro Woche zeichnen? Eher unwahrscheinlich, zumindest bei mir.

Frag dich selbst: Wann hast du den Punkt erreicht, an dem du mit deiner Journalseite zufrieden bist? Wann hört die innere Unruhe auf? Passiert es, wenn du dich über dein Journal mit der Natur verbunden fühlst? Oder wenn du gerne zu Stift und Skizzenbuch greifst und das für dich zur entspannenden Übung am Abend wird? Wenn du durch dein Journal blättern kannst und rückblickend siehst: Wow, das war eine fantastische Entdeckungsreise? Dafür brauchst du keine perfekten Zeichnungen.

Mach dein kritisierendes Monster zu einem sinnvollen und nützlichen Werkzeug. Wenn du ihm sanft zuhörst, kannst du seine Kommentare als Sprungbrett für neues Lernen benutzen. Der Kreis ist krumm? Wunderbar, man erkennt also, dass es ein Kreis ist. Noch kannst du ihn nicht perfekt rund malen, aber genau dort kannst du ansetzen und üben.

TIPP

Rückblickend durch dein Journal zu blättern ist eine wunderbare Belohnung und motiviert für zukünftige Seiten.

Halte flüchtige Momente mit „unperfekten" Zeichnungen in deinem Journal fest.

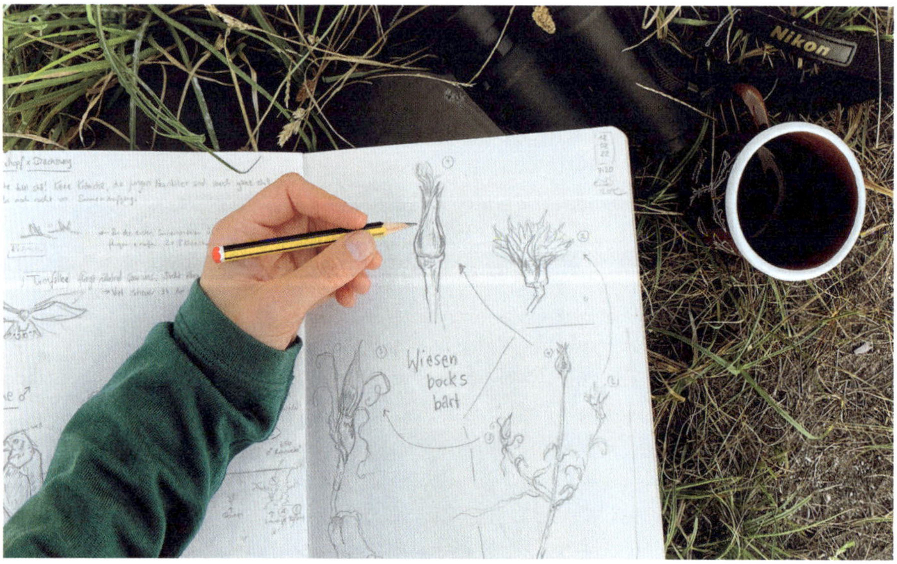

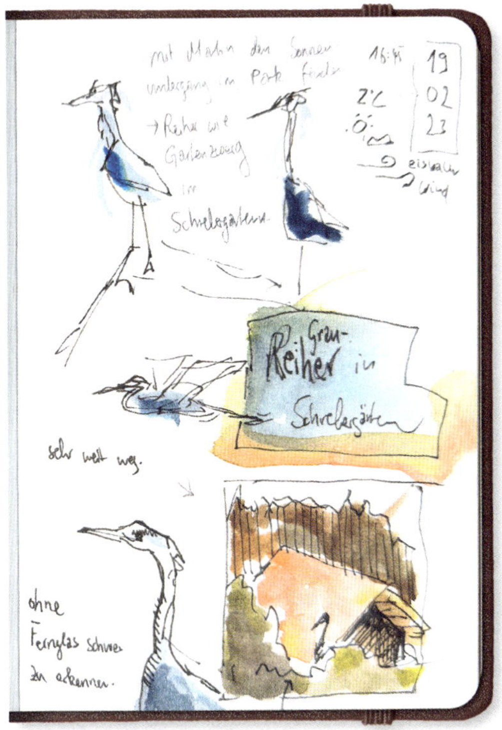

An diese berührende Reiher-Begegnung erinnere ich mich gerade wegen der unperfekten Zeichnungen so gerne.

„ABER ICH MALE WIE EIN KLEINES KIND!“

Jeder Strich, den du auf Papier hinterlässt, erinnert dich an deine Kindergartenzeichnungen?
Erst einmal: Herzlichen Glückwunsch! Das heißt, du hast dich getraut, Spuren auf Papier zu hinterlassen! Das ist mehr, als die meisten Menschen schaffen, die gerne zeichnen würden.
Aber was bedeutet „wie ein kleines Kind zeichnen“ für dich? Findest du die Zeichnungen unrealistisch, hässlich und schief? Oder sind sie frei, fantasievoll, mutig, ausgelassen und voller Freude? Versuch dich zu erinnern, wie es dir damals als junger Mensch beim Zeichnen ging und wie lange das her ist.
Im Kindergartenalter sind die meisten von uns wohl noch voller Freude und Spiel in den kreativen Ausdruck gegangen. Keine Kreide konnte schnell genug ausprobiert werden und das Zeichenpapier wurde stapelweise gefüllt: mit Schatzkarten, Blumen, Katzen, Käfern, Sonnen, Häusern, Menschen – einfach allem, das unser Kinderherz beschäftigte und das wir ausdrücken wollten.
Kaum hatten wir aber das Schulalter erreicht, war es für viele von uns mit dieser Leichtigkeit vorbei. Plötzlich wurden wir bewertet, unser Inneres, unser Herz, unsere Kreativität bekam eine Note oder wir wurden in Schubladen abgelegt. Wir bekamen Sätze zu hören wie: „Schön gemalt! Ui, toll! Das ist aber eine hübsche Blume!“ (Es war eigentlich eine tanzende Hummel.) „Das soll eine Katze sein? Das sieht ja schrecklich aus, die kannst du doch schöner malen, schau mal genauer hin. Warte, ich mal es dir mal vor. Hier, ein Ausmalbild.“ „Nein, wir haben schon genug Zeichnungen am Kühlschrank.“
Wenn wir Glück hatten, wurden wir für unsere Kreativität gelobt und behielten die Freude am Malen. Vielleicht war ab dann aber auch ein bisschen Druck dabei, nun immer hübsche Zeichnungen zu produzieren und zu hoffen, dass die hohen Erwartungen uns nicht zugleich die Freude am Malen nehmen.
Der Mehrheit wollte wahrscheinlich nach ein paar unsanften, obwohl hoffentlich nie böse gemeinten, Kommentaren den Zeichenstift in den nächsten Jahren nicht mehr freiwillig in die Hand nehmen. Der Grund: „Ich kann das ja eh nicht.“

„Komm, lass uns spielen gehen und neugierig die Welt erkunden!“

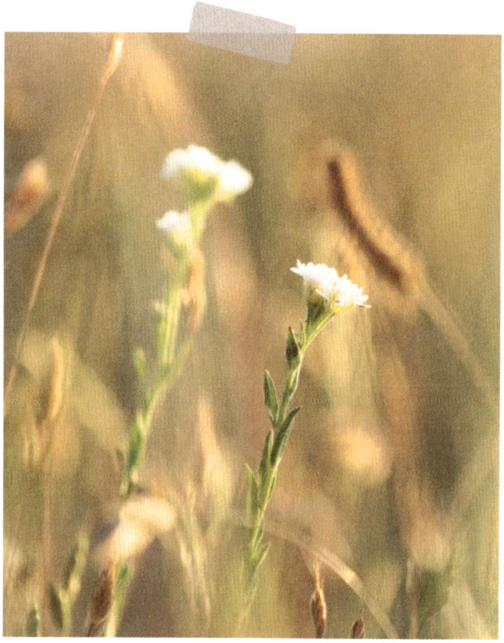

Wenn du mit 20, 30 oder 60 Jahren den Stift wieder zückst, übernimmst du direkt von dem Moment, in dem du das letzte Mal gezeichnet hast. Das war vielleicht dein dreijähriges Ich. Du kannst die Zeit, in der du nicht gemalt hast, nicht überspringen. Deshalb müssen deine heutigen Zeichnungen wie die von einem Kind aussehen.

SEI SANFT

Wir haben viel zu hohe Erwartungen an uns selbst und glauben, dass wir über die Zeit, in der wir nicht gemalt haben, voll entwickelte Zeichenfähigkeiten im Schlaf gelernt und den Weg dorthin überspringen konnten. Aber wir müssen uns Schritt für Schritt wieder ans kreative Zeichnen herantasten, Pinselstrich für Pinselstrich eine Menge Kinderzeichnungen erschaffen und dabei womöglich alte Wunden heilen.
Sei deshalb sanft und wertschätzend zu dir, wenn du wieder den Mut gefunden hast, kreativ zu sein. Denke daran, dass du mit deinem jungen Selbst redest, wenn du deine heutigen Zeichnungen kommentierst.
Finde deine kindliche Freude, die Neugier und den Entdeckergeist von damals und trau dich, auf dem Papier zu toben!
Beim Nature Journaling geht es nicht darum, schöne Bilder zu malen. Sondern um dich, deine Naturverbindung und deine Neugier auf all die Wunder dieser Welt.

EIN NEUER ANFANG

Jetzt hast du nach all den Jahren doch deinen Mut zusammengenommen und ein Funkeln in den Augen. Ein brandneues Journal liegt vor dir, der Bleistift ist gespitzt. Voll sprudelnder Motivation deine Naturerlebnisse zu dokumentieren, hinterlässt du wieder ein paar Spuren auf dem Papier.
Doch, oh Schreck, deine Zeichnung sieht aus wie von einem Kind? Musst du dich vom Zeichnen nun doch für immer verabschieden? Jetzt bist du erwachsen und kannst noch immer nicht schön malen? Ich kann dich beruhigen, denn das ist völlig normal.

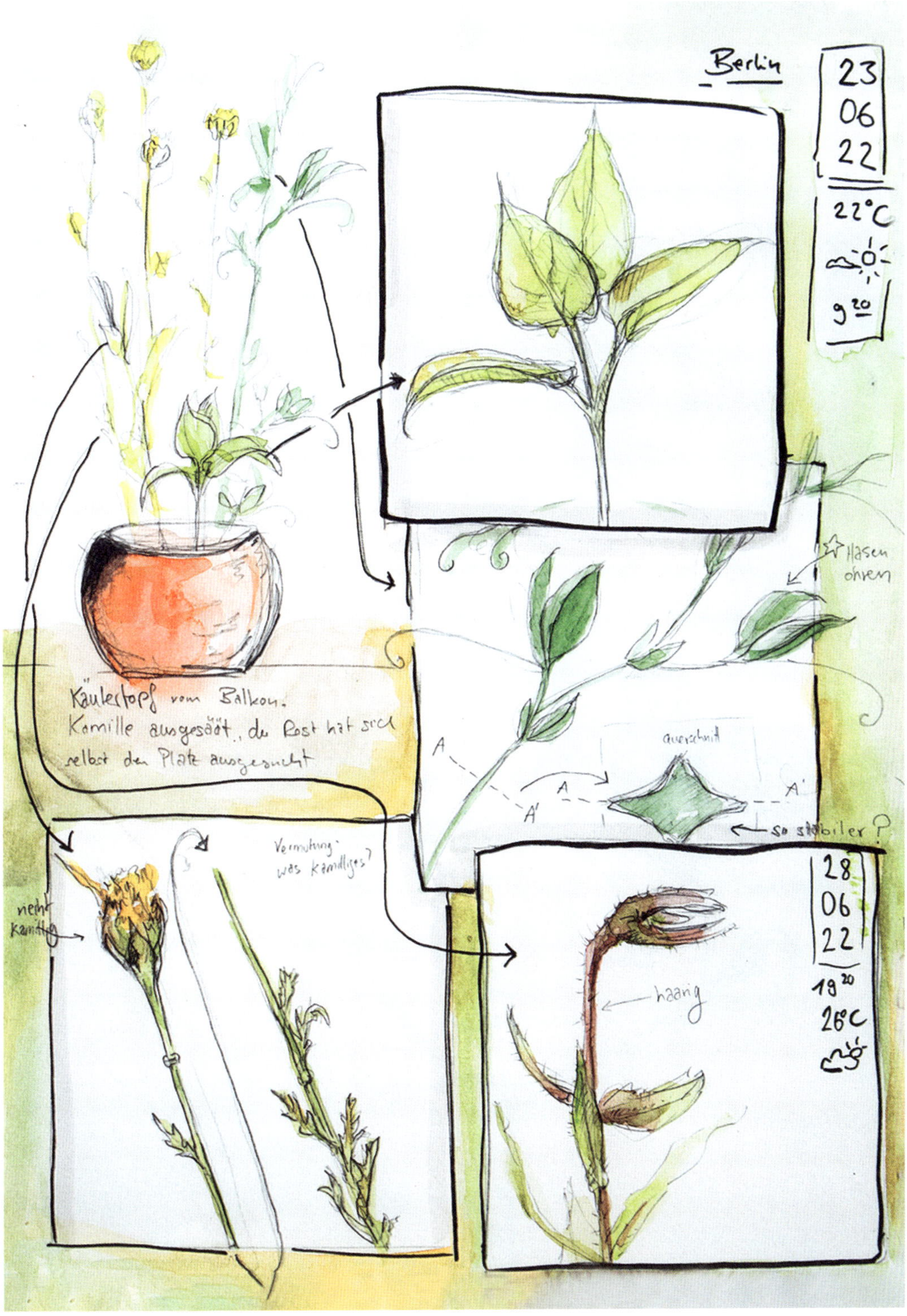
Berlin
23
06
22
22°C
9 20
Hasen ohren
Querschnitt
A
A'
so stabiler?
Kübeltopf vom Balkon.
Kamille ausgesäät, der Rest hat sich selbst den Platz ausgesucht
Vermutung: was kamilliges?
nicht kamillig
haarig
28
06
22
19 20
26°C

DAS KRUMME UND SCHIEFE SCHNECKENHAUS

Trau dich, wieder wie eine 3-Jährige zu malen!

Du brauchst: eine große Portion Mut und Sanftheit, Wachsmalkreiden, Buntstifte oder andere Malstifte deiner Kindheit, ein Schneckenhaus, ein großes Stück Papier **Zeitrahmen:** 10 Minuten

SO GEHT'S

Hast du als Kind auch so gerne Schnecken beobachtet, sie in Rennen gegeneinander antreten lassen und ihre leeren Häuser gesammelt? Heute versetzen wir uns gemeinsam in diese unbeschwerte Zeit zurück und versuchen, ebenso frei und mit Leichtigkeit zu malen. Suche dafür ein Schneckenhaus und ein paar Bunt- oder Wachsmalstifte. Male das Schneckenhaus so groß du kannst und es dein Papier zulässt. Benutze dafür den ganzen Arm, verliere dich in den Spiralen und Farben, male mehrere übereinander, verwende Farben, die gar nicht drin vorkommen und fange in großzügigen Gesten das Wesen der Schnecke ein.

Jetzt kommt der eigentliche Trick: Wenn du deine Zeichnung betrachtest und das Gefühl hast, dass sie wie die Zeichnung einer Dreijährigen aussieht, klopfe dir auf die Schulter. Genau das war die Aufgabe.

Höre nun deinen Gedanken zu, was sie über deine Zeichnung sagen. Achte genau darauf, wie du mit dir selbst sprichst. Wirst du ungeduldig? Hast du liebevolle Worte für dich? Wie viel Zeit gibst du dir, um Neues auszuprobieren? Wie viel Zeit zum Experimentieren hast du dir zur Verfügung gestellt? Bist du geduldig mit dir, wenn du Fehler machst?

Schreibe alle Gedanken, die dir zu deinem Bild kommen, ehrlich auf die Rückseite deiner Schneckenhaus-Zeichnung.

Es geht hier auch darum, die selbst im Naturkontakt wieder zuzuhören. Lies dir dann die Sätze durch und überlege, wie es deinem dreijährigen Ich gehen würde, könnte es diese über seine Zeichnungen hören, und schreibe daneben, was du zusätzlich oder stattdessen sagen könntest.

Bonus: Hänge deine Zeichnungen an den Kühlschrank. Gestalte mit ihnen eine Galerie an der Wohnzimmerwand und fühle, was das mit dir macht. Zeige dich und deine Naturentdeckungen und staune, was für Gespräche sich daraus ergeben.

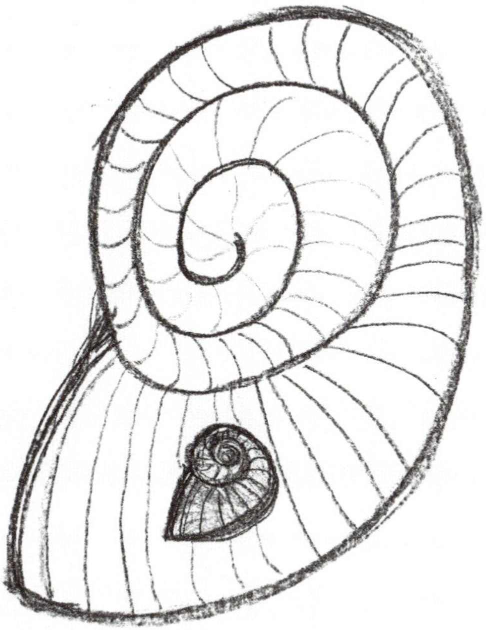

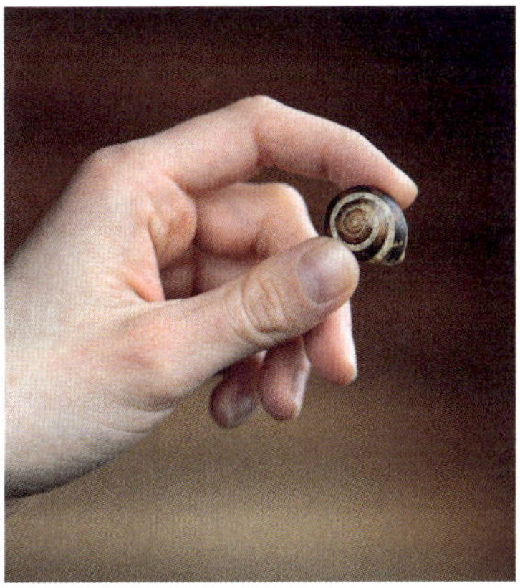

Wie viel Sanftheit und Mut kannst du von diesem Schneckenhaus noch lernen?

Das macht's:
Wie ein junger Mensch zu malen ist keine Beleidigung, sondern eine Ehre! Damals konnten wir noch unbefangen malen, frei von Bewertung durch die Schule und andere Instanzen.
Es ist nicht leicht, diesen Mechanismus der „Bin ich gut genug"-Bewertung Stück für Stück wieder abzulegen.
Beim Nature Journaling geht es um die Erfahrung und die emotionale Verbindung mit den Erinnerungen, die du an ein Schneckenhaus hast.
Es geht um das Zählen der Streifen darauf, die Spekulation darüber, was Schnecken eigentlich im kalten Winter machen. Es geht nicht darum, ob du wunderhübsche Schneckenhäuser malen kannst.
Wir sind in allen Aspekten unseres Lebens darauf trainiert, zu bewerten und bewertet zu werden. Übe mit jedem Strich in deinem Journal, dich davon zu lösen, sanft zu dir zu sein und Freude an der Natur, dir und dem Sein zu haben.

„Komme wieder in Kontakt mit dir selbst und trau dich zu zeichnen!"

DIE WELT STEHT PLÖTZLICH KOPF

Schubladen aufräumen, von Mustern befreien und neu sehen lernen.

Du brauchst: dein Journal, deinen Lieblingsstift und ein Foto von einem Tier **Zeitrahmen:** 10 Minuten

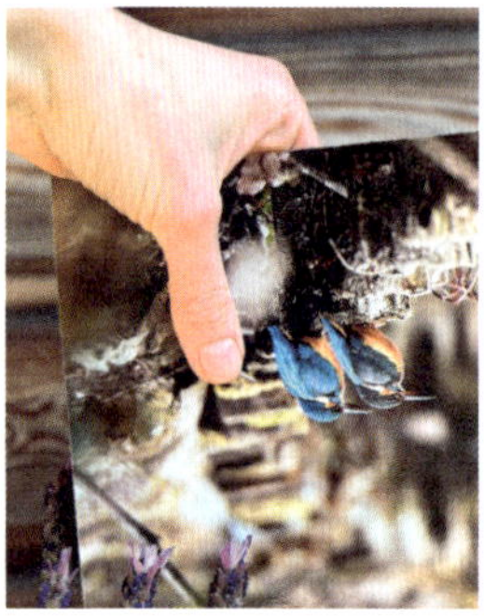

Auf den Kopf gestellt verschwimmen bekannte Gestalten zu spannenden neuen Formen.

SO GEHT'S

Bei dieser Übung zeichnen wir von einem Foto ab, was beim Nature Journaling auch mal völlig okay ist. Wir werden heute ein Tier auf den Kopf stellen! Damit dein Haustier oder auch die wilden Füchse draußen davon nicht zu sehr irritiert sind –, und weil ich es auch selbst noch nicht geschafft habe, kopfüber hängend lange komfortabel zu journaln – begnügen wir uns bei dieser Übung mit einem Bild. Ob ausgedruckt oder digital ist nicht wichtig. Such dir eine Abbildung von deinem Lieblingstier und zeichne es zunächst fünf Minuten lang richtig herum ab. Anschließend drehst du das Foto um 180° auf den Kopf. Nun zeichne es noch mal und ohne viel zu überlegen innerhalb von fünf Minuten ab. Konzentriere dich dabei vor allem auf die Konturen und wichtigen Merkmale. Versuche dabei, nicht den Hals zu recken, das Bild doch ein Stückchen zu drehen oder bei deiner ersten Zeichnung zu spicken, sondern lass dich ganz auf die neue Perspektive ein. Vergleiche die beiden Zeichnungen: Wo unterscheiden sie sich, wo sind sie ähnlich? Welche war für dich leichter zu machen? Welche gefällt dir insgesamt besser?

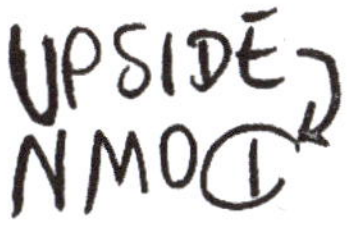

Im wahrsten Sinne des Wortes entstand dieses niedliche Quokka zeitgleich „upside down" zusammen mit meiner Freundin Bethan Burton in Australien *(@journalingwithnature)*

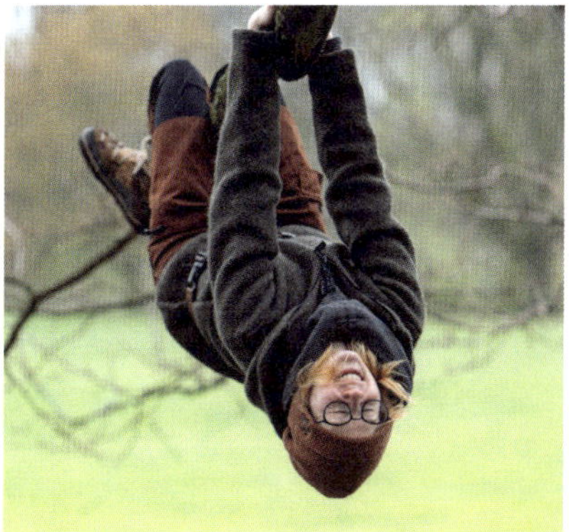

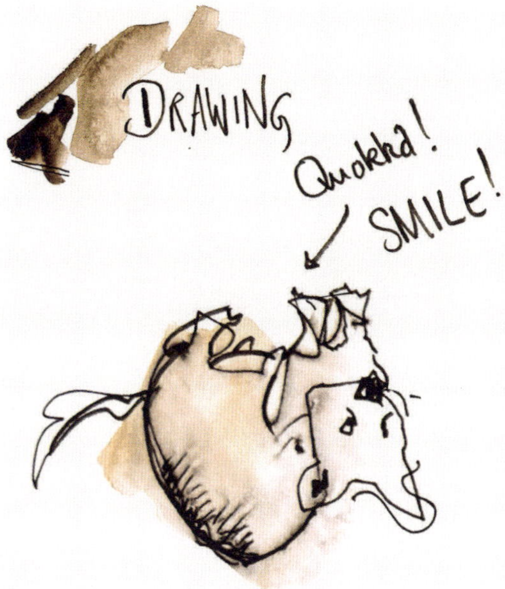

Wirklich sehen

Durchs Einnehmen neuer Perspektiven fällt uns das genaue Beobachten oft viel einfacher.

Das macht's:
Wir haben von allem um uns herum mentale Bilder wie Puzzleteile in Schubladen gepackt. Deswegen kannst du jetzt auch nicht nicht an ein gelbes Zebra denken! Beim Zeichnen passiert es oft, dass wir uns an diesen mentalen Schnappschüssen orientieren, ohne das zu wollen: Hier der Kopf, da die Schulter, dort der Huf. Und ich weiß doch sowieso, dass Zebras gelb sind! Wir vergessen, genauer hinzusehen, bedienen uns an den vorbereiteten Puzzleteilen und stecken sie ineinander. Im Alltag ist das oft sehr praktisch, denn es spart uns Entscheidungsenergie, aber leider passen diese Kopf-Schubladen sehr selten zu dem, was wirklich genau vor uns ist. Wenn du das Foto auf den Kopf drehst, nimmst du dir selbst die Stütze, schon zu wissen, was du siehst und wie du glaubst, dass die Teile zusammengehören. Stattdessen musst wirklich hinschauen: Wohin führt diese Linie? Wo ist dieser Knubbel, in welchem Abstand macht der Bogen plötzlich einen Knick? Und ist das Fell vielleicht doch eher weiß statt gelb? Das Bild wird nicht perfekt, aber auch hier verabschiedest du dich davon, einem Idealbild in deinem Kopf hinterherzuhetzen und lernst wahrhaft zu sehen.

DAS SCHAFFST DU MIT LINKS

Oder mit rechts. Oder beides?

Du brauchst: dein Journal und deinen Lieblingsstift, einen Naturgegenstand (z. B. Baumblatt, Blume, Feder) **Zeitrahmen:** 5–20 Minuten

SO GEHT'S

Starte damit, die Metadaten auf deiner Journalseite einzutragen. Aber: Heute vertraust du den Stift deiner nicht dominanten Hand an! Für mich war das eine der Übungen, die am meisten Überwindung gekostet hat. Der Stift liegt komisch in der Hand, man weiß nicht genau, wo man die Finger hinlegen soll und wie man so eine gerade Linie ziehen kann. Lass dir Zeit und beobachte deine Hand beim Mutigsein! Wenn du die Metadaten geschafft hast – egal, wie es aussieht – wage dich an deinen Naturgegenstand heran. Schaue ihn dir zunächst in Ruhe an und beginne dann mit einer Konturenzeichnung (s. S 54), diesmal eben mit dem Stift in deiner anderen Hand. Versuche anschließend, deinen Gegenstand im Detail zu zeichnen. Lass dir Zeit, gehe ganz langsam vor und schüttle zwischendurch ab und zu die Hand aus. Am Ende hast du eine superspannende Journalseite geschaffen, findest du nicht auch?

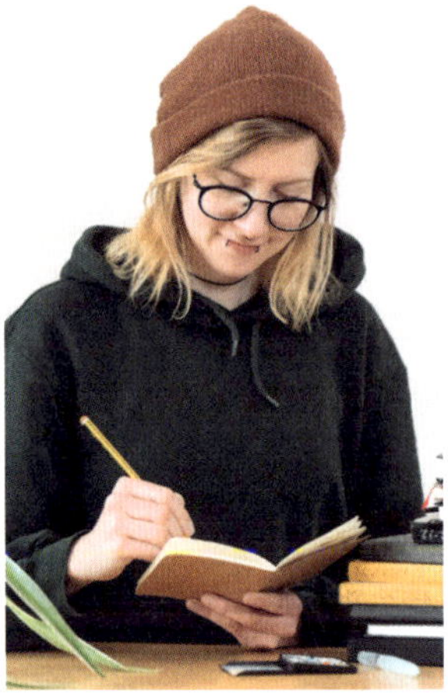

Hast du schon mal mit deiner nicht dominanten Hand gejournalt?

Ein paar Anregungen:

Auf wie viele Arten kannst du deinen Stift in der Hand halten und zeichnen? Geht das auch mit deinem Fuß? Mit deinem Mund? Kannst du mit deiner Hand auch die Hand einer anderen Person führen?

Das macht's:
Wie fühlt es sich an, die Kontrolle loszulassen? Bei dieser Übung sind wackelige Linien und Fehler wie bei der „blinden" Konturenzeichnung vorprogrammiert. Wenn wir mit der „falschen" Hand malen, müssen wir automatisch von unserem Wunsch nach einer perfekten, hübschen Zeichnung ablassen. Das wunderbare dabei: Das Perfektionismus-Monster hat auch hier keinen Anknüpfungspunkt für seine Kritik! Wie sollen wir uns selbst für wackelige Zeichnungen kritisieren, wenn doch genau diese der Plan waren und wir sowieso nicht mit „richtigen" Hand gemalt haben? Übrigens: Ich habe mir in der Schule selbst beigebracht, mit beiden Händen zu schreiben. Ein Mitschüler hatte sich den Arm gebrochen und musste viele Wochen seine nicht dominante Hand benutzen. Für mich war das eine spannende Herausforderung und ich wollte ihn nicht allein lassen, also habe ich gleich mitgemacht. So haben wir beide was Neues gelernt und hatten eine Menge Freude an unseren „mysteriösen" Handschriften. Vielleicht probierst du's auch mal?

„Gehirnjogging und Mut treffen kreativen Ausdruck."

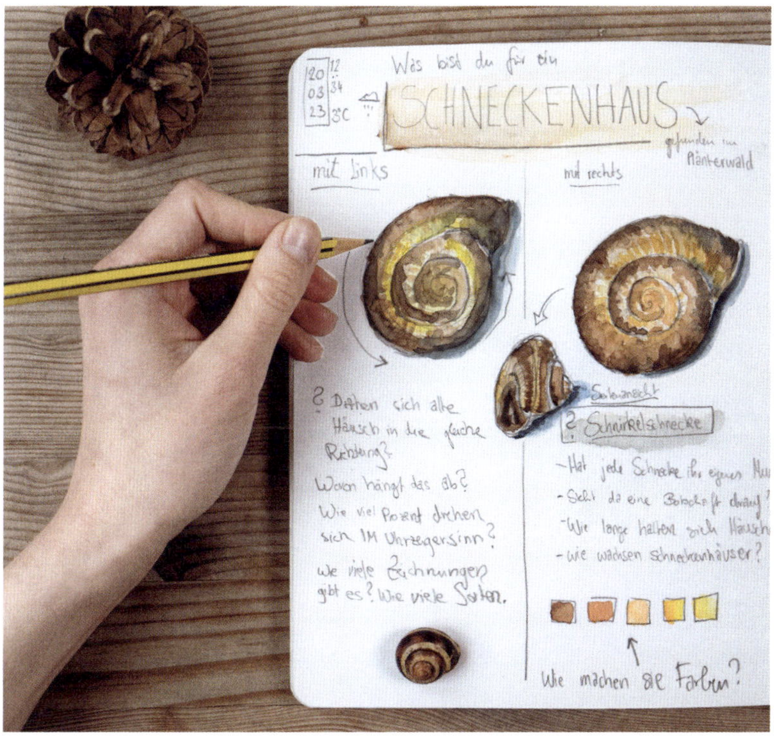

Wie fühlt es sich an, die Kontrolle über das Ergebnis loszulassen?

Und was, wenn ich Fehler mache?

Du hast einen Fehler beim Zeichnen oder Schreiben gemacht? Wunderbar, nur so lernen wir! Manchmal müssen wir verbrannte Pancakes auf dem Weg zu Zeichnungen voller Freude opfern.

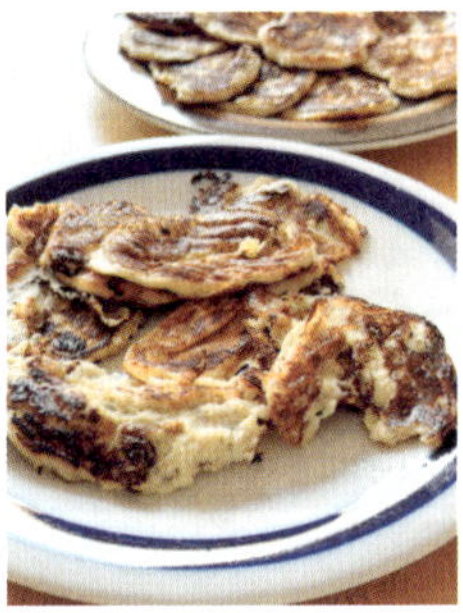

„Beim Backen wie beim Zeichnen: Erst nach den ersten „Sacrifical Pancakes“ entstehen die richtig guten.“

Dein kleines Perfektionismus-Monster im Kopf schreit womöglich bei jedem Fehltritt ganz laut auf: „Oh nein, ganz schrecklich, peinlich, unangenehm, schnell verschwinden lassen!“ Genau deswegen trauen wir uns dann oft erst gar nicht, Dinge auszuprobieren, bei denen es zu Fehlern kommen kann und die nicht perfekt sein könnten.

Das kleine Perfektionismus-Monster möchte dich vor allen Gefahren beschützen. Es will, dass es dir gut geht und du in deiner Komfortzone bleibst, wo es gemütlich und vor allem sicher ist. Neu ist gruselig. Wir nehmen das kleine Monster nun gemeinsam an die Hand, backen mit ihm Pancakes und zeigen ihm, dass Neues ausprobieren gar nicht so schlimm ist, wie es glaubt. Und sogar 'ne Menge Spaß macht!

FEHLER ANNEHMEN

Warum Pancakes? Vielleicht kennst du dieses ungeschriebene Gesetz: Egal, wie gut du Pancakes backen kannst, die ersten werden immer ein bisschen sonderbar, bis danach die richtig Guten entstehen. Um die ersten verbrannten Exemplare kommst du nicht herum, du kannst sie nicht überspringen und sofort leckere Pancakes backen. Die Sacrificial Pancakes, wie sie im Englischen heißen, müssen einfach sein.

Genauso wenig kannst du die ersten „verbrannten“ Zeichnungen überspringen. Du musst erst eine riesige – und das meine ich wirklich so – Menge seltsame Zeichnungen anfertigen, bis du zu denen kommst, mit denen du zufrieden bist. Jeder Mensch musste da durch, der berühmte kreative Instagram-Star,

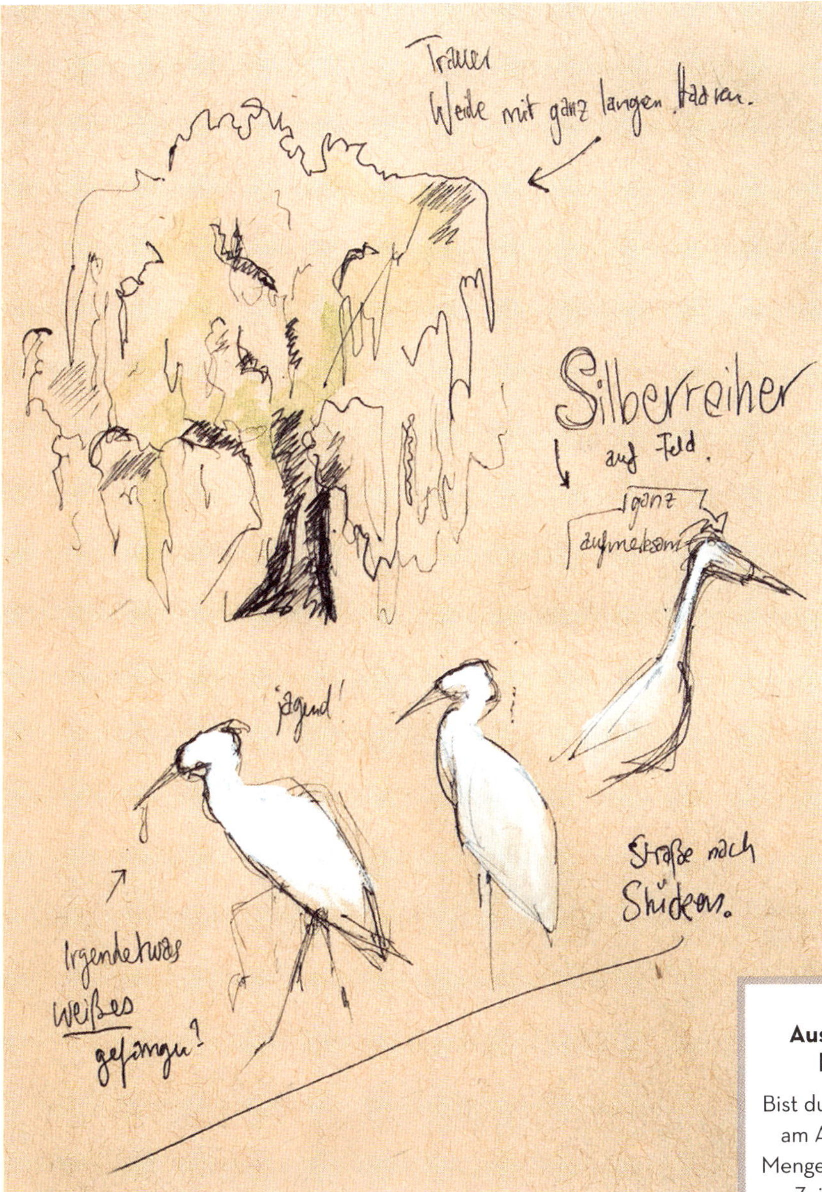

Aus Fehlern lernen

Bist du dazu bereit, am Anfang eine Menge „schlechter" Zeichnungen zu machen und aus ihnen zu lernen?

Albrecht Dürer, Bob Ross oder du. Wir alle müssen im Leben Fehler machen. Das beginnt beim Laufenlernen mit viel Hinfallen und Wiederaufstehen und geht über's Backenlernen mit vielen interessanten Pancakes bis hin zu zwischenmenschlichen Beziehungen.
Das Wichtigste dabei ist: Du musst aus deinen Fehlern lernen, sie als Chance wahrnehmen und dich vor allem trauen, sie zuzulassen. Deshalb üben wir jetzt zusammen, Pancakes anbrennen zu lassen!

MIT FEHLERN AUF PAPIER TANZEN LERNEN

Mit dem Fineliner mutige und geplante Fehltritte machen.

Du brauchst: dein Journal, einen unradierbaren Stift (z. B. Fineliner oder Kugelschreiber), keinen Radiergummi, eine große Portion Mut, einen Naturgegenstand deiner Wahl **Zeitrahmen:** 10 Minuten

SO GEHT'S

Zeichne deinen Naturgegenstand (z. B einen Ast voller Flechten) ab. Der Clou dabei: Du benutzt keinen Bleistift oder andere Malutensilien, die sich wieder rückgängig machen lassen, sondern nur solche, die endgültige Spuren hinterlassen. Diesmal gibt es keine zarten, vorsichtigen Vorzeichnungen, kein langsames Herantasten. Du hinterlässt direkt mutige Linien. Das mag am Anfang sehr ungewohnt sein und der Anfang fühlt sich besonders schwer an. Probiere es trotzdem einmal aus. Mir hilft es dabei auch, gewollt ein paar extra „schlechte" Zeichnungen mit Fineliner zu machen. Zeichne das Ästchen schief ab, so seltsam, wie du nur kannst, verliere dich im Beobachten und lass die Fehler einfach zu. Spiele mit den Formen und Linien und lass deine Zeichnungen miteinander kommunizieren. Schau dir deine Fehler genau an und lerne aus ihnen. Frage dich dabei: Was sind Fehler denn eigentlich für dich?

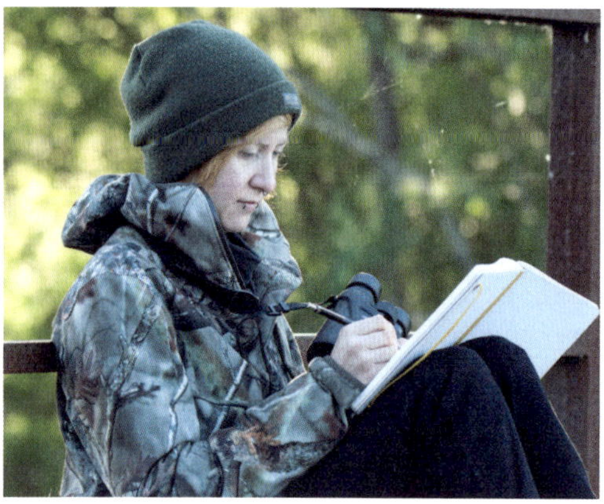

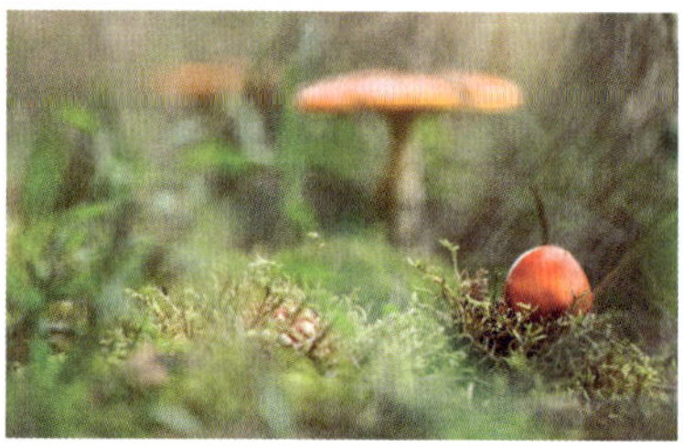

Tauche komplett ins Beobachten ein und lasse Fehler einfach stehen.

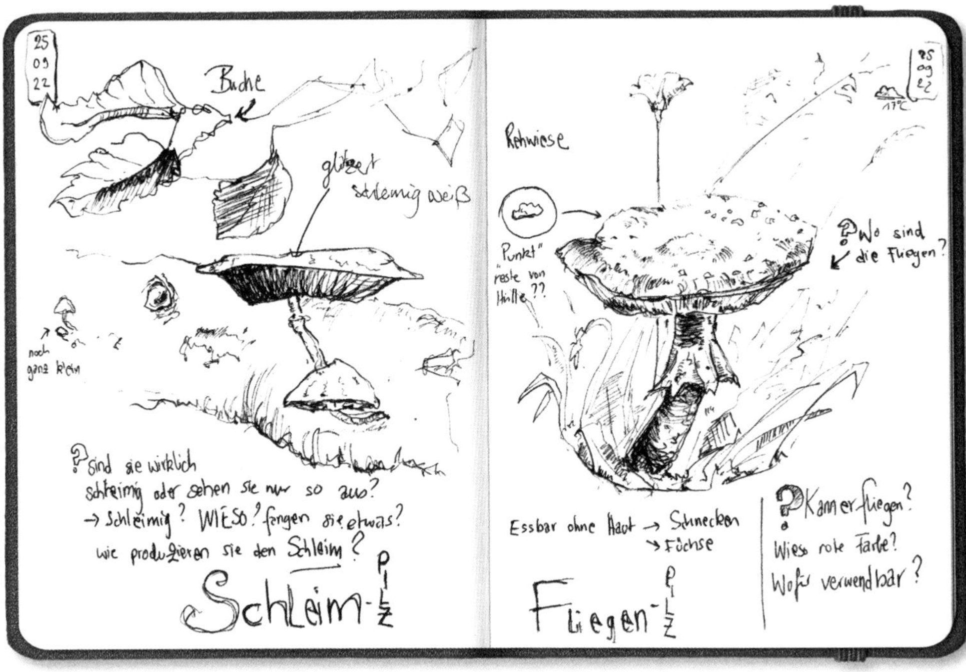

„Mutig gesetzte Kugelschreiberlinien sind die besten Lehrerinnen!“

Das macht's:
Am Ende dieser Übung hast du eine Sammlung an Skizzen in deinem Journal, die du immer wieder betrachten kannst. So hast du die Möglichkeit, deine Fortschritte über die Zeit hinweg zu vergleichen.
Um die Scheu vor Fehlern zu überwinden, können wir sie einfach mit Absicht begehen und so nur gewinnen! Sind die Zeichnungen „schlecht“, haben wir die Aufgabe erfüllt. Sind sie aus Versehen doch gar nicht mal so übel geworden, ist das auch ein „Win“. Wir tendieren dazu, unsere Fehler schnell zu eliminieren und Löcher ins Papier zu radieren. Dabei verschwinden jedoch die Beweise für unsere eigene Entwicklung. Wir vergleichen uns mangels alter Referenzen mit den perfekten Zeichnungen in Galerien und auf Social Media von Menschen, die schon viel länger malen. Wenn wir mit Fineliner zeichnen, bleibt unser Ist-Zustand für später gespeichert und wir können in ein paar Wochen, Monaten oder sogar Jahren darauf zurückgreifen. Sind diese Zeichnungen in unserem Journal chronologisch aufbewahrt, können wir sie jederzeit wiederfinden. Zusätzlich sind die Hemmungen, eine Fehlerseite aus einem Journal auszureißen, viel größer, als einen losen Zettel im Papierkorb verschwinden zu lassen.

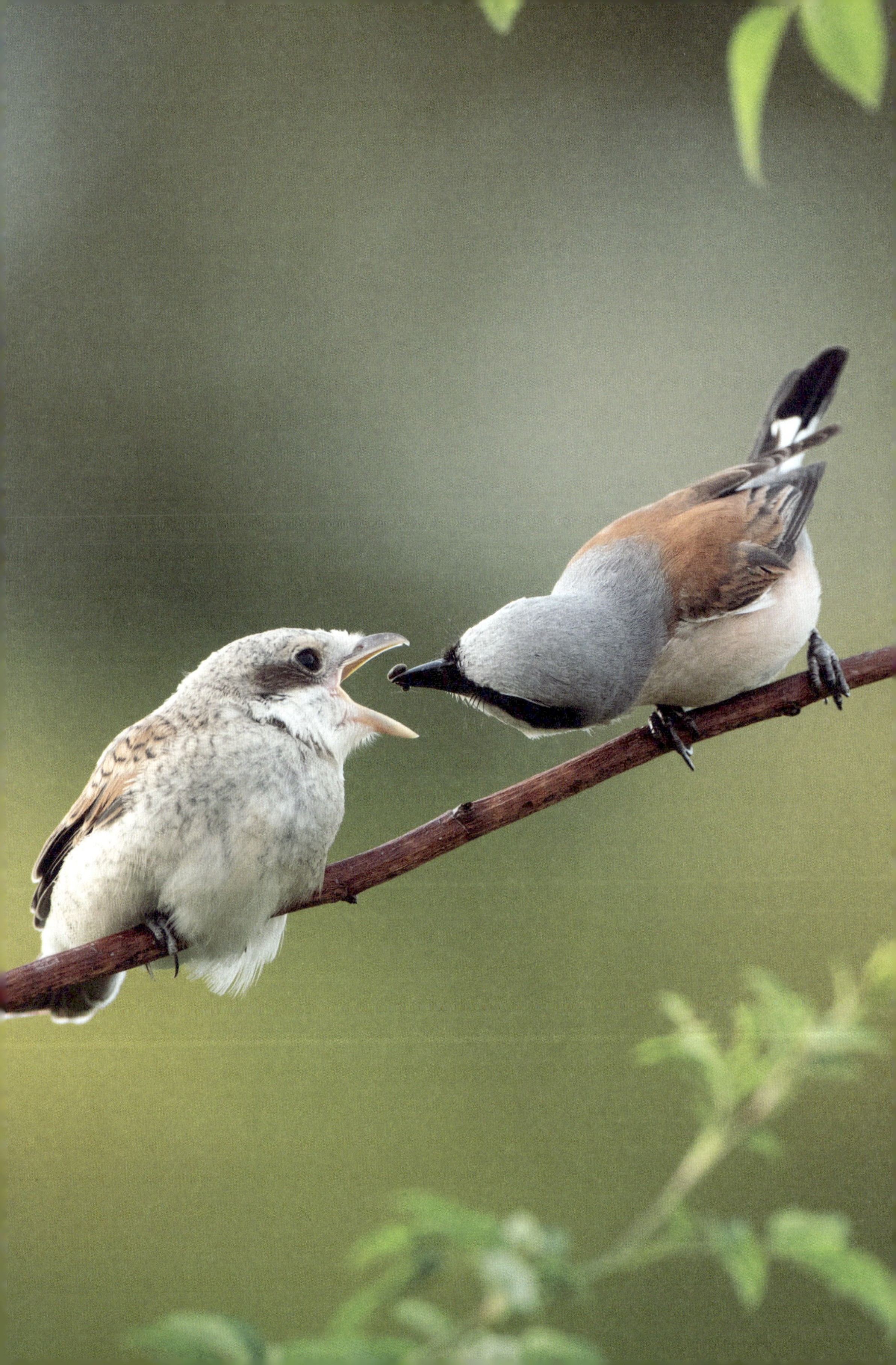

„Es geht nicht darum, schöne Bilder zu malen, sondern um die Verbindung zur Natur und dir selbst, die Neugier und das Staunen. Und einfach darum, Spaß zu haben!“

Stiftekilometer laufen

Wie du lernst, mit deinen Stiften regelmäßig joggen zu gehen, denn Übung, Übung, Übung macht die Meisterin und nicht das Talent.

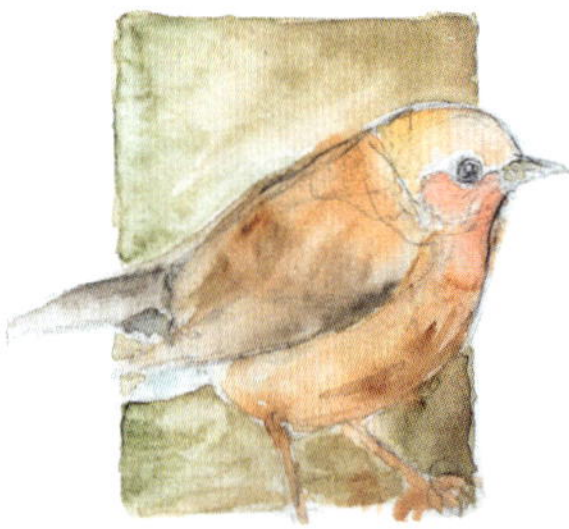

Auf einer der ersten „Joggingrunden" vor vier Jahren: der Versuch, einen Vogel nach Anleitung zu zeichnen.

Jetzt hast du brav und diszipliniert ein paar oder sogar eine Menge schlechte Zeichnungen gemacht und deine „Pancakes" gebacken, aber das Rotkehlchen, das du in dein Journal malst, sieht immer noch komisch aus und überhaupt nicht so, wie du es dir vorgestellt hast? Du siehst die zauberhaften Zeichnungen anderer Künstler:innen und ärgerst dich, dass du nicht so malen kannst wie sie.
Ich dachte mir am Anfang auch: Mensch, Verena, dann hast du dafür wohl doch einfach kein Talent.

TALENT ODER ÜBUNG?

Heute bin ich ganz stark der Meinung, dass es beim Zeichnen zu 99 Prozent nicht darauf ankommt, ob du Talent hast oder nicht – wenn es das denn überhaupt gibt. Die große Magie hinter den zauberhaften Zeichnungen hat nämlich rein gar nichts mit etwas zu tun, das manchen Menschen einfach in die Wiege gelegt wird. Es ist schlicht und einfach jahrzehntelange Übung. Es kommt aber auch stark darauf an, welche deiner Handlungen beim Heranwachsen unterstützt wurden, wie fördernd dein Umfeld war und wie viele weitere Privilegien du hattest oder noch immer hast, derer wir uns meistens gar nicht bewusst sind. Aber alle Menschen können die Basics mit ein bisschen Übung lernen. Zeichnen ist eine Fähigkeit wie jede andere. Man kann sie lernen und trainieren.
Ich vergleiche das gerne mit joggen gehen. Möchte ich morgen einen Marathon laufen, ohne jemals auch nur um den Block gelaufen zu sein, werden alle nur den Kopf schütteln. Natürlich geht das nicht von jetzt auf gleich! Man muss erst eine ganze Weile dafür üben – mit allen Höhen und Tiefen, Hinfallen und neuen Bestzeiten. Das dauert und vielleicht

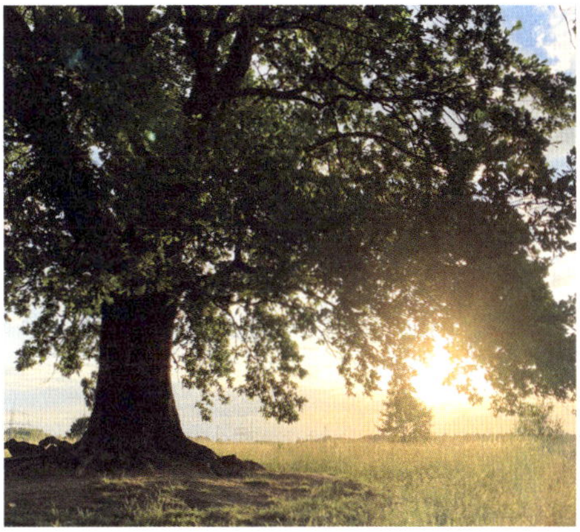

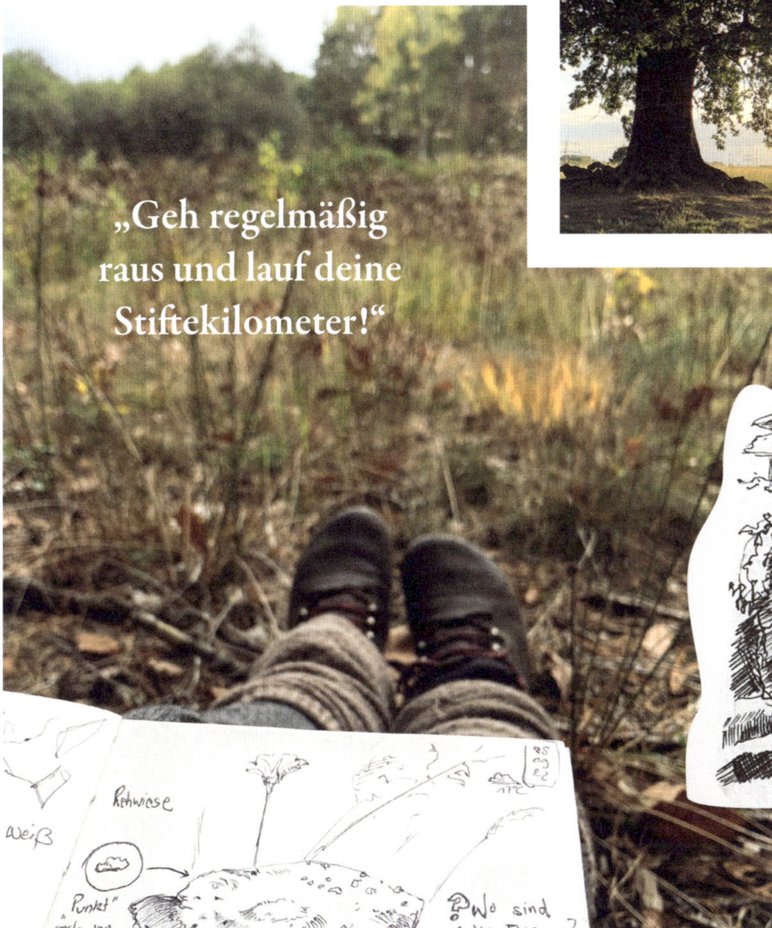

„Geh regelmäßig raus und lauf deine Stiftekilometer!“

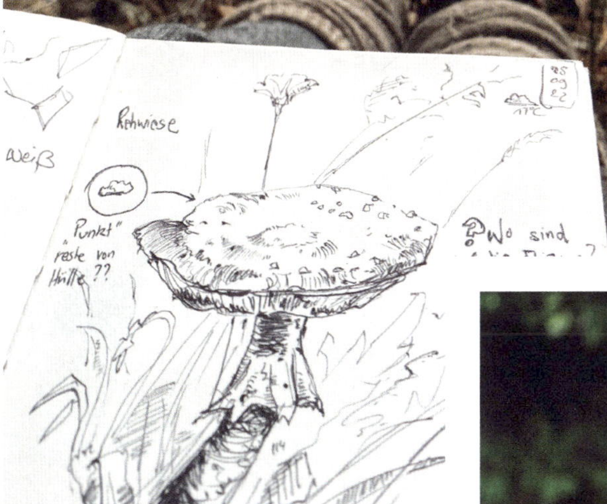

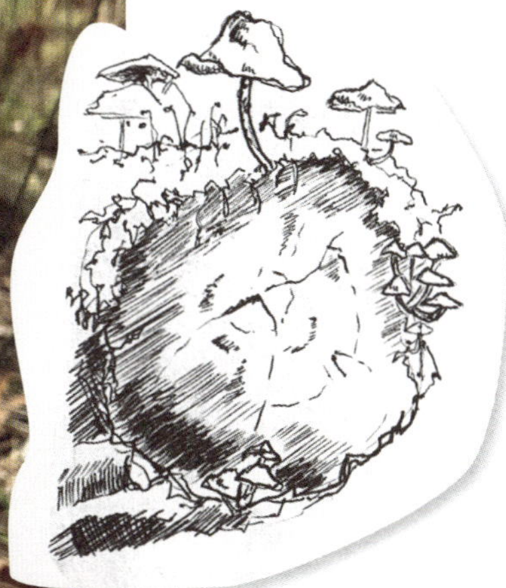

Genaues Beobachten von Herzen ist fürs Zeichnen wichtiger als „Talent“.

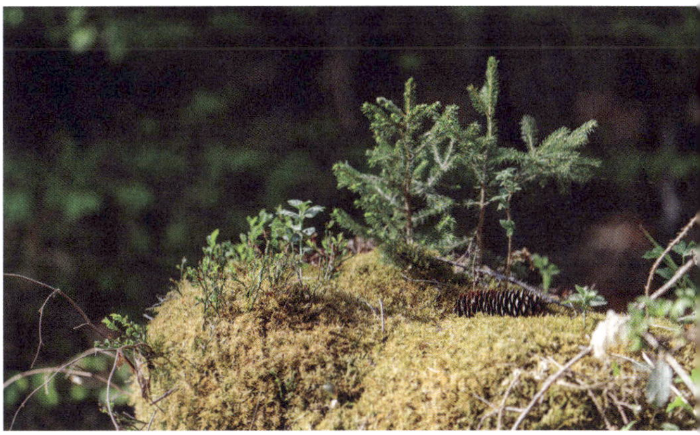

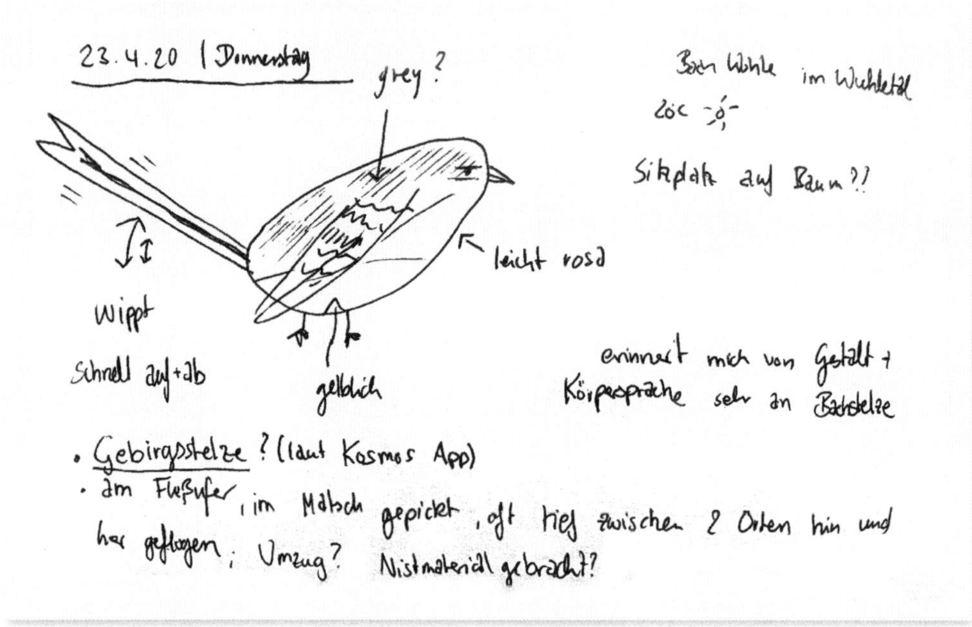

Eine meiner ersten echten Journalseiten. Ich bin so froh, sie heute als Referenz zu haben, um zu sehen, wie weit ich schon gekommen bin.

musst du auch niemals einen Marathon laufen, sondern hast einfach nur Freude daran, ein bisschen durch die Nachbarschaft zu laufen. Genauso musst du gar keine Künstlerin sein, die in Museen ausgestellt wird, um dein Nature Journal mit freudvollen Zeichnungen zu füllen. Du musst einfach Freude am Tun haben. Beim Joggen ist das offensichtlich, aber beim Zeichnen wollen wir sofort und ohne Übung einen Caspar David Friedrich abliefern und sind unzufrieden, wenn wir das nicht schaffen. Wir wollen die Übungsstrecken überspringen, ohne die es aber nicht funktioniert.

Aber was ist mit den ganzen großen Künstler:innen, durch deren Instagram-Kanäle du dich vorm Zubettgehen noch wälzt? Dort ist kein einziges Übungsbild zu sehen, sie müssen schon immer gut gewesen sein, oder?

Aber wer geht schon mit seinen Fehlern hausieren und präsentiert sie freiwillig und großflächig im Internet. Für jede gelungene Zeichnung auf Social Media oder im Museum sind wahrscheinlich fünfhundert oder Tausende mittelmäßige hinter den Kulissen entstanden. Menschen, die in deinen Augen gut zeichnen können, sind nicht mit besonders viel Talent gesegnet, sondern haben in ihrem Leben wahrscheinlich schon unfassbar viele Bilder gemalt. Sie stehen jeden Morgen um fünf Uhr auf und zeichnen für zwei Stunden. Versprochen. Und übrigens: Die viele Zeit anzuerkennen, die in diese Bilder hineingesteckt wurde, ist sehr viel wertschätzender, als alles auf das Talent abzuwälzen.

MIT DEINEM JOURNAL JOGGEN GEHEN

Okay, dann zeichnen wir also ein bisschen. Aber was, wenn das Rotkehlchen nach dem fünften Mal immer noch schief aussieht? Mein Zaubertrick ist das kleine, aber umso bedeutungsvollere Wort „noch“. Es sieht schief aus, weil du noch nicht mehr geübt hast.
Und wenn es erstmal noch so bleibt? Auch in Ordnung!
Wir vergleichen uns mit Idealbildern. Aber wollen wir dort überhaupt hin, zum perfekten Rotkehlchen? Darfst du nur mit dem Joggen beginnen, wenn du in einem Jahr einen Marathon läufst oder darfst du auch einfach Freude daran haben, ab und zu sonntags deine zwei Kilometer zu laufen?
Vergleiche dich immer nur mit dir selbst. Vieles, was du erreichen möchtest, kannst du jetzt vielleicht noch nicht. Das ist vollkommen okay! Deine Zeichnungen werden trotzdem mit jedem Strich besser.

DEINE NEUE GEWOHNHEIT

Ich setze mich immer wieder hin und zeichne, um immer mehr sehen zu lernen. Ich jogge fleißig meine Stiftekilometer, wie John Muir Laws sie so schön nennt. Auch für dich heißt es: üben, üben, üben. Dein Journal aufzuschlagen, den Stift zu zücken und dich nach Naturwundern umzuschauen ist der erste Schritt. Mach Nature Journaling zu deiner neuen Gewohnheit. Der Anfang ist nicht leicht und es wäre oft viel einfacher, dich gemütlich vor den Fernseher zu setzen. Finde den „Sweet Spot“ außerhalb deiner Komfortzone, aber noch nicht in der Stresszone. Du sollst dich fordern, aber Nature Journaling sollte nie zu einer lästigen Hausaufgabe werden. Wenn Netflix das nächste Mal laut ruft, denke daran: Du übst das Zeichnen nicht, um nette Bilder an die Wand hängen zu können, sondern, damit du die Welt mit all ihren Wundern entdecken und dokumentieren, wieder neugierig sein und freudvolle Zeichnungen in deinem Journal hinterlassen kannst.
Übe Zeichnen, um neu sehen zu lernen. Es ist egal, ob und wie viel Talent du hast. Konzentriere dich auf den Weg, die Wunder, die du entdeckst und darauf, wie viel Freude es dir macht und die verbindenden Momente, die dabei passieren. Sei mutig und trau dich zu üben. Es liegt jetzt in deinen Händen.

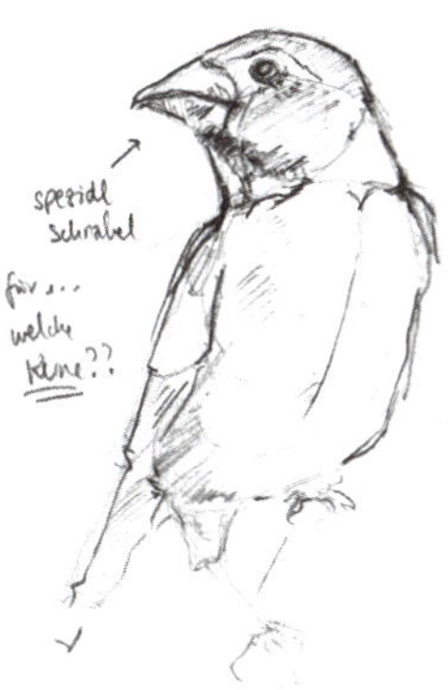

Drei Jahre und etliche Stiftekilometer später sehen meine Vögel anders aus. Wie sie wohl in weiteren drei oder zehn Jahren sind?

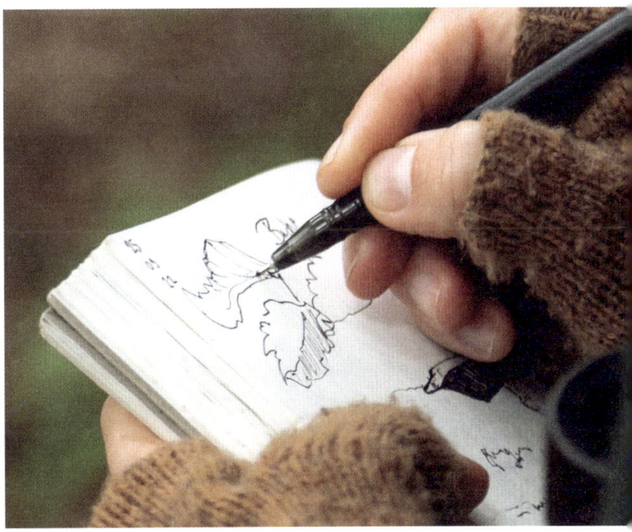

WIR SIND EIN KREIS IN EINEM KREIS

Auf den Kringeln und Wellen des Alltags surfen lernen.

Du brauchst: dein Journal und einen Lieblingsstift **Zeitrahmen:** 1 Minute

SO GEHT'S

Male bei jeder Gelegenheit kleine und große Kreise auf eine Journalseite. Nutze dafür die Wartezeit auf deinen Kaffee oder die Warteschleife einer Hotline. Das ist auch eine gute Übung, wenn du sonst gerade keine Motivation hast, etwas Konkretes zu zeichnen. Fülle eine komplette Seite mit möglichst gleichmäßigen Kreisen in verschiedensten Größen. Zu Beginn wird dabei eher eine Eiersammlung entstehen und das ist auch völlig okay. Mit der Zeit wirst du freihändig den perfekten Kreis zeichnen können. Vielleicht wagst du dich als nächsten Schritt sogar an gerade Linien heran?

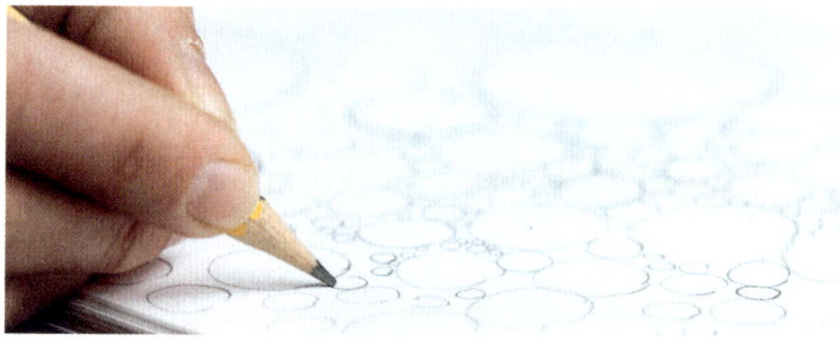

Das macht's:

Diese einfache Aufwärmübung für zwischendurch hat eine niedrige Hemmschwelle und eignet sich deshalb perfekt für den Start. Sie bringt deine Hand-und Augen-Koordination ein riesiges Stück voran. Kreise und Linien sind quasi dein ABC des Journals und es lohnt sich immer sie zu studieren. Es sind zwar nur Kringel, aber um sie wirklich rund werden zu lassen, müssen wir vielerlei komplizierte Bewegungen miteinander vereinen und die Formen gegen das Idealbild abgleichen. Wir üben uns in Geduld, Routine, genauem Hinsehen und laufen in kleinen, überschaubaren Zeitrahmen Stück für Stück, Kringel für Kringel, unsere Stiftekilometer.

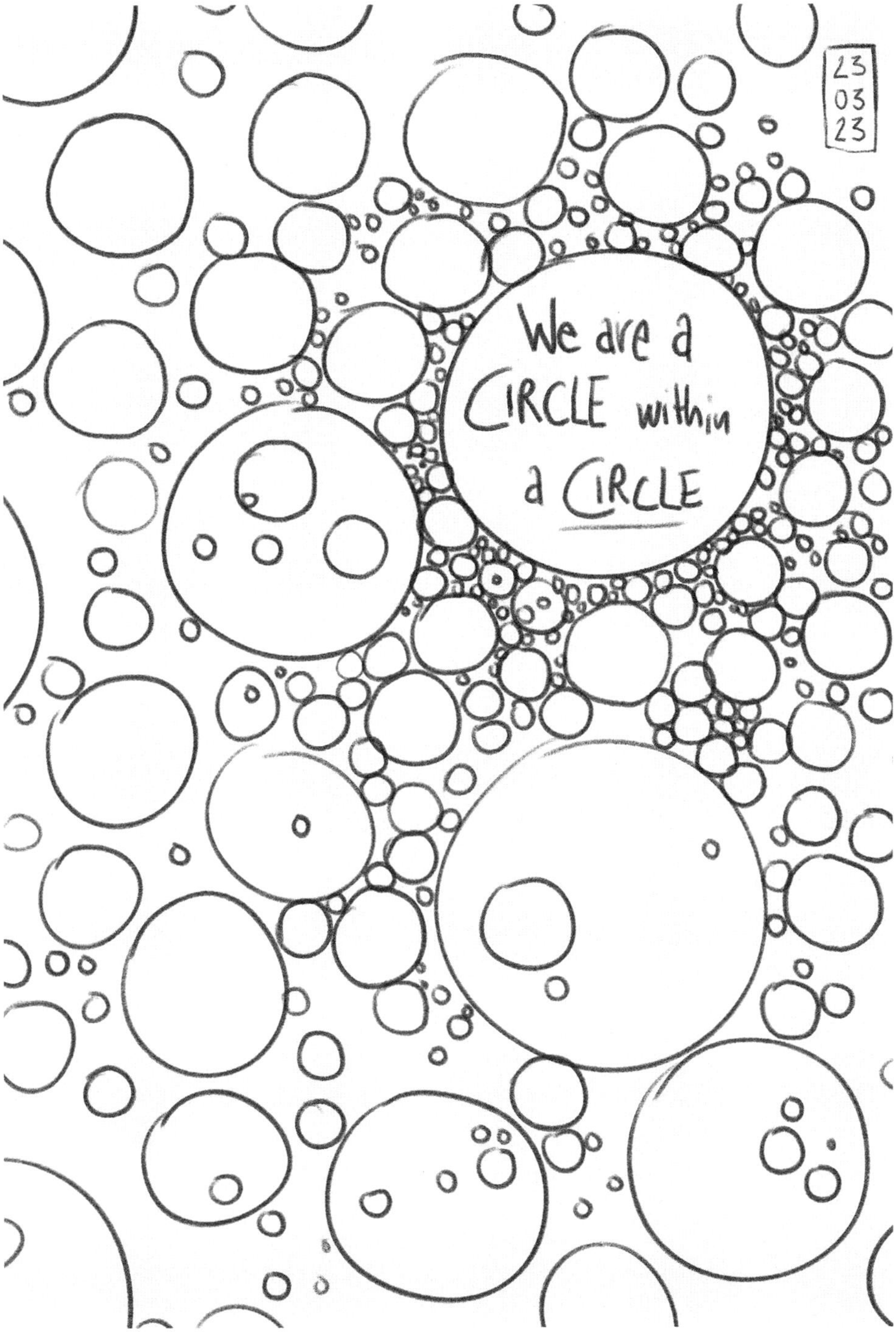
23
03
23
We are a
CIRCLE within
a CIRCLE

ROUTINE MACHT DIE MEISTER:IN

30-Tage-Journaling-Challenge für mehr Naturverbindung.

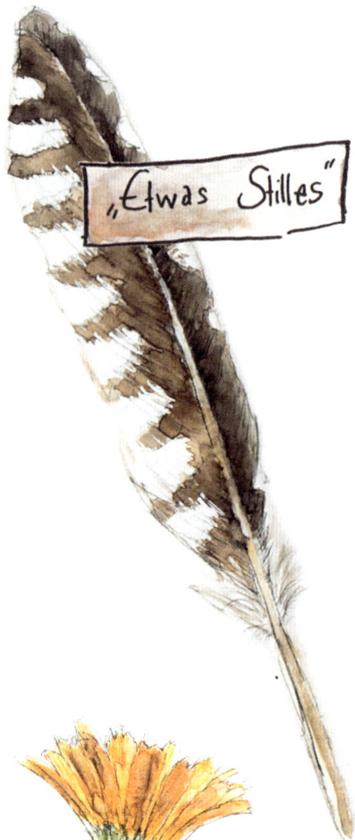

Du brauchst: dein Journal mit mindestens 30 leeren Seiten, Bleistift, Fineliner, Aquarellfarben, eine große Portion Motivation und Verbindlichkeit, dein „Warum" und 30 Naturgegenstände
Zeitrahmen: 30 Tage jeweils 10 Minuten

SO GEHT'S

Jeder noch so kleine Pinselstrich bringt dich Stück für Stück weiter auf deiner Nature-Journaling-Reise. Stell dir vor, wie weit du kommst, wenn du 30 Tage am Stück an deinen Fähigkeiten arbeitest. Nimm dir einen Monat lang jeden Tag wenigstens 5–10 Minuten Nature Journal Zeit und starte die „30-Tage-Journaling-Challenge"! Verabrede dich dafür vielleicht sogar mit anderen.
Jeden Tag suchst du dir einen Naturgegenstand oder ein Phänomen aus oder nimmst, was dir sonst gerade begegnet, und machst einen kurzen Eintrag dazu in dein Journal. Lass dich bei der Themenwahl gerne von meiner Liste inspirieren. Binde Zeichnungen ein, beschreibe mit Worten, was du siehst oder erlebst, und denke daran, auch die Welt der Zahlen zu integrieren. Vergleiche dich zwischendurch und am Ende mit dir selbst. Wie wirken deine Einträge vom ersten Tag im Gegensatz zu Tag 30 auf dich? Was hast du gelernt, was willst du noch üben, was ist dir besonders gut gelungen?

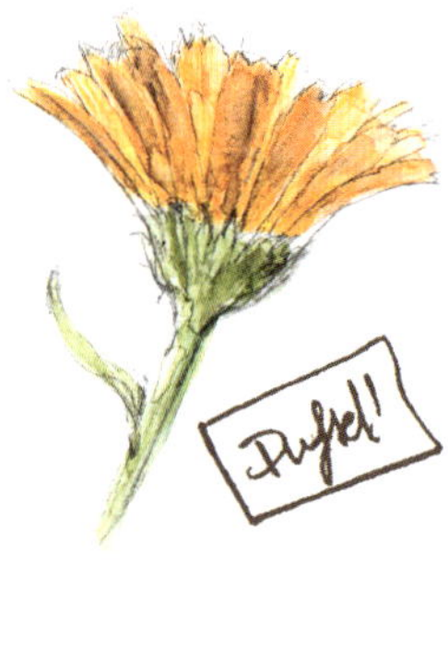

30-TAGE-JOURNALING-CHALLENGE

1 Etwas Feuriges	**2** Etwas Luftiges	**3** Etwas Fließendes	**4** Etwas Erdiges	**5** Etwas Zartes
6 Etwas Stacheliges	**7** Etwas Verstecktes	**8** Etwas Schnelles	**9** Etwas Langsames	**10** Etwas Höhliges
11 Etwas Krabbelndes	**12** Etwas Flauschiges	**13** Etwas Schleimiges	**14** Etwas Scharfes	**15** Etwas Holziges
16 Etwas Glänzendes	**17** Etwas Kratziges	**18** Etwas Leckeres	**19** Etwas Nasses	**20** Etwas Klingendes
21 Etwas mit Spuren	**22** Etwas Unscheinbares	**23** Etwas Veränderliches	**24** Etwas Duftendes	**25** Etwas Kleines
26 Etwas am Himmel	**27** Etwas unter der Erde	**28** Etwas Weiches	**29** Etwas Sentimentales	**30** Etwas Buntes

„30 Mal nur 5 Minuten können dein Leben verändern! Bist du dabei?“

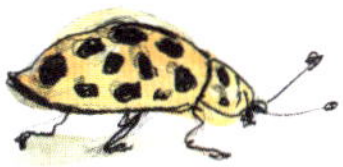

Das macht's:
10 Minuten im Alltag freizuschaufeln ist nicht einfach, aber ausgerüstet mit deinem „Warum“ kannst du dem Nature Journaling für 30 Tage die Priorität in deinem Leben geben, die du dir wünscht. Erzähle anderen von deinem Vorhaben – so ähnlich, als würdest du dich verabreden, gemeinsam joggen zu gehen – und nutze die Gemeinschaft für mehr Verbindlichkeit und Durchhaltevermögen. Begrüße die Fehler, die du machst, auch wenn es anstrengend ist, denn genau das ist der Zweck einer Challenge! Wenn es sich schwierig anfühlt, ist das nicht das Signal zum Aufhören, sondern du bist genau dort, wo du hinmöchtest und wo dein Hirn und Herz wachsen. Es ist egal, ob du die Challenge bis Tag sieben, 21 oder 30 durchhältst. Du wirst danach eine ganze Menge mehr Wunder sehen, staunen, die Natur um dich herum kennengelernt haben und so viel weiter auf deinem Weg des Nature Journaling sein.

DIE ELFCHEN IM WÖRTERWALD

Wie du dich durch die Magie der Worte mit der Natur verbinden kannst.

Du brauchst: dein Journal und einen Bleistift, ein Naturphänomen, besondere Stimmung oder einen Naturgegenstand **Zeitrahmen:** 10 Minuten

SO GEHT'S

Manchmal habe ich wirklich keine Lust aufs Zeichnen. Du auch? Manche Eindrücke wie Gerüche, Gefühle und Gedanken wollen sich mit der Welt der Bilder auch nicht beschreiben lassen. Dann wechsle ich mit meinem Fokus wieder in die Welt der Worte. Neben den offensichtlichen Beschreibungen, was gerade vor sich geht, kannst du dich auch einmal in der lyrischen Form des „Elfchens" probieren, um dich deinem Naturerlebnis zu nähern. Das ist kein magisches Waldwesen, sondern eine bestimmte Form der Lyrik. Typisch für ein Elfchen ist sein besonderer Aufbau. Es besteht aus elf Wörtern, aufgeteilt in fünf Zeilen. Die erste Zeile besteht aus einem Wort, die zweite aus zwei Wörtern, die dritte aus drei und die vierte aus vier und die fünfte Zeile besteht wieder nur aus einem einzigen Wort. Jeder Zeile ist zudem noch ein spezielles Thema oder eine Fragestellung zugeordnet:

Zeile 1: Worum geht es?
Zeile 2: Eine Beschreibung des Phänomens, der Szene oder des Gegenstandes
Zeile 3: Was passiert?
Zeile 4: Wie geht es mir dabei? Was macht das mit mir?
Zeile 5: Ein Schlüsselwort, eine Wendung oder eine spannende neue Sichtweise.

Mit diesen elf Worten kannst du dich neu ausdrücken und deiner Kreativität neuen Schwung geben.

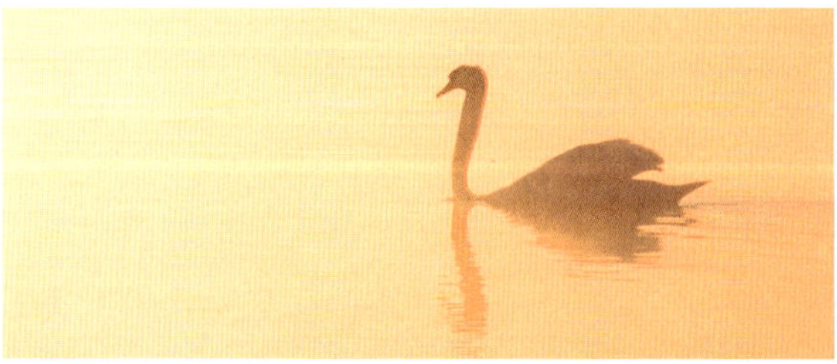

Nebelschwan. Stiller Sonnenaufgang. Anmutig im Wasser. Wächterin über den See. Abenteuerlust!

Das macht's:
Mir hilft es sehr, meine Zeichnungen mit etwas kunstvolleren Worten als nur mit „Birke" zu beschriften. Ich selbst bin mit dem Elfchen schon in der Grundschule in Kontakt gekommen. Sie hat schon damals meine nicht allzu große Liebe fürs Dichten und mit Worten malen neu entflammt und mir neue Wege des kreativen Ausdrucks aufgezeigt. Indem du die gewohnten Buchstaben schreibst, vermeidest du den Druck, schöne Zeichnungen produzieren zu müssen, und läufst trotzdem mit jedem Wort Stiftekilometer. Du tauchst in die Natur ein, fühlst, denkst und stellst Fragen und siehst neue Zusammenhänge. Dabei ist es egal, ob du die Birke malerisch dokumentierst, jedes ihrer Blätter einzeln ausmisst oder sie kunstvoll in Worte fasst – oder alles auf einer Seite vereinst.

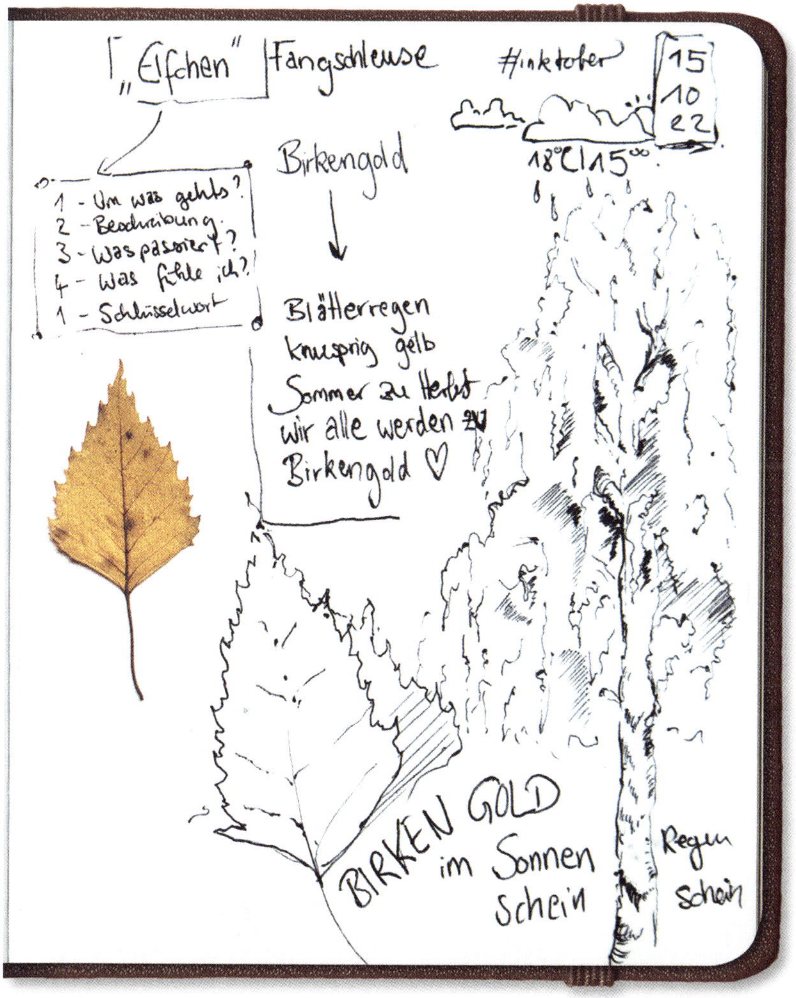

DAS IMMERWÄHRENDE JOURNAL

Schreibe Jahr für Jahr deine eigene Naturverbindungs-Geschichte.

Du brauchst: ein extra Journal mit mindestens 52 Doppelseiten, deine Lieblingsstifte und -farben
Zeitrahmen: 15 Minuten einmal pro Woche

SO GEHT'S

Die Idee für das „Immerwährende Journal" (engl. Perpetual Journal) hatte Lara Gastinger. Mir gefiel sie so gut, dass ich sie sofort selbst ausprobieren musste und sie immer noch für eine der wertvollsten Übungen halte, die sich gut umsetzen lassen. In einem neuen Journal reservierst du für jede Kalenderwoche (KW) des Jahres eine eigene Doppelseite. Die kommenden 52 Wochen füllst du jede KW einen kleinen Teil der entsprechenden Doppelseite mit den aktuellen Metadaten und einem kurzen Nature-Journal-Eintrag – passend zur aktuellen Jahreszeit oder dem, was dich sonst gerade bewegt oder beschäftigt. Denke daran, die

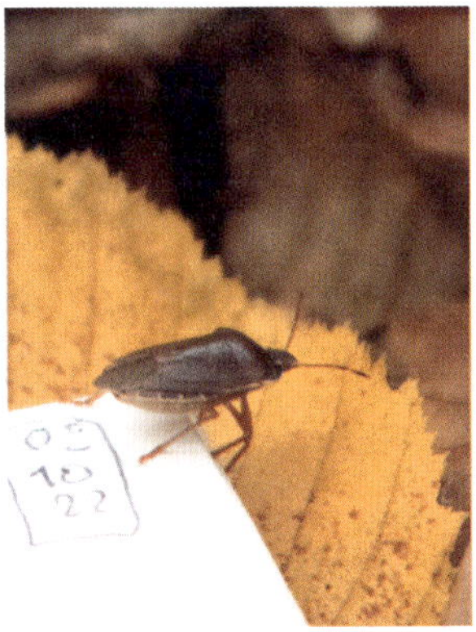

Doppelseite nicht komplett mit einem Beitrag zu füllen, sondern Platz zu lassen. Du journalst in KW 1 von 2023 beispielsweise einen Mistelzweig, in KW 2 von 2023 blätterst du eine Doppelseite weiter und journalst deinen nächsten Fund, zum Beispiel einen Zweig mit spannenden Flechten. So machst du bis zum Jahresende weiter. Nach KW 52 im Jahr 2023 kehrst du in KW 1 von 2024 wieder auf die erste Doppelseite mit dem Mistelzweig von vor einem Jahr zurück. Diese ergänzt du nun um einen weiteren kleinen Eintrag, in KW 2 von 2024 folgt ein weiterer Eintrag auf der nächsten Doppelseite und immer so weiter. Fahre so die nächsten 3–5 Jahre fort, bis alle Doppelseiten gefüllt sind. Du musst übrigens nicht bis zum nächsten Neujahr warten, um in der ersten Kalenderwoche starten zu können. Du kannst direkt heute, an deinem Geburtstag, der nächsten Sonnwende oder einem anderen passenden Zeitpunkt beginnen.

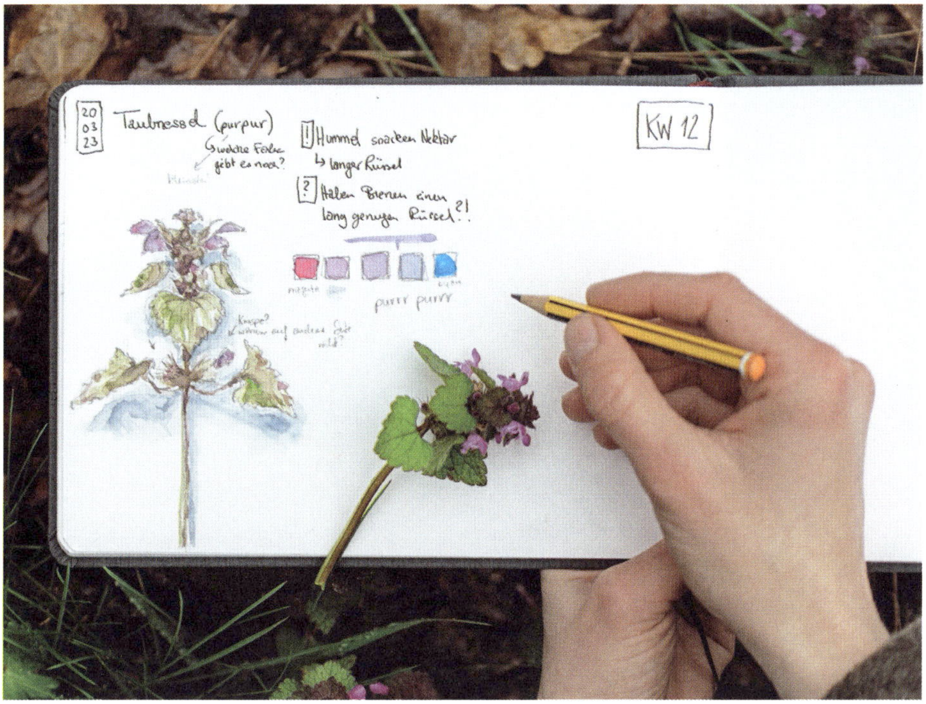

„Ein direkter Vergleich: Was wohl KW 12 in 2024 mit sich bringen wird?“

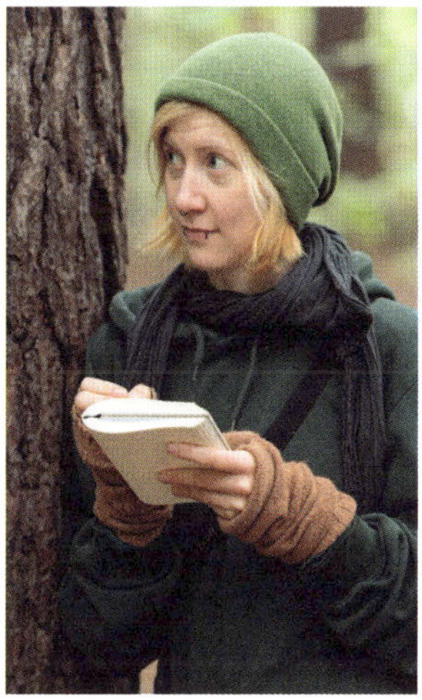

Das macht's:
Einmal in der Woche zu Stift und Papier zu greifen und dich auf die Natur einzulassen ist eine machbare Verpflichtung, die nicht überfordert. Durch die Regelmäßigkeit, mit der du deine „Stiftekilometer“ joggen gehst, siehst du schon nach ein paar Wochen Fortschritte in deinem Können, Sehen und Naturwissen. Aus vielen kleinen Schritten entsteht eine Sammlung deiner Erlebnisse und du dokumentierst deine Entwicklung über die Jahreszeiten hinweg.
Neben dem Aufbau einer Journaling-Routine kannst du dich Jahr für Jahr mit dir selbst vergleichen und erstellst deine ganz persönliche Version eines phänologischen Kalenders und Tagebuchs.

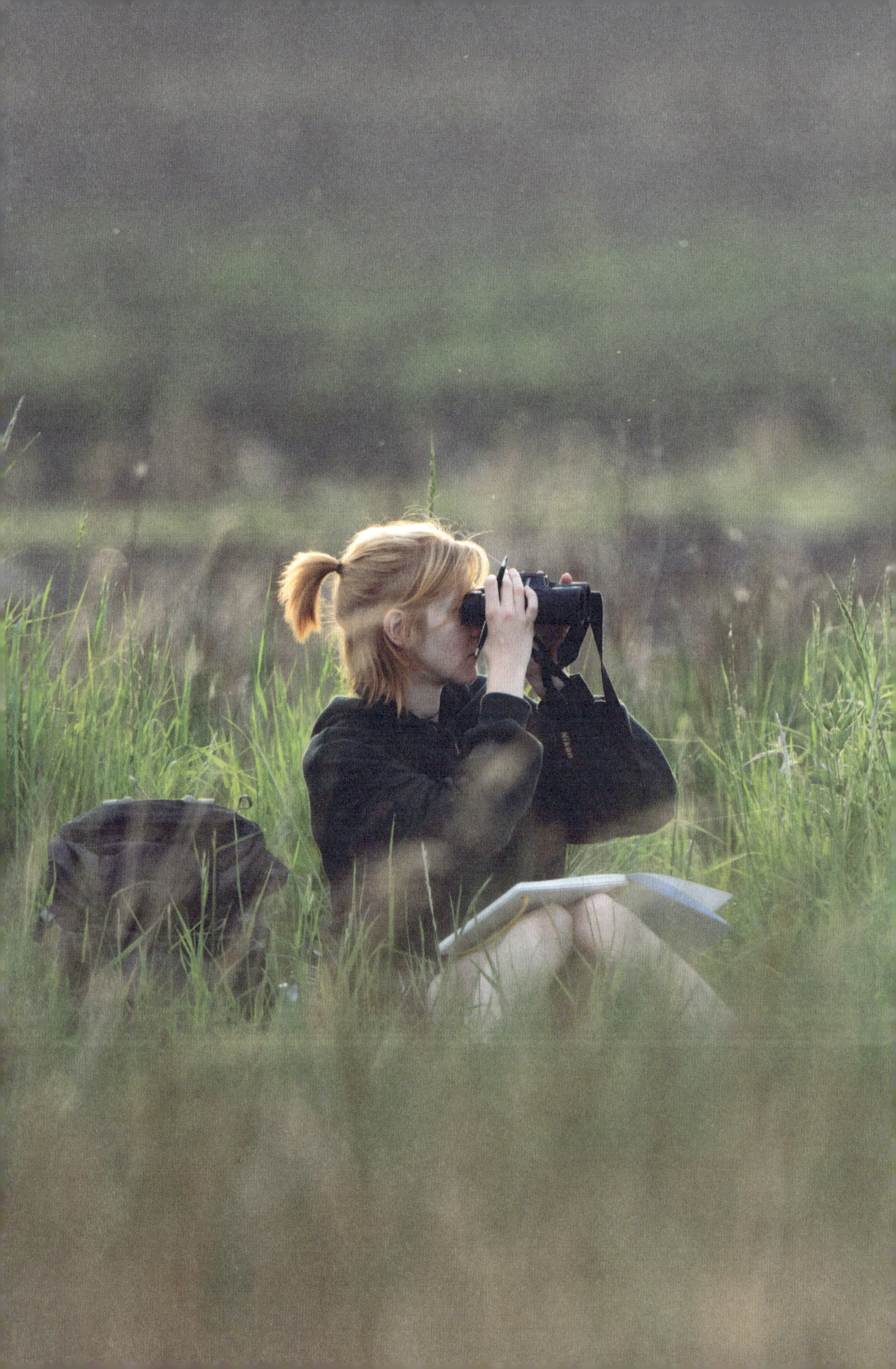

DIE WELT MIT NEUEN AUGEN SEHEN

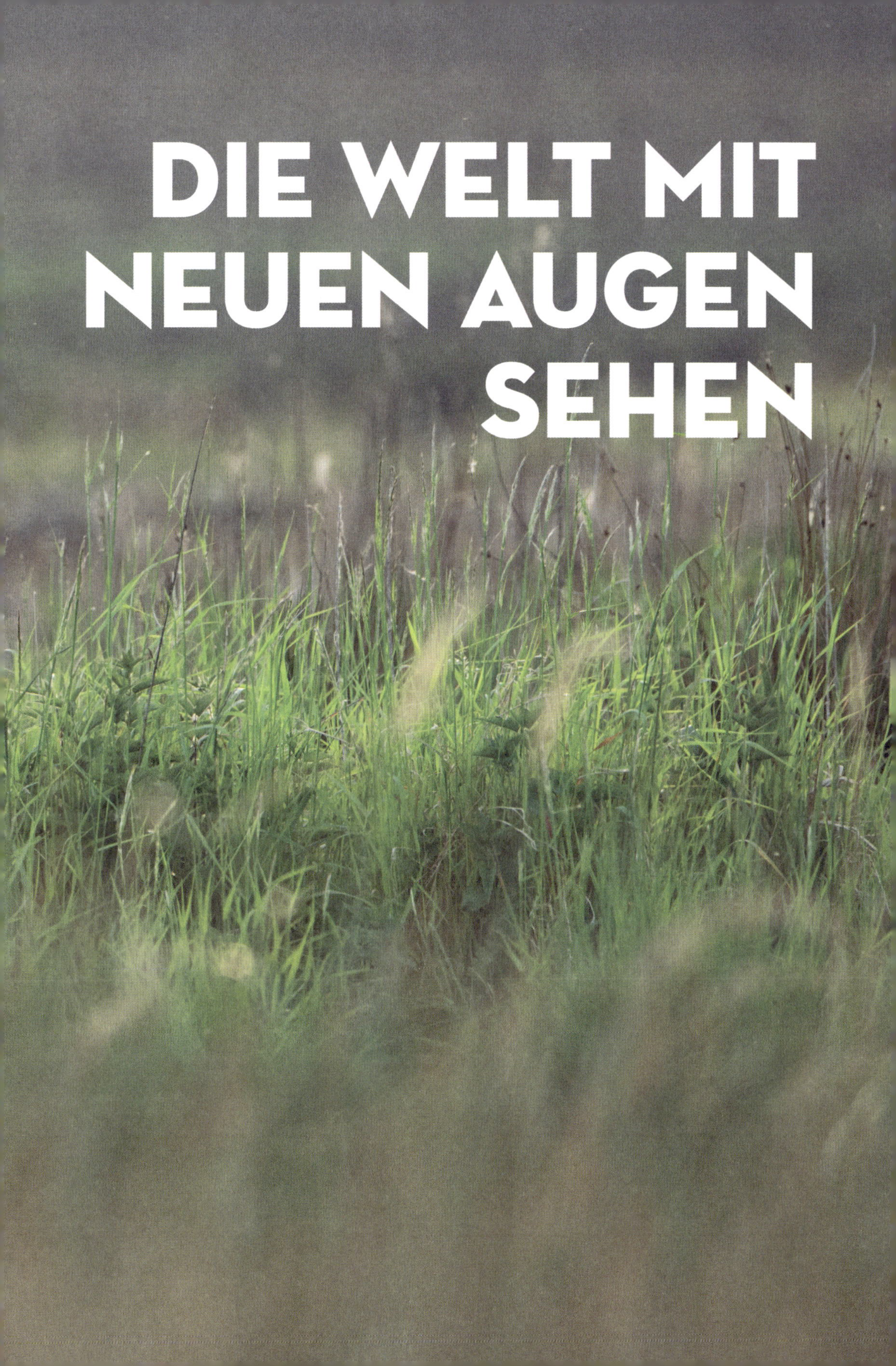

Naturverbindung mit Stift und Papier

Mit der Natur zeichnen und leben: Entdecke Nature Journaling als Methode der Naturverbindung, lasse mit jedem Pinselstrich wieder Wildnis in dein Leben und feiere diese wunderbare Welt!

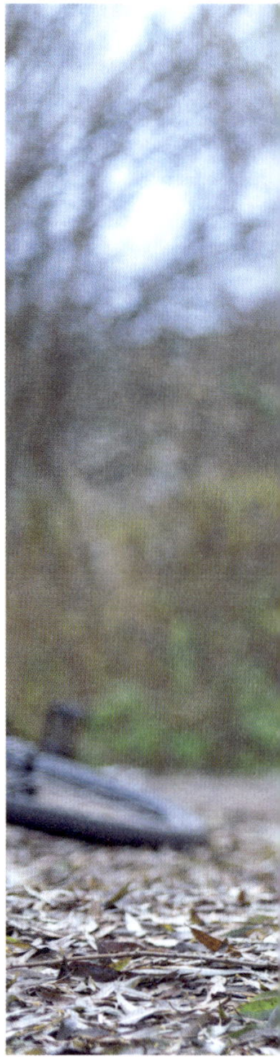

Irgendetwas da draußen ruft dich. Sehnsüchtig blickst du vom Laptop in den traumhaften Wintersonnenuntergang, die Sonne lässt ein paar ihrer seltenen Strahlen zu dir ins Büro fallen. Wann werden die Tage endlich wieder länger? Ein bisschen hast du die letzten Jahre das Gefühl für die Jahreszeiten verloren. Heute hast du kaum Zeit stehen zu bleiben, dem selbstbewussten Rotkehlchen beim Singen zu lauschen, und die Regentropfen auf deiner Wange sind zum Ärgernis geworden.
Jetzt willst du der Natur wieder mehr Raum in deinem Leben geben, die Welt erkunden und vielleicht sogar mit deinem Journal der Welt wieder die Hand entgegenstrecken.
Was aber oft bleibt, ist die Angst vor Winterkälte, strömendem Regen und anderen unbequemen Draußendingen. Zu gemütlich ist es auf der Couch an einem verregneten grauen Januarmorgen. Warum sollte ich mich um sechs Uhr früh an ein matschiges Seeufer setzen und die Enten beobachten? Ich kämpfe immer wieder mit kalten Füßen, knurrendem Magen, grauen Häuserschluchten und unbequemen Sitzpositionen, aber das ist genau richtig so und wichtig.

WERDE WIEDER WILDER

Wir sind heutzutage so weit vom Leben mit der Natur entfernt und müssen uns nur selten Unannehmlichkeiten aussetzen, sodass wir kaum noch daran gewöhnt sind. Ergonomische Stühle im Büro, die Heizdecke im Bett und ein warmes Lieferessen, das innerhalb von zehn Minuten auf deinem Tisch steht. Die Natur draußen scheint dagegen ein nahezu unerträgliches

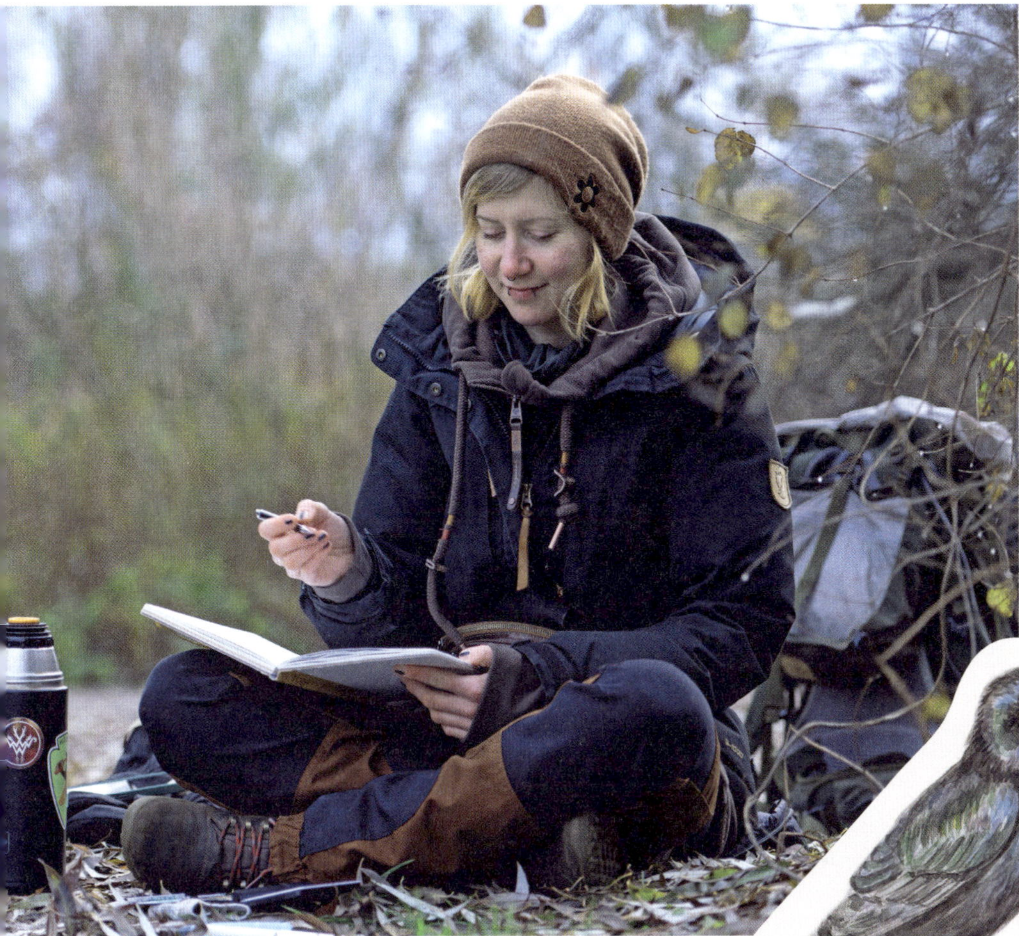

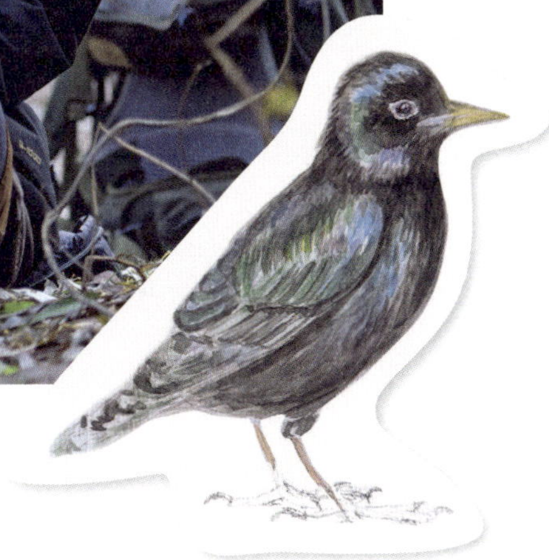

Übel zu sein, aus dem man schnellstmöglich flüchten sollte. Wir kennen kein Leben mit der Natur mehr, sondern ein anstrengendes Dagegenhalten, weil man sonst verschlungen werden könnte.
Nature Journaling kann dein sanfter Weg sein, dich in kleinen Schritten, Seite für Seite, wieder auf die Natur und all ihre Wildheit einzulassen. Immer nur so weit, wie du gerade möchtest. Höre bei der Geschwindigkeit und dem Verlauf deines Naturverbindungswegs nur auf dich selbst. Zwinge dich nicht zu mehr, als du gerade bereit bist zu versuchen. Sei auch hier sanft zu dir und mach lieber viele kleine Tanzbewegungen als Riesensprünge – aber trau dich, aus altbekannten Mustern auszubrechen. Also, zieh dich warm an, pack Tee, ein paar Snacks und natürlich deine Journalingsachen ein und auf geht's nach draußen!

Darf's heut auch ein bisschen unbequem sein? Bei Naturentfremdung wirkt direkter (frostiger) Kontakt Wunder!

WIE DIE KÄLTE DEINE FREUNDIN WIRD

Nature Journaling im Winter.

Du brauchst: dein Journal, Bleistift, Aquarellfarben, Wassertankpinsel mit Gin statt Wasser gefüllt, Sitzkissen, Thermoskanne mit Tee/Kaffee, 2 Paar Handschuhe, Mütze und Schal, evtl. Wärmepads für die Zehen, viele Schichten warmer Kleidung **Zeitrahmen:** 2–5 Minuten

SO GEHT'S

Trau dich, auch bei frostigen Temperaturen draußen zu journaln, wenn auch nur für fünf Minuten. Auch unter extremeren Wetterbedingungen wie bei Schneefall und Kälte ist das möglich – Vorbereitung ist hier (fast) alles! Packe dich warm ein, am besten nach dem Zwiebelprinzip. Mir hilft im Winter auch eine extra Fleecedecke im Rucksack dabei, mich entspannter auf die Kälte einzulassen. Ein Heißgetränk, ein paar Fußwärmer für den Notfall und ein isolierendes Sitzkissen lassen dich die Kälte eine Weile im Zaum halten.

Dein Journal Kit kannst du im Winter etwas anpassen: Viele Fineliner funktionieren bei sehr kalten Temperaturen nicht mehr wie gewohnt, aber der gute alte Bleistift lässt dich auch bei Minusgraden nicht im Stich. Willst du etwas Farbe in deine Winter-Journalseite bringen, kannst du zu Buntstiften greifen. Willst du weiterhin mit Aquarellfarben malen, versuche doch einmal, das Wasser in deinem Wassertankpinsel durch Gin oder Wodka zu ersetzen. Diese Flüssigkeiten bleiben auch bei Frost eine ganze Weile flüssig. Suche dir für deine erste Winterjournaling-Erfahrung im Freien einen Platz in der Nähe einer Aufwärmmöglichkeit. Bleibe dort für fünf Minuten. Wenn du nach dieser Zeit noch nicht frierst, kannst du deine Journalingzeit um ein paar Minuten verlängern. Reize die Zeit aber nicht aus, bis du zitterst und deine Hände nicht mehr spürst, damit dir dein mutiger Ausflug in positiver Erinnerung bleibt. Mit ein wenig Gewöhnung kannst du deine Ausflüge immer länger werden lassen, achte jedoch gerade bei Extremwetter sehr genau auf dein Wohlbefinden, deine Sicherheit und gehe achtsam mit deinen Komfort-Grenzen um.

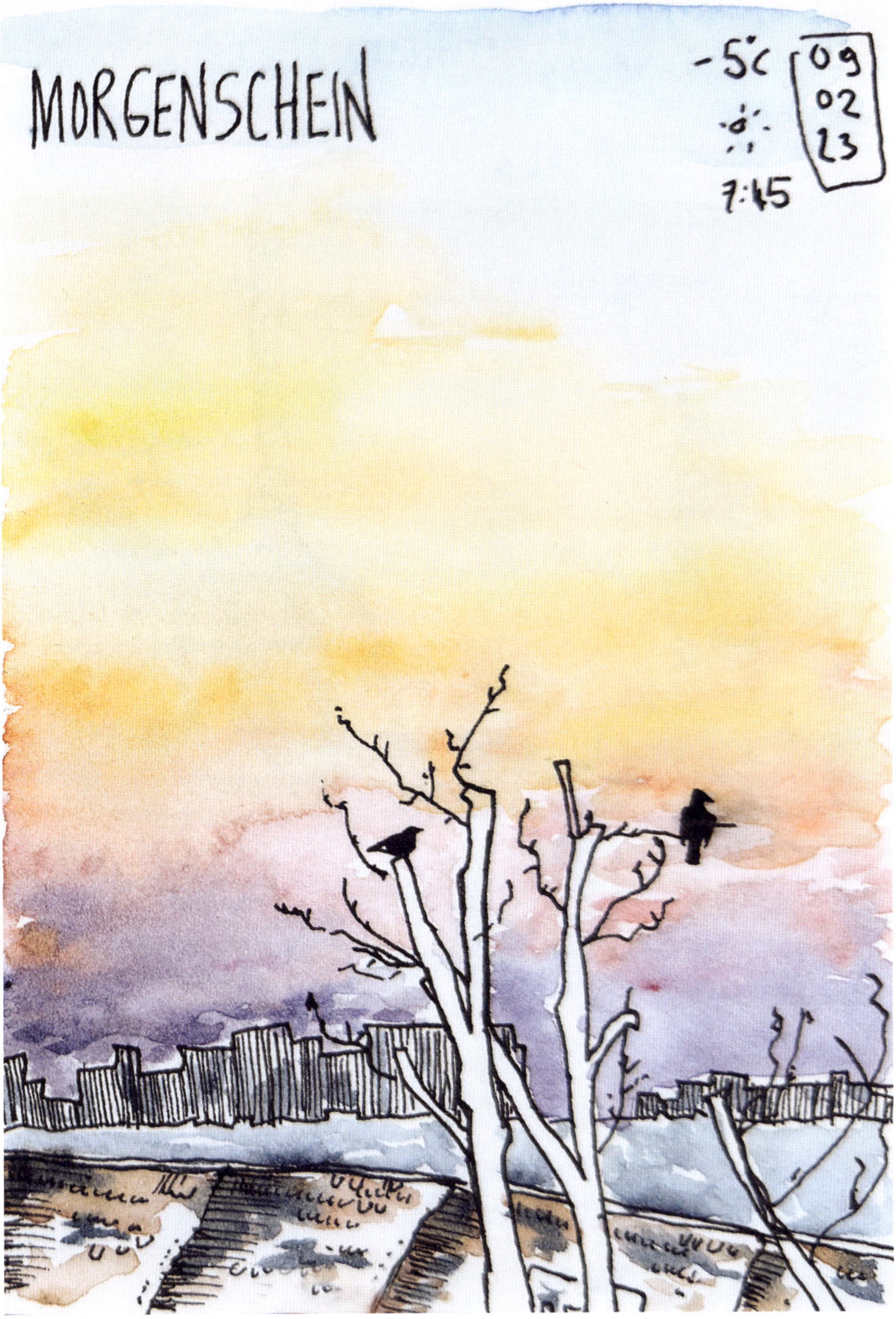
MORGENSCHEIN
-5°C
7:45
09
02
23

Das macht's

„Die Kälte, sie ist nun ein Teil von mir!" Wie oft saß ich mit diesem Lied im Ohr bibbernd an einem kristallklaren Wintermorgen an einem See. Ich bestaunte die frostigen, spitzen Kristalle, die sich zu Abermillionen an den kleinen Grashalmen am Ufer über Nacht gebildet hatten, und versuchte nur noch zwei weitere Minuten mit diesem Songtext-Mantra der Kälte zu trotzen. Bei unbequemem Wetter hinauszugehen ist eine Aufgabe, die sehr viel mit innerer Einstellung, Motivation und Disziplin zu tun hat, aber ebenso mit guter Ausrüstung und Vorbereitung.
Versuche, der Kälte mit Neugier zu begegnen. Welche motorischen Bewegungen können deine Hände in der Kälte noch vollführen, welche nicht? Wie kannst du die fantastischen, wenn auch eisigen Eindrücke mit nach Hause nehmen? Es müssen gerade bei Kälte nicht immer riesige Zeichnungen und Lasierungen in Aquarell sein. Manchmal reicht es auch, einen unvergesslichen

1. + 2. Magische Begegnung am frostigen Seeufer mit einem mutigen Zaunkönig.

1

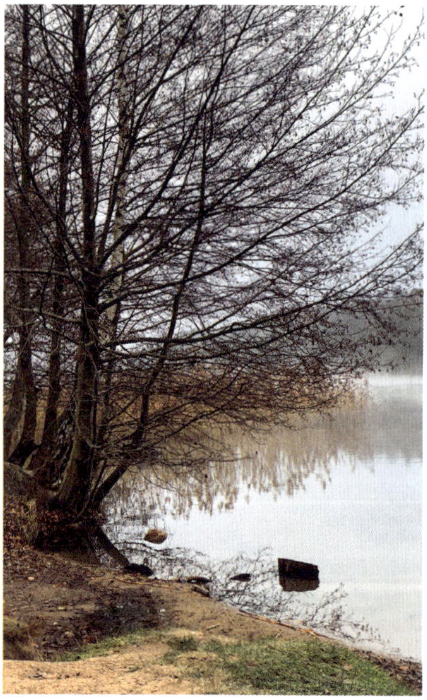

Sei auch hier sanft zu dir

Weder Kälte noch strahlender Sonnenschein sollen sich jemals nach einer Verpflichtung zum Rausgehen anfühlen. Du darfst auch weiterhin Naturgegenstände mit nach Hause nehmen und dort journaln oder ganz drinbleiben. Nature Journaling soll immer eine schöne Sache und nie eine lästige Hausaufgabe sein, die man noch erledigen muss.

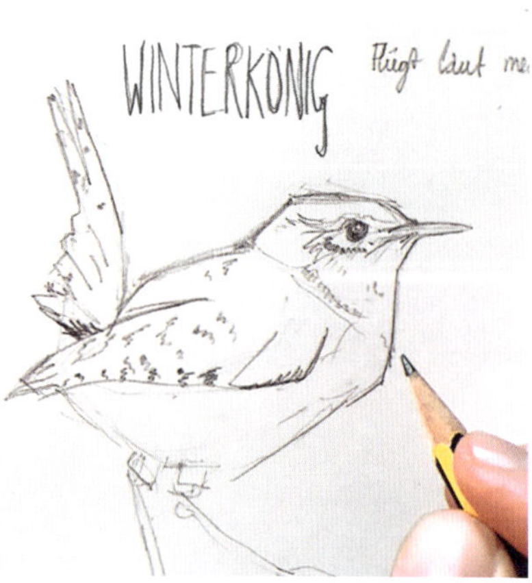

2

Moment mit ein paar Metadaten, einem Satz oder einer Mini-Skizze zu dokumentieren. Und natürlich kann es auch mal ein schnelles Handyfoto sein, um die Erinnerung aufgewärmt zu Hause im Journal zu verewigen. Wichtig: Informiere dich über die ersten Zeichen von Unterkühlung und begegne deinen Ängsten mit Wissen. Die Natur will dir mit dem kalten, nassen Winter persönlich nichts Böses. Die Kälte ist einfach da, und sogar wichtig für viele natürliche Abläufe. Du hast die Chance, ihr mit offenem Herzen und Journal zu begegnen. Wenn du am Ende einfach nur am See sitzt, die sich am Ufer brechenden Wellen zählst und die in der Birke über dir zwitschernden Vögel beobachtest, aber gar nicht zum Journaln kommst, ist das auch völlig in Ordnung! Mach dir keine Sorgen, dass du zu wenig machst oder etwas verpasst. Das Wichtigste ist, dass du da bist, im Moment, und die Welt mit all ihrem Zauber wahrnimmst. Dein Leben wird nicht in der Anzahl deiner fertigen Kunstwerke gemessen.

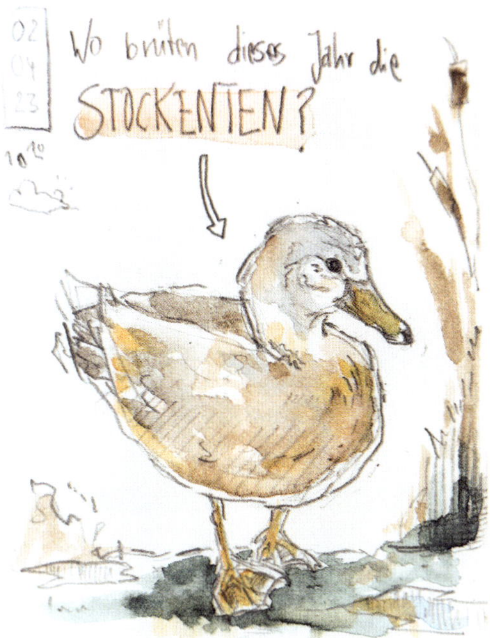

4

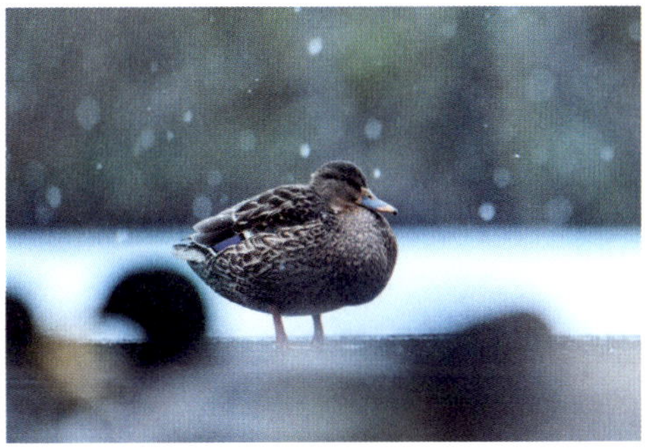

3

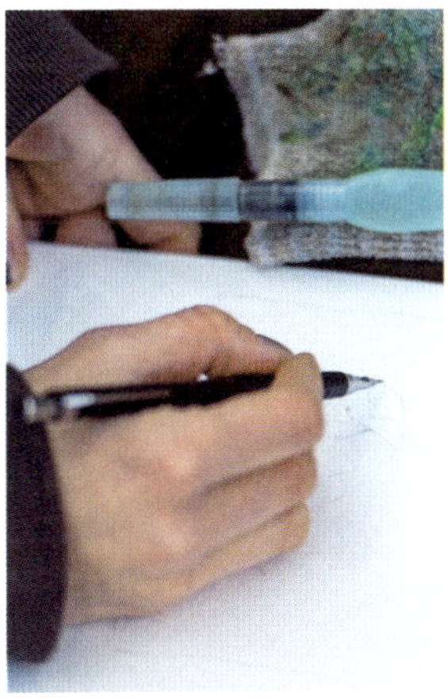

5

3.-5. Draußen im Schneegestöber reicht es, auch erst mal eine grobe Skizze zu machen, die du später im Warmen in Ruhe vollenden kannst.

DIE STADT IST BUNT!

Von wegen graue Großstadt! Finde den Regenbogen zwischen den Häuserschluchten.

Du brauchst: einen Sammelbeutel, eine kleine Kamera oder dein Smartphone, dein Journal, ein paar Lieblingsstifte, Buntstifte oder Aquarellfarben **Zeitrahmen:** 20 Minuten

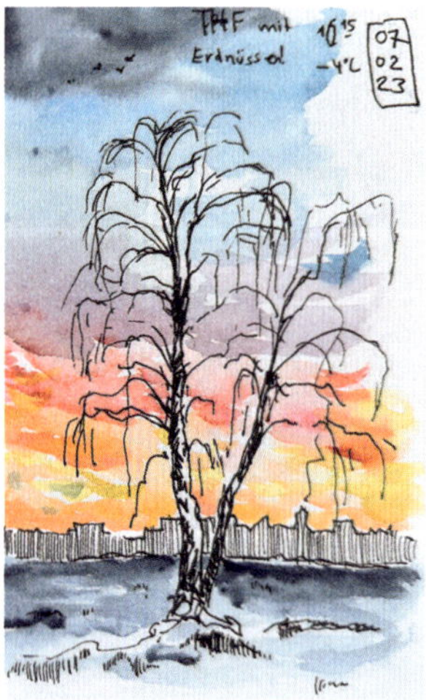

SO GEHT'S

Dein Wohnort ist im Winter trist und grau, was sollst du da schon zeichnen? Pack deine Nature-Journaling-Materialien ein und mach einen Stadtspaziergang. Lade ein paar Freund:innen dazu ein und versucht, gemeinsam alle Farben des Regenbogens zu finden! Vielleicht blühen schon die ersten gelbgrünen Haselkätzchen, ein paar rote Beeren der Stechpalme hängen im Gebüsch oder du kannst sogar einen saphirblauen Eisvogel vorbeiflitzen sehen. Hier in Berlin bereichern so einige „fliegende Kristalle", wie sie oft genannt werden, die monotonen Spreekanal-Arme und hinterlassen bei den Glücklichen, die sie entdecken, ein Lächeln im Gesicht. Mit etwas Geduld und Aufmerksamkeit werdet ihr so einiges an Farben finden. Ihr entscheidet, ob und welche eurer Entdeckungen ihr direkt vor Ort journalt, und welche ihr als Foto oder als Naturandenken mit nach Hause nehmt.

Am Ende dieser Übung habt ihr eine Reihe an farbenfrohen Momenten aus dem grauen Alltag herausgepickt und in euren Journals verewigt.

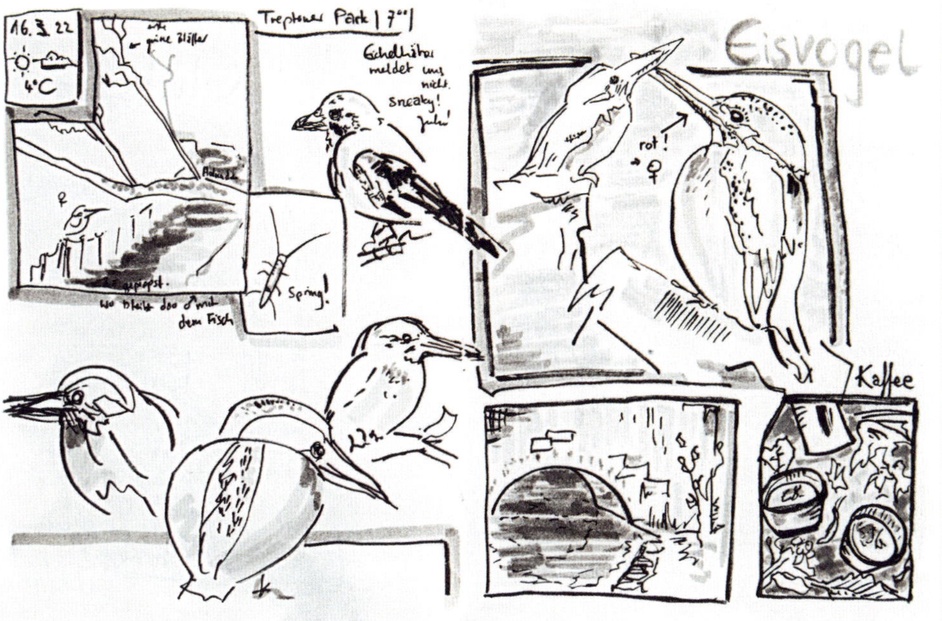

Das macht's:
Manchmal ist es in einer Stadt schwierig, überhaupt die Natur um dich herum zu finden.
Aber glaube mir, bis jetzt habe ich selbst an noch so trüben Orten Wildnis gefunden. Das Führen eines Nature Journals hat mir dabei unglaublich geholfen und die Augen geöffnet. Es ist wie eine Schatzsuche. Egal ob es spezielle Farben, Formen oder Größen sind, dieses Abenteuer ist ein wunderbarer Ausgangspunkt, um dir die zwischen den Häuserzeilen verborgene Natur wieder vor Augen zu holen und sie zu feiern. Gemeinsam macht das noch viel mehr Freude und ihr entdeckt Dinge, die euch alleine vielleicht nicht aufgefallen wären.
Du kannst die Gelegenheit auch nutzen, um deiner Stadtnatur etwas Gutes zu tun. Wahrscheinlich findest du auf deiner Farbensuche viele kleine und große Müllschnipsel. Ärgere dich nicht zu sehr, sondern sieh es als Chance, deine Mitwelt ein Stückchen sauberer zu hinterlassen, denn auch dafür ist ein geschultes und wachsames „Nature-Journaling-Auge" nützlich. Ich habe auf Journaling-Ausflügen immer eine kleine Mülltüte dabei, in der ich alles, was ich tragen kann, entsorge.

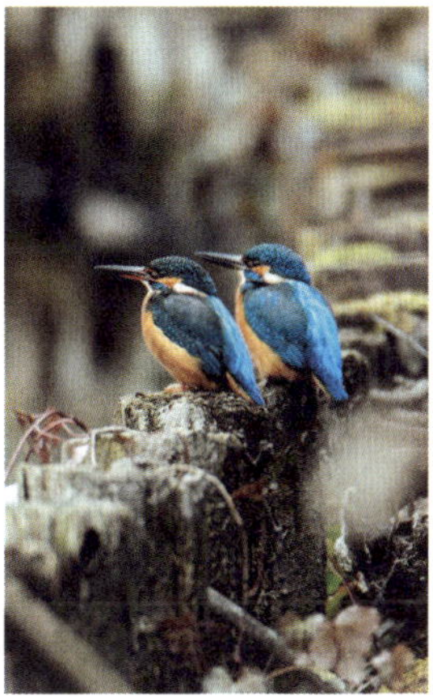

Mit etwas Geduld und Glück sind selbst in der Großstadt Begegnungen mit Eisvögeln möglich.

DRAUSSEN HEIMISCH WERDEN

Verbinde dich an deinem Sitzplatz mit der Natur.

Du brauchst: Du brauchst: einen nahen Draußenplatz, ein Sitzkissen, dem Wetter entsprechende Kleidung, Journal und Lieblingsstifte **Zeitrahmen:** 5 Minuten bis 1 Stunde pro Woche

SO GEHT'S

Regelmäßig draußen zu sein ist die Basis für alle deine Naturbeobachtungen. Ohne Naturkontakt kannst du keine Beziehung zu ihr aufbauen und natürlich auch kein Nature Journal führen. Die Übung „Sitzplatz" habe ich dir schon als Kernroutine der Wildnispädagogik vorgestellt. Jetzt findest du deinen eigenen. Du suchst dir einen Ort in der nahen Natur, den du regelmäßig besuchen kannst. Dort setzt du dich einfach hin, beobachtest und wirst ruhiger. Du bist einfach nur da. Dein Nature Journal hast du entweder mit dabei oder trägst später zu Hause deine Beobachtungen, Erlebnisse, Fragen und wunderbaren Dinge, die dir begegnet sind, ein.

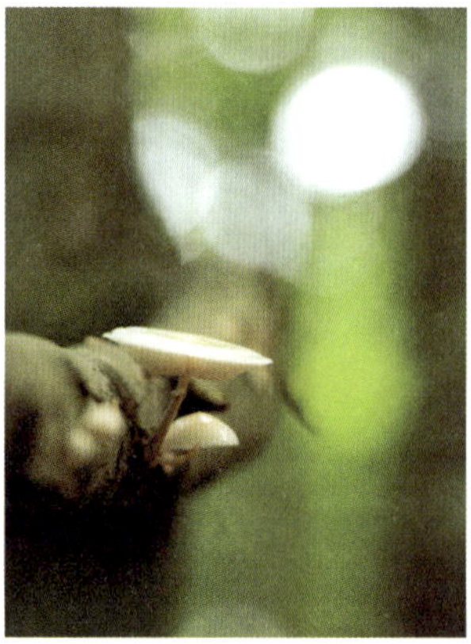

Egal wie widrig die Umstände sind, wie wenig Zeit du hast, wie ungünstig du wohnst, wie kalt und nass es draußen ist: Geh nach draußen in die Natur, erlebe Geschichten und dokumentiere deinen eigenen Naturverbindungsweg in deinem Journal.

Dein Sitzplatz kann eine Parkbank, dein Lieblingsbaum im Wald oder sogar an deinem Küchenfenster sein. Natur gibt es überall! Wichtig ist vor allem, dass du ihn ehrlich regelmäßig besuchen kannst. Nur so kannst du deinen besonderen Draußenort über die Zeit kennenlernen, Veränderungen miterleben und von den dort lebenden Tieren als dazugehörend wahrgenommen werden. Bei sehr nassem oder kaltem Wetter kannst du auch mal einen Naturgegenstand von deinem Sitzplatz mit nach drinnen nehmen und dort journaln. Anschließend kannst du bei der nächsten Gelegenheit deinem Ort auch wieder etwas zurückgeben, auch wenn es nur in Form eines Schlucks Wassers ist.

Das macht's:
Bei jedem Besuch wirst du neue Dinge entdecken, die du vorher nie bemerkt hättest: Die Knospen, die mit der Zeit erblühen und dann zur Erde fallen, eine neue Knabberspur am Ast, ein paar Schneeglöckchen, die letztes Jahr dort noch nicht gewachsen sind. Du kannst das Wachstum einer jungen Eiche beobachten und vermessen. Du kannst zählen, wie oft der Blaumeisen-Vater das Loch in der Nisthöhle anfliegt oder wie viel Laub innerhalb eines Herbstes von deinem Baum fällt.
Je mehr Zeit du in den Beziehungsaufbau mit einem Naturort steckst, umso heimischer und zugehöriger wirst du dich dort fühlen. Du lernst ihn zu unterschiedlichen Jahres- und Tageszeiten kennen, weißt, was dort bei Regen, Schnee, Dunkelheit und Sonnenschein vor sich geht. Indem du deine Beobachtungen und Gedanken in deinem Journal dokumentierst, kannst du ihnen formulierten Ausdruck verleihen, die Zeit dort wertschätzend festhalten und über einen langen Zeitraum die Verwandlungen deines Ortes und deine eigene zu Papier bringen.

„Dein Sitzplatz kann mitten im Wald oder auch an deinem Küchenfenster sein. Naturbeziehungen können überall entstehen."

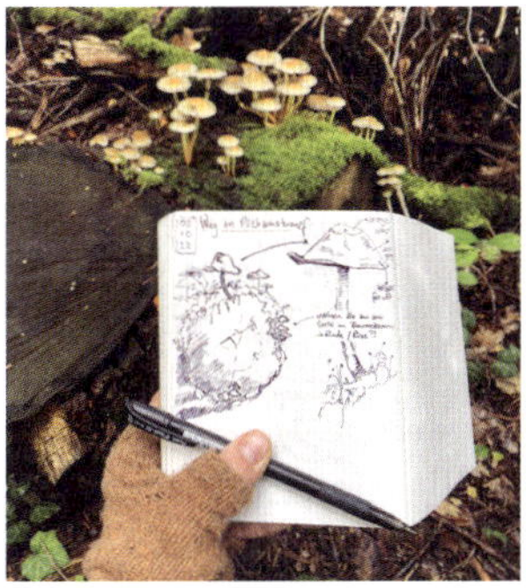

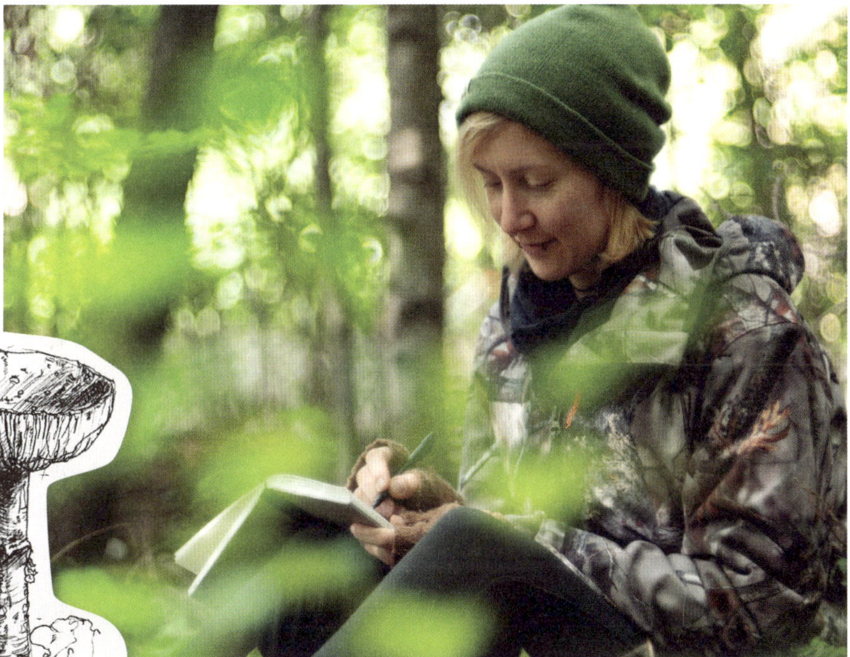

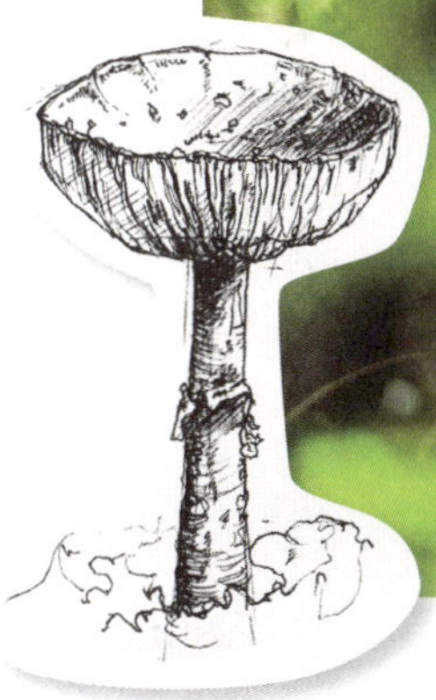

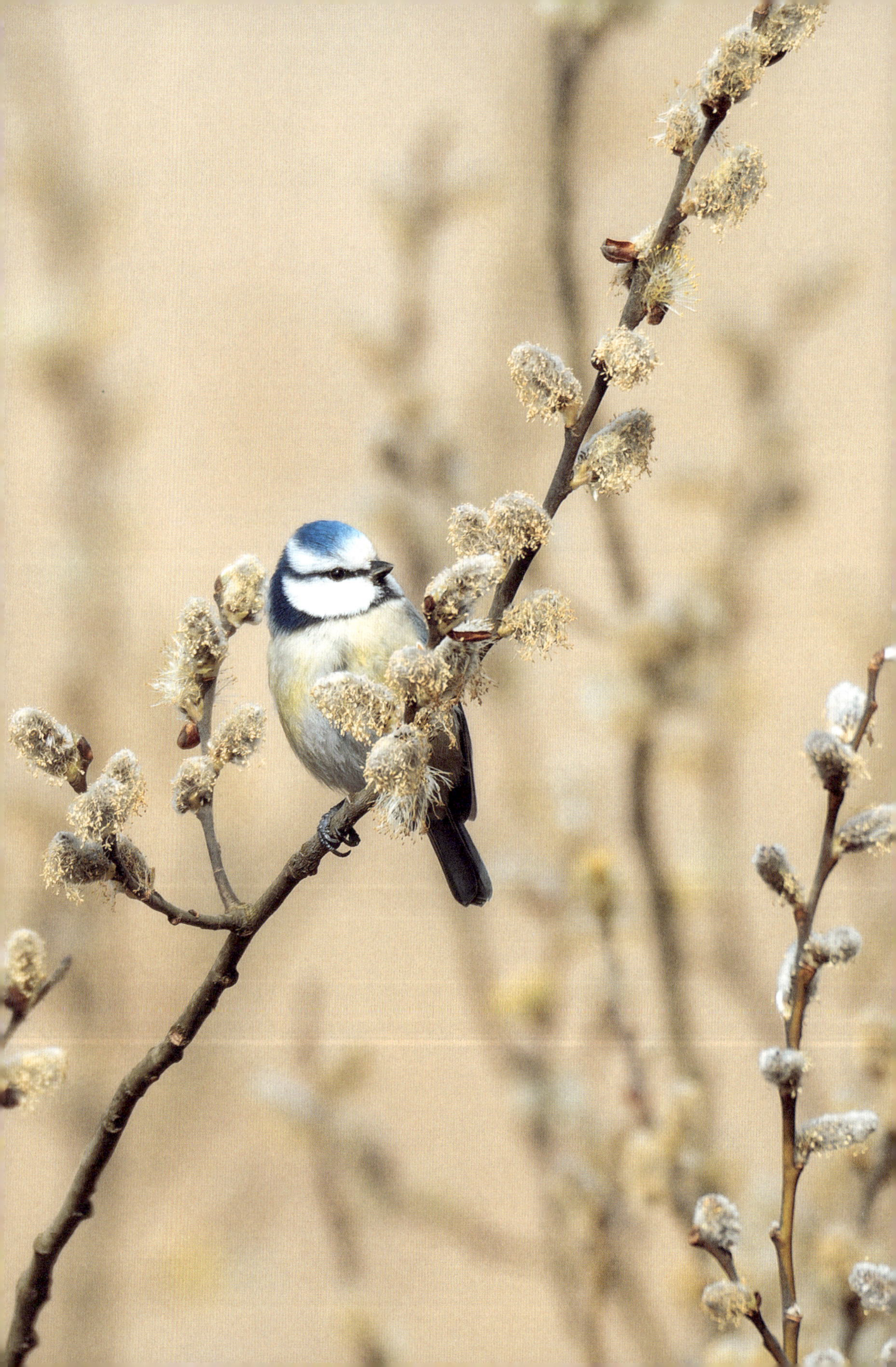

„Trau dich!
Sei mutig und
wage Neues!
Diese Welt ist
so unendlich
wertvoll, koste
jeden Moment
so weit aus,
wie du kannst.“

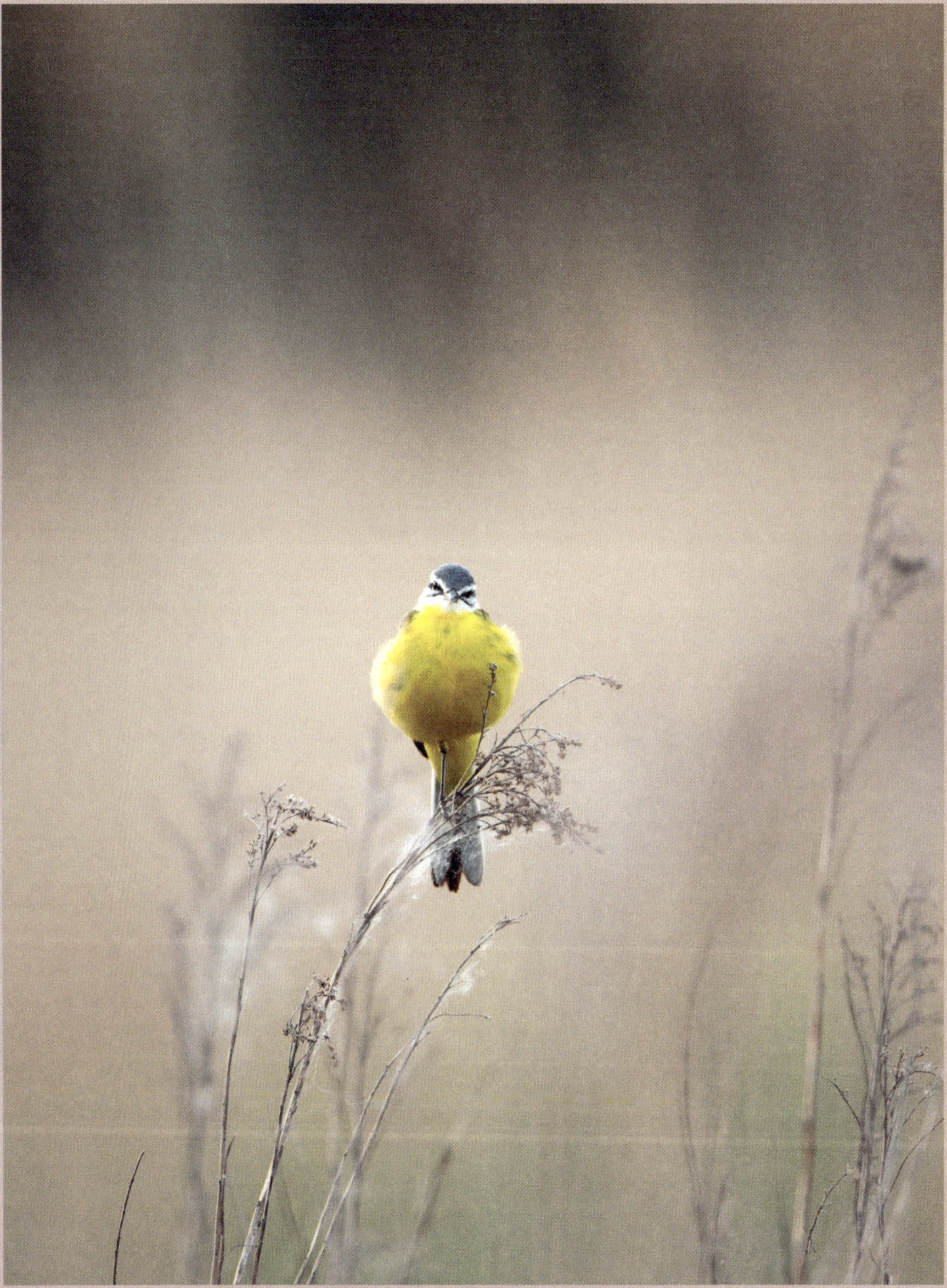

FINDE DEN MUT, WIEDER FRAGEN ZU STELLEN

Stelle vor allem solche, auf die du keine Antworten kennst: Was denkt die Schafstelze gerade? Warum heißt sie so? Was ist ihr Lieblingsessen? Warum hat sie gelbes Gefieder?

Komm mit ins Neugier-Wunderland!

So viele spannende Fragen über die Geheimnisse dieser Welt warten nur darauf, von uns gefunden und gefragt zu werden. Hab keine Angst, sie zu stellen und neugierig zu erforschen, was dir begegnet.

„Jetzt sei nicht so neugierig!" Wie viele Kinder bekommen diesen Satz früher oder später zu hören? Vor allem, wenn Erwachsene keine Antworten mehr auf ihre Fragen wissen, wird der kindlichen Neugier Einhalt geboten. Wie können Lachse sowohl in Süß- als auch in Salzwasser leben? Woher wissen Regenwürmer, wo oben ist? Warum werden Blätter im Herbst so schön bunt? Wie schaffen Stare es, so synchron zu fliegen?
Sobald wir in die Schule kommen, zählt nur noch eins: Wissen ansammeln, Wissen abfragen und bewerten. Ob wir über die Mysterien dieses Planeten nachdenken, sie erforschen und über sie staunen, ist nicht mehr wichtig.

Jedes Mal, wenn es heißt, „jetzt stell doch nicht so viele Fragen", lernen wir, dass es sicherer ist und besser bewertet wird, wenn wir nur vorhandenes Wissen aufsaugen. Stellen wir als Kind oder auch später als Erwachsene Fragen, auf die niemand eine schnelle, eindeutige und klug erscheinende Antwort hat, wird es sehr schnell unangenehm.

„Wie reagierst du darauf, wenn dir Fragen gestellt werden, auf die du keine sofortige Antwort weißt?"

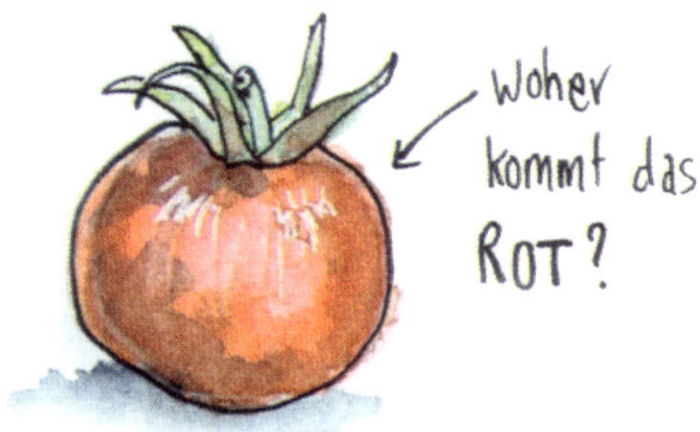

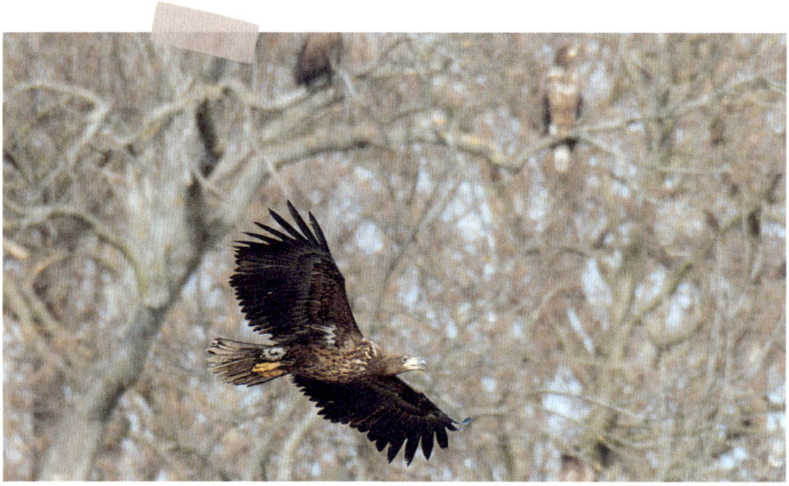

Wie viele Seeadler hier wohl leben? Du musst nicht jede Frage gleich beantworten können.

MUT ZUR NEUGIER

Wir sind darauf programmiert worden, dass Wissenslücken ein schlimmer Fehler sind, der um alles in der Welt vermieden werden muss. „Das weiß ich nicht", „Das kann ich dir nicht sagen, da ich zu wenig über das Thema weiß" oder „Gute Frage, lass uns zusammen mal nachforschen" gelten leider immer noch als Eingeständnis von Inkompetenz. Vielmehr sollten solche Aussagen aber als Einladung zu einem Abenteuer gelten, ein Zeigen von Stärke und gutem Einschätzen der eigenen Kompetenzgrenzen, sowie Mut vorzuleben, dass eine unbeantwortete Frage eine Chance auf Verbindung und Einladung zu einer Forschungsreise ist! Das Gute aber: Wir können es üben, gezielt neugierig zu sein und wieder Fragen zu stellen! Spannende Fragen, auf die wir nicht unbedingt (sofort) eine Antwort wissen müssen, die unser Denken und unsere Kreativität erweitern und alte Schubladen in unseren Köpfen neu sortieren lassen. Wir dürfen wieder spielen, philosophieren und in den unbefangenen, neugierigen Austausch gehen.
Wir finden Fragen hinter den Fragen. Und manchmal Antworten, zu denen wir die Fragen erst noch finden müssen. Es entstehen ganze Ketten an Fragen, die sich selbst beflügeln. Folge deiner Neugier und lass dich, wie Alice im Wunderland, von ihr in den Kaninchenbau der Wunder dieser Welt mitnehmen.

Stelle dir einmal 3 Fragen über die Natur, …

… auf die du im Moment keinerlei Antwort weißt. Lasse diese Ungewissheit bewusst zu und trage dieses ungelöste Rätsel eine Weile mit dir herum. Wer weiß, wo dir überall Antworten begegnen werden? Oder, mit ein bisschen Glück, sogar noch mehr Fragen.

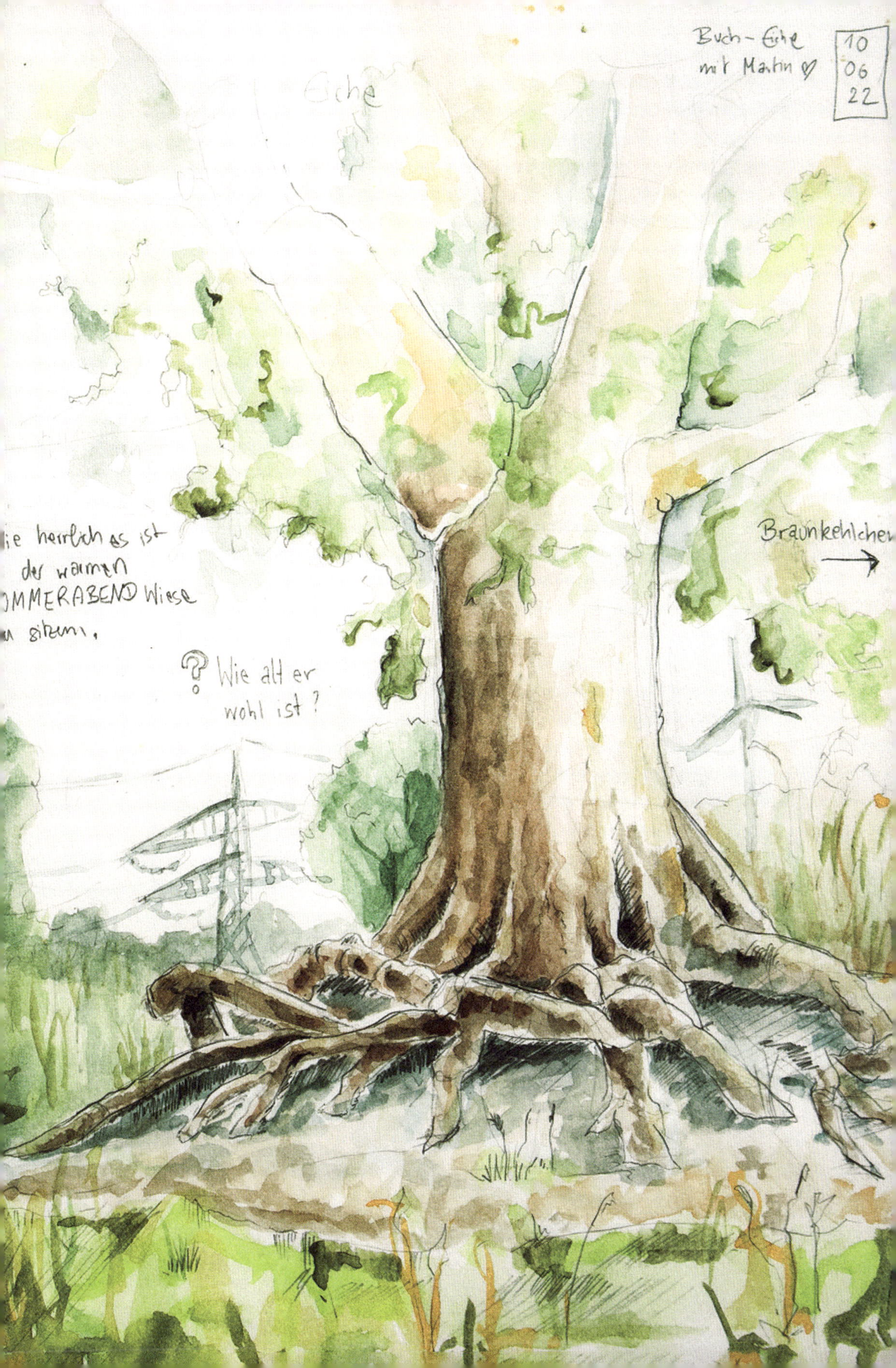

Buch-Eiche
mit Martin ♡
10
06
22
Eiche
ie herrlich es ist
der warmen
OMMERABEND Wiese
u sitzen.
Wie alt er
wohl ist?
Braunkehlchen →

ENTDECKE EIN LAUBBLATT

Verbinde dich mit deiner Mitwelt, indem du Fragen stellst.

Du brauchst: dein Journal, einen Lieblingsstift, ein Laubblatt, Neugier **Zeitrahmen:** 10 Minuten

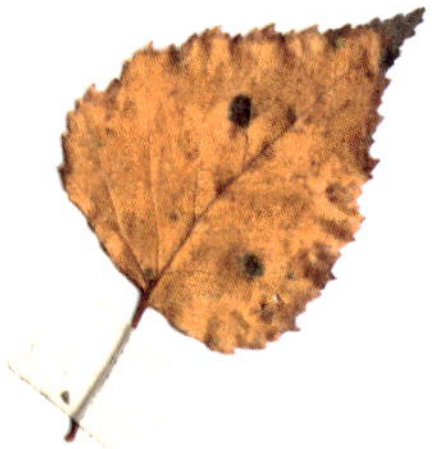

SO GEHT'S

Deine Neugier lässt sich durch regelmäßiges Üben genauso trainieren wie das Zeichnen. John Muir Laws hat dafür eine Art Trainingsplan in drei Schritten entwickelt, mit dem du deine Neugier so richtig ankurbeln kannst. Ich füge diesem noch eine vierte Ebene aus der Wildnispädagogik hinzu. Willst du einen Naturgegenstand neugierig erkunden oder weißt zunächst gar nicht, was du auf deine Seite schreiben sollst, kannst du dich an diesem Grundgerüst aus Anstupsern entlang hangeln. Jeder dieser Aufforderungen ist ein Symbol zugeordnet, damit du sie nicht jedes Mal in dein Journal schreiben musst.

Mir fällt auf Untersuche dein Laubblatt mit allen Sinnen (Sehen, Hören, Fühlen, Schmecken, Riechen). Versuche, dich nur auf die Wahrnehmung deiner Sinne zu beschränken und deine persönliche Meinung wegzulassen. Bleibe so objektiv, wie es geht. Schreibe zu jedem Sinn mindestens zwei Wahrnehmungen auf.

Ich frage mich Stelle zu deinen Sinneswahrnehmungen ein paar W-Fragen (Wer, Wie, Was, Wann, Warum). Trau dich, Fragen zu stellen, ohne Antworten zu wissen! Wenn dir keine mehr einfallen, gehe zu einer Wahrnehmung zurück und frage dich einfach „Warum?“ Bleibe für mindestens drei Minuten bei dieser Aufgabe und halte auch mal die Stille aus. Die besten Fragen kommen meistens, wenn wir denken, dass wir schon alles gefragt haben.

Das erinnert mich an Schaffe Verbindungen. Welche Eselsbrücken und Assoziationen fallen dir zu deinen Fragen und Wahrnehmungen ein? Wo hast du vielleicht schon mal über ein Blatt wie dieses gelesen oder etwas Ähnliches gesehen? Woran erinnert dich deine Frage? Schreibe mindestens zwei Assoziationen in dein Journal.

Dabei fühle ich Die vierte Ebene habe ich für mich aus der Wildnispädagogik ergänzt. An diesem Punkt kommt eine emotionale Ebene ins Spiel. Sie ist das Gegenstück zum eher assoziativ-neutralen „das erinnert mich an“. Hier finden persönliche Geschichten, Lieder und emotionale Erinnerungen ihren Platz. Sie berühren das Herz. Wenn du magst, schreibe auch diese persönlichen Verbindungen in dein Journal.

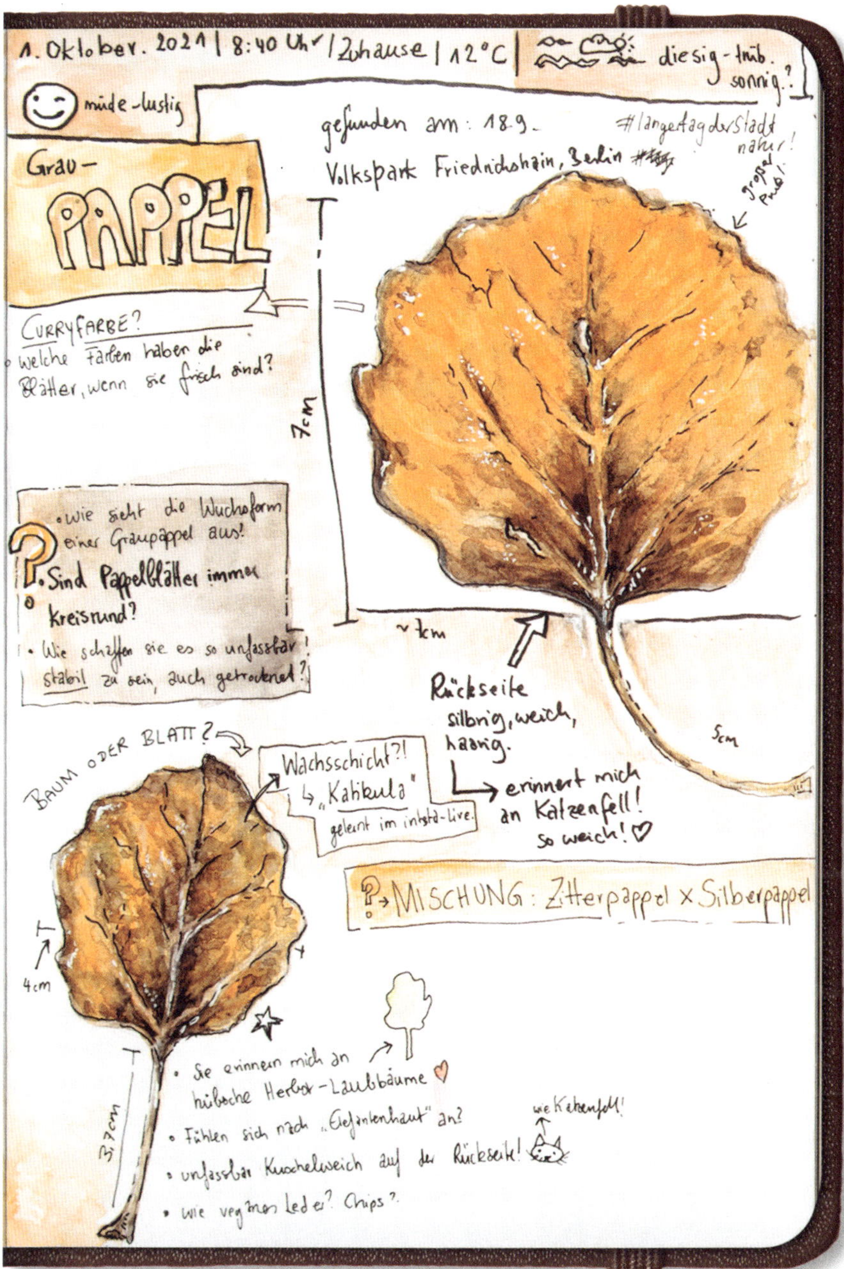

Stelle in deinem Journal Fragen, auf die es erst mal keine Antworten gibt. Falls du später eine Antwort (oder auch neue Fragen) findest, kannst du dank der Symbole schnell an die passende Stelle zurückfinden.

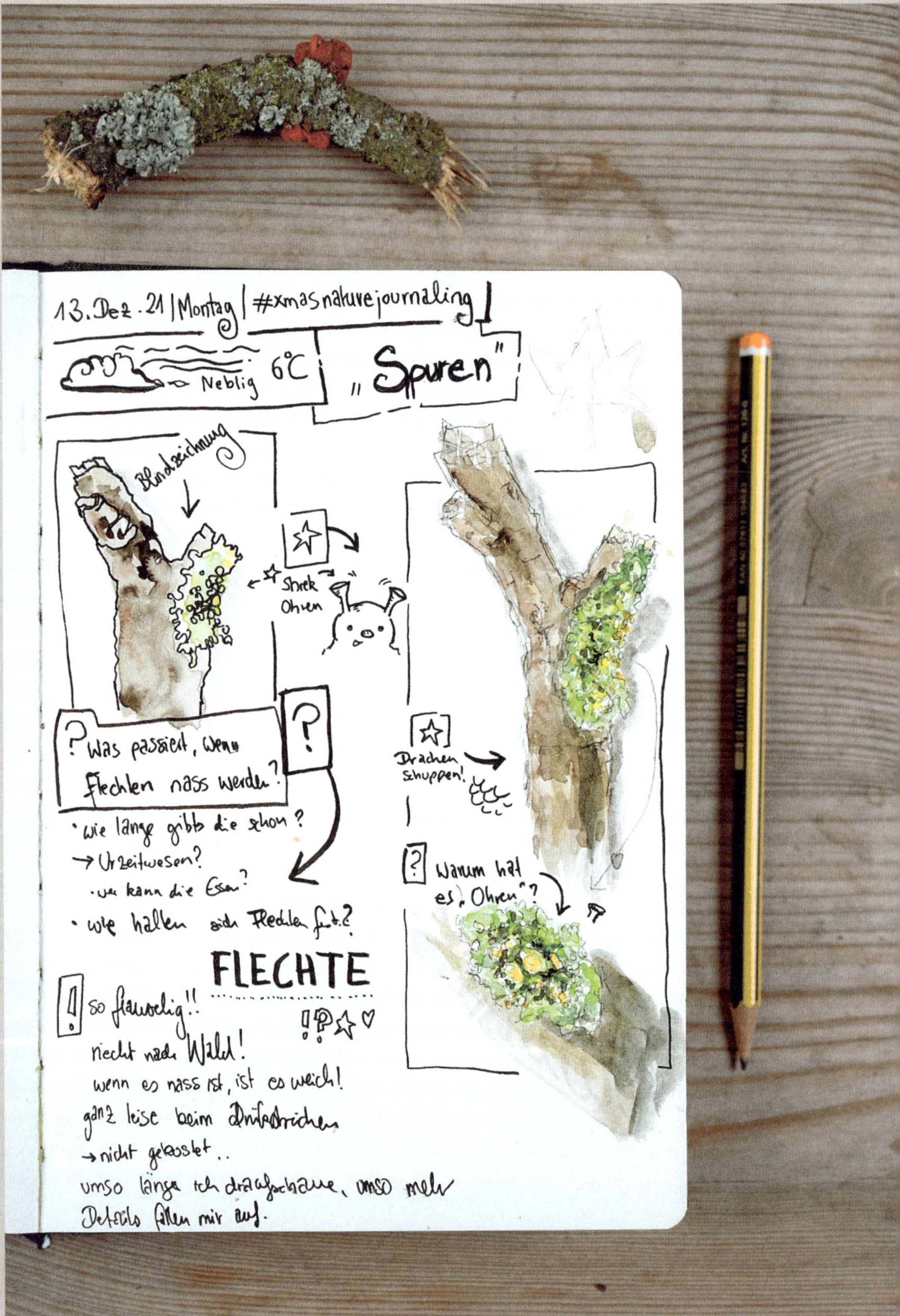
13. Dez. 21 | Montag | #xmasnaturejournaling
Neblig 6°C
„Spuren“
Blindzeichnung
Shrek Ohren
? Was passiert, wenn Flechten nass werden?
· wie lange gibts die schon?
→ Urzeitwesen?
· wer kann die essen?
· wie halten sich Flechten fest?
FLECHTE
so flauschig!!
riecht nach Wald!
wenn es nass ist, ist es weich!
ganz leise beim Drüberstreichen
→ nicht gekostet..
umso länger ich draufschaue, umso mehr Details fallen mir auf.
Drachen schuppen!
Warum hat es „Ohren“?

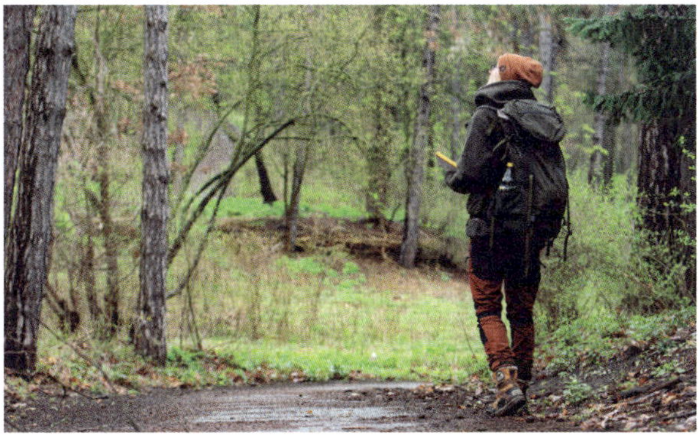

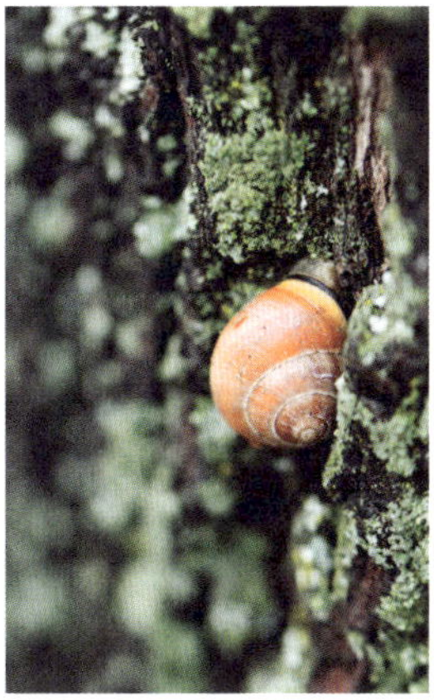

Neugierig sein kann geübt werden! Mit der Zeit kannst du selbst im Vorbeigehen dem Unscheinbarsten spannende Fragen stellen.

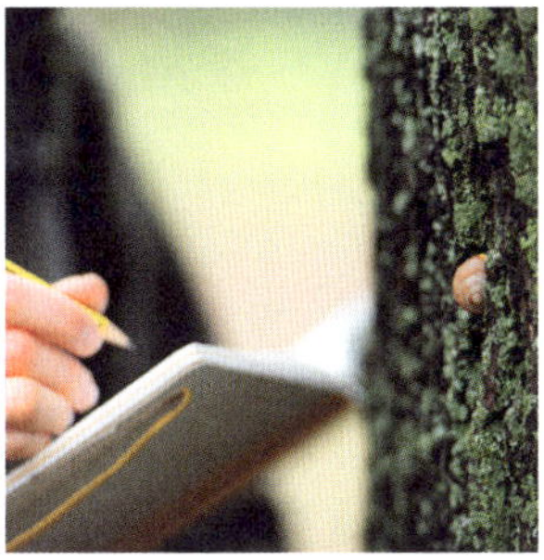

Das macht's

Am Ende dieser Übung hast du ein zunächst banales und alltäglich wirkendes Laubblatt zu deinem Blatt gemacht.
Du würdest es wahrscheinlich unter vielen anderen wiederentdecken. Mir fällt es dann schwer, es wieder achtlos zu Boden zu werfen.
All unsere Wahrnehmung wird durch unsere Sinne vorgefiltert. Wir alle können dasselbe Laubblatt betrachten und werden doch hundert verschiedene Eindrücke davon bekommen. Durchs Nature Journaling erkennen wir, dass selbst scheinbar objektive Eindrücke wie Farben, Oberflächen und Gerüche von jedem Menschen ein bisschen oder sogar sehr unterschiedlich wahrgenommen und ausgedrückt werden. So bekommen wir unsere wundervollen Unterschiede und unsere Individualität vor Augen gehalten und lernen andere Perspektiven und Einstellungen neben unserer eigenen zu akzeptieren, zu tolerieren und sogar als wichtigen neuen Beitrag wertzuschätzen.
Wir stellen Fragen, von denen wir vor zehn Minuten noch gar nicht wussten, dass sie jemals gestellt werden könnten, trauen uns, altes Wissen zu hinterfragen, gelangen zu neuen Erkenntnissen und verbleiben in staunender Demut. Wir bauen eine emotionale Bindung zu den alltäglichen Kleinigkeiten um uns herum auf, lernen mehr zu sehen, neugierig zu sein und die Wunder dieser Welt nicht mehr als langweilig abzutun, denn selbst ein einfach Laubblatt kann unglaublich spannend sein.
Wir schenken der Natur unsere volle Aufmerksamkeit – und was ist das schon anderes als pure Liebe? Die brauchen wir heute mehr denn je. Sie ist die Grundvoraussetzung, um diese Welt zu schützen und zu bewahren.

MIT DEN STOCKENTEN TANZEN

Die Wunder im Alltäglichen finden und deine Beziehungsgeschichte schreiben.

Du brauchst: ein Gewässer mit Enten, dein Journal, ein paar Lieblingsstifte **Zeitrahmen:** 10 Minuten

SO GEHT'S

Es muss nicht immer etwas Außergewöhnliches sein, das dich zum Staunen bringt und es in deine „Nature Journaling Galerie" schafft. Vieles, was uns im Alltag normal und unbedeutend erscheint, können wir wieder in einem neuen, unfassbar zauberhaften Licht sehen, indem wir neugierig Fragen stellen.

Aber wie soll eine Ente plötzlich spannend werden, obwohl du sie schon Tausende Male gesehen hast? Setze dich regelmäßig an den nächsten Bach oder Stadtteich zu den Enten und beobachte sie. Versuche jedes Mal, wenn du dort bist, etwas Neues an ihnen zu entdecken, egal was. Ist es eine neue Verhaltensweise? Ein neues Detail im Federkleid? Die Art und Weise, wie sie heute am Ufer nach Futter suchen? Notiere deine Beobachtungen mit dem Ausrufezeichensymbol im Journal. Anschließend stellst du zu jeder deiner Beobachtungen mindestens fünf Fragen: Was frisst die Ente besonders gerne? Wieso sucht sie es genau dort am Ufer? Woher weiß sie, dass sie es dort findet? Wie kann sie ihre „Beute" überhaupt unter Wasser wahrnehmen? Hat sie ein Lieblingsessen? Markiere sie mit dem Fragezeichen.

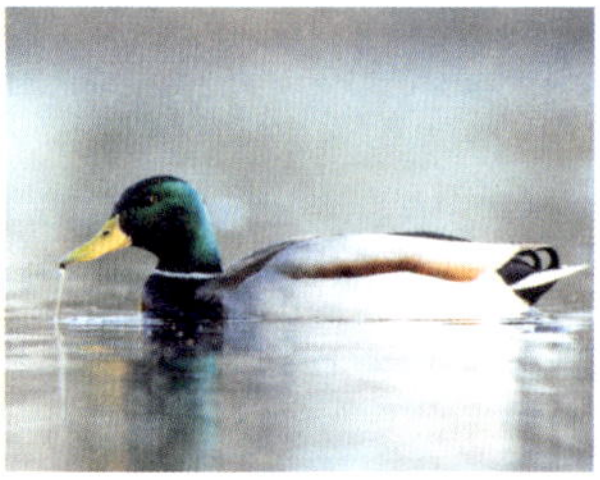

Bringe nun deine eigene Geschichte, deine Erfahrungen und Assoziationen mit ein. Was bedeutet es für dich, am Ufer zu sitzen und Enten zu beobachten? Vielleicht erinnert es dich an ein Ritual, das du in deiner Kindheit mit deinen Großeltern hattest? Was macht es heute mit dir, den Enten durchs Journaling und Beobachten näher zu kommen? Nutze hierfür die Symbole Stern und Herz.

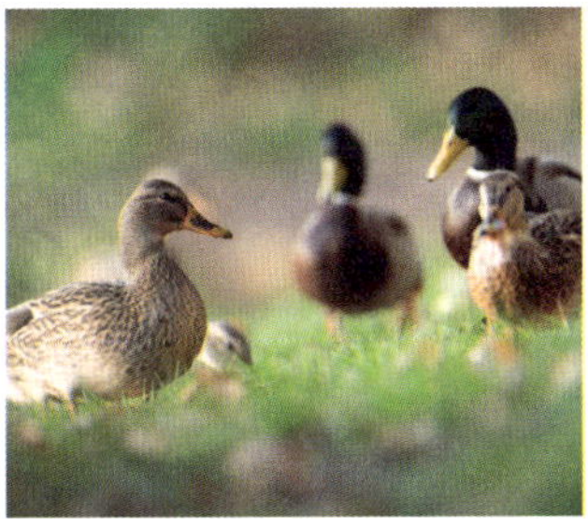

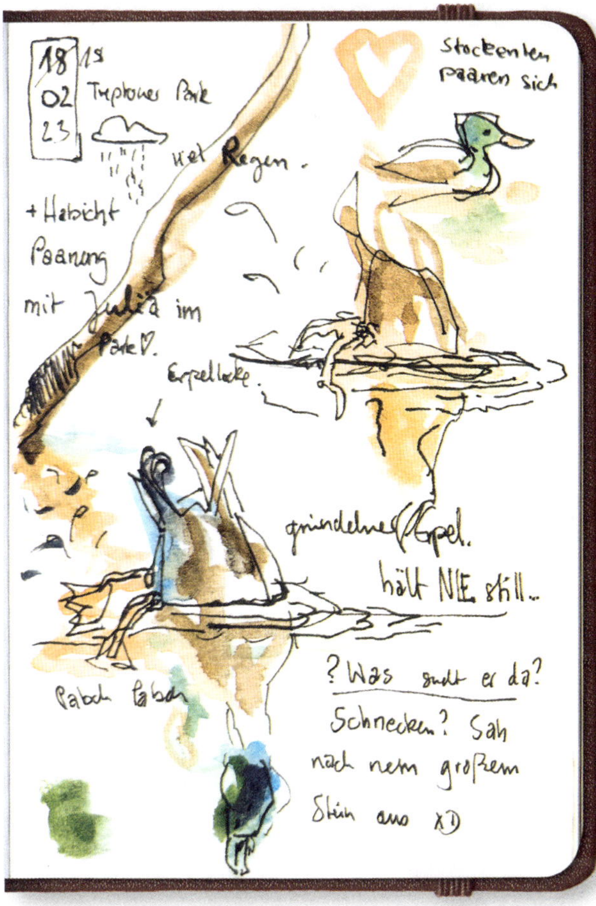

Das macht's:
Manchmal denkst du, dass du etwas sowieso schon kennst und schaust deshalb nicht mehr genau hin. Das Bild der Ente in deinem Kopf ersetzt das, das gerade in Wirklichkeit vor dir watschelt. Durchs genaue Beobachten und Journaln kannst du deine Faszination für diese wundervolle Welt wieder neu aufleben lassen. Jede noch so kleine neue Beobachtung und Frage stärkt deine Beziehung zur Ente und somit der ganzen Natur. Geschichten, die sonst vielleicht nie mehr erzählt worden wären, bekommen so plötzlich Raum.
Denk daran, dass du deine Naturerlebnisse nicht nur neutral dokumentierst, sondern dass du dich, mit all deinen Gefühlen und Erfahrungen, auch immer wieder selbst in deine Seiten einfließen lässt. Mit jedem Finger, den du der Natur entgegenstreckst, knüpfst du ein immer stärker werdendes Band mit deiner gesamten Mitwelt.
Nimm dir immer wieder Zeit für die Natur und sei einfach da. Beobachte und stelle Fragen. Du wirst sehen, dass sie auch für dich da ist, wenn du sie brauchst.

Ich durfte mich über viele Stunden einfach nur zu den Stockenten setzen. Sie wurden zu Freunden und haben mir den Tag gerettet.

DIE BLUME DER 100 FRAGEN

Dein malerisches Date mit einer Wildpflanze.

Du brauchst: Eine wilde Blume (z. B. ein Gänseblümchen, dein Journal und einen Lieblingsstift, optional: eine Lupe und ein Maßband **Zeitrahmen:** 20 Minuten

SO GEHT'S

Nimm dir 10 Minuten Zeit und betrachte deine Blume zunächst bis ins kleinste Detail. Nutze auch hier die Symbole Ausrufezeichen, Fragezeichen, Stern und Herz (S. 120). Erfahre die Pflanze mit allen Sinnen, fühle die Blätter zwischen den Fingern, lass den Stiel über deine Wange streichen, versuche ihren Geruch wahrzunehmen, und vielleicht sogar ihren Geschmack, wenn du sicher bist, was du gepflückt hast. Basierend auf deinen Beobachtungen stellst du nun Fragen. Du musst und sollst sogar auf die meisten davon keine Antworten wissen. Stelle sie trotzdem! Schreibe mindestens 30 solcher Fragen auf. Sie blicken hinter die Kulisse, gehen tiefer, werden vielleicht philosophisch und fantasievoll, auch das darf sein. Fallen dir keine Fragen mehr ein, versuche es noch mindestens fünf Minuten weiter, denn in dieser Zeit finden wir meistens die besten. Suche nun basierend auf den tiefer gehenden Fragen wieder 20 leichtere. Anschließen gehst du in eine letzte Runde und stellst die Fragen hinter den Fragen. Manchmal darf es auch mehrere Tage oder Wochen dauern, bis du alle 100 Fragen gefunden hast.

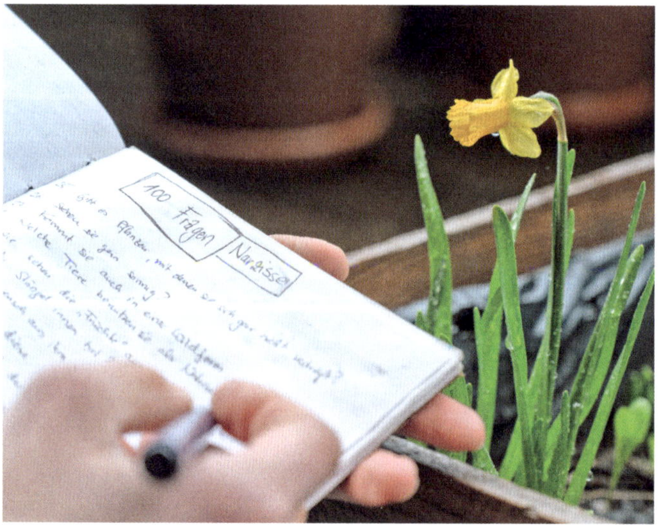

EIN PAAR BEISPIELFRAGEN:

- Woher kommt diese Blume?
- Warum blüht sie weiß?
- Wie vermehrt sie sich?
- Ist sie giftig?
- Wann hat sie normalerweise ihre Blütezeit?
- Warum ist die Blütenform wie ein Kranz geformt?
- Was musste alles geschehen, damit die Blume jetzt nun in meinem Zimmer steht?
- Wer hat sie wohl abgeschnitten?
- Wie ging es der Person dabei? Und wie der Blume?
- Mag sie es, nun in deiner Hand zu sein? (Wie) fühlen Blumen?
- Nimmt sie immer noch hell und dunkel war?
- Vermisst Sie die anderen Blumen?
- Wie lebendig ist eine Blume in der Vase noch?
- Wo geht sie hin, wenn sie komplett verwelkt ist?
- Was kann ich noch Sinnvolles mit ihr anstellen? Auf den Kompost geben?
- Warum hat sie so lustige Riffel auf der Rinde ihres Stängels?
- Wie und wann kommen Insekten zu ihr? Oder vermehrt sie sich auf andere Weise, wie denn dann?
- Wie kann es sein, dass der Stängel nach drei Wochen immer noch grün ist?

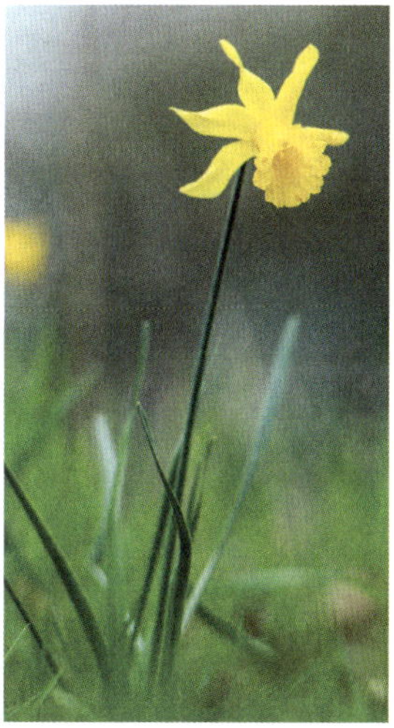

Was wolltest du eine Narzisse schon immer mal fragen?

Das macht's:
Mit ein bisschen Übung kannst du deine Neugier so richtig anfeuern.
Du wirst sehr wahrscheinlich viele Fragen stellen, auf die du zunächst keine Antworten weißt. Es gehört beim Nature Journaling dazu, dass du lernst, diese Ungewissheit auszuhalten. Wir versuchen so den Drang nach der sofortigen Befriedigung des Wissensdurstes, der im Alltag allgegenwärtig ist, zu durchbrechen. Hier ist es erlaubt und sogar erwünscht, dass du neugierig Fragen stellst und keine Antworten weißt. Lasse dich mutig darauf ein und schon nach kurzer Zeit wirst du wie im Handumdrehen zu jedem Naturgegenstand Tausende wundervoller Fragen parat haben und ein wahrhaftiges Blitzgewitter an Neugier in deinem Kopf entfachen.
Probiere diese Übung auch einmal gemeinsam mit anderen aus. Sie eignet sich auch als Spiel für längere Wartezeiten in Restaurants, bei Autofahrten oder bei eurem nächsten Naturspaziergang. Schreibt die spannendsten Fragen auf und erstellt eine gemeinsame Neugier-Sammlung!
So gelangst du mit der Zeit von oberflächlichen Beobachtungen in die Tiefe und findest verborgenes Wissen in Fragen, die du vor einer Weile nie gestellt hättest. Schon bald wirst du bemerken, wie viel Wissen du nur durch eigenes Nachdenken, Ausprobieren und im Austausch mit anderen finden kannst.

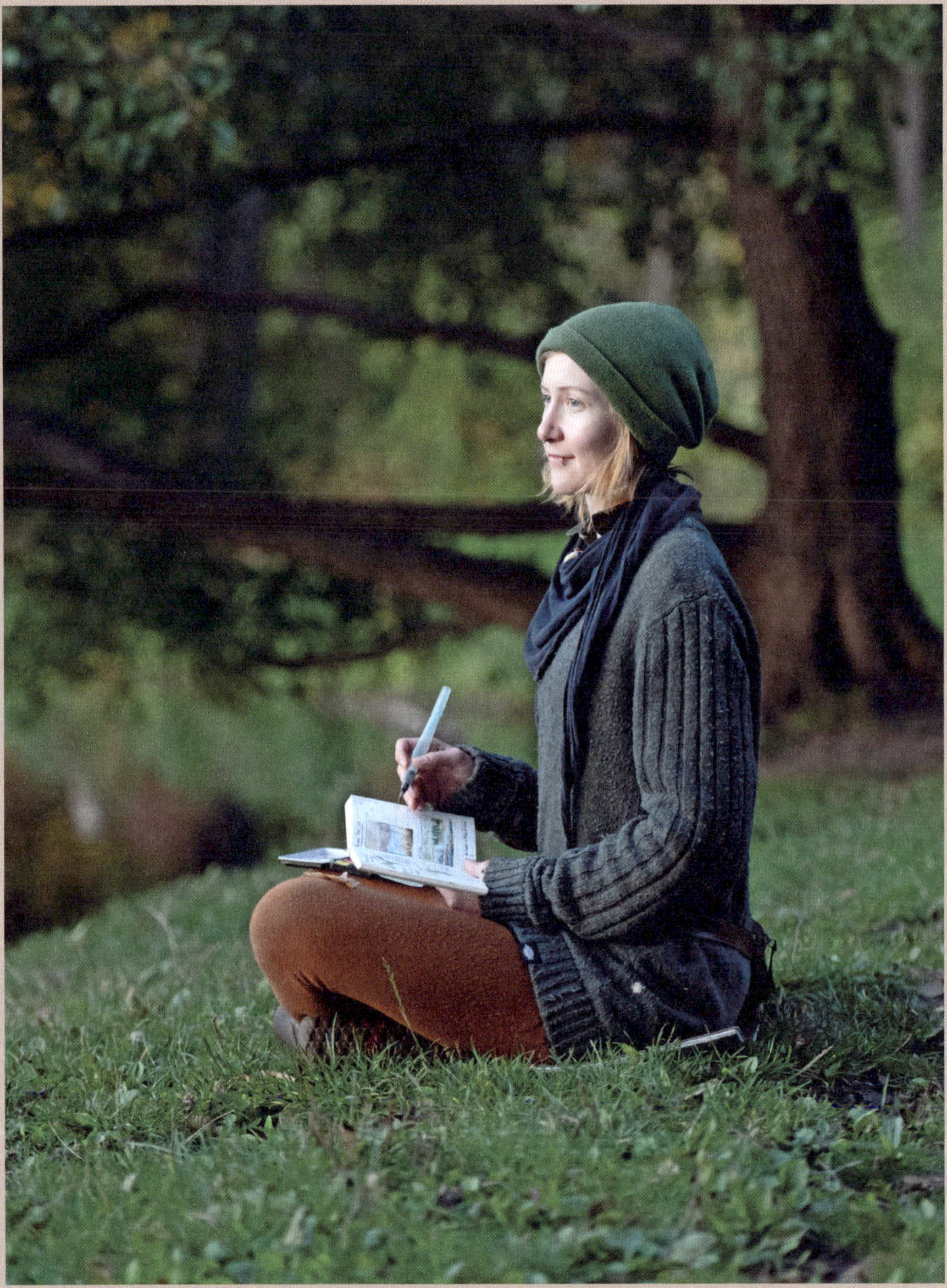

WERDE ZUR „WUNDER-ANZEIGER-PFLANZE“

Es übt auf Menschen eine unglaubliche Anziehungskraft aus, wenn du einfach nur auf einer Wiese sitzt und journalst. Da muss dann doch etwas Spannendes zu entdecken sein?

Die Magie im Alltag finden

Je mehr Zeit du in das regelmäßige Führen deines Nature Journals investierst, umso mehr Wunder kannst du im Gewöhnlichen entdecken.

Nature Journaling kann für dich einfach ein nettes Hobby sein, um mehr Kreativität, Entspannung und Natur in dein Leben zu lassen. Wenn du es zulässt, kann es aber noch viel mehr! Du trainierst dein Staunen, deine Neugier, die Fähigkeit, die Magie im Alltag wiederzufinden. Du kannst einen völlig banalen Gegenstand vom Waldboden aufheben und dich damit stundenlang fasziniert beschäftigen. Und das können wir auch ganz einfach an andere weitergeben, allein durch unser Vorbild. Dadurch, dass du dich zum Journaln an einem beliebigen Naturort niederlässt, stellst du an einem alltäglichen Ort für andere Menschen ein imaginäres Schild auf: „Achtung, hier ist ein besonderer Platz, der Aufmerksamkeit verdient!" Andere bleiben plötzlich an Orten stehen, an denen sie sonst achtlos vorbeigelaufen wären, weil du dort sitzt. Du wirst zum Anzeiger für spannende Orte und Achtsamkeit für andere Menschen. Manchmal werden sie deine Begeisterung mit einem Kopfschütteln abtun, aber anderen wirst du auch ein verschmitztes Grinsen, Gedanken an vergangene Abenteuer oder sogar spannende Gespräche entlocken. Trau dich Stück für Stück, in der Öffentlichkeit stehen zu bleiben, zu Staunen und deinen Stift zu zücken. So trägst du dazu bei, dass die Wunder und die Magie in dieser Welt wieder gesehen werden. Probiere doch bei deinem nächsten Spaziergang mit anderen Menschen einmal, einen alltäglichen Gegenstand wie ein Ästchen aufzuheben und dieses stillschweigend ganz genau zu betrachten. Die neugierigen Fragen, auch von deiner Begleitung, werden nicht lange auf sich warten lassen.

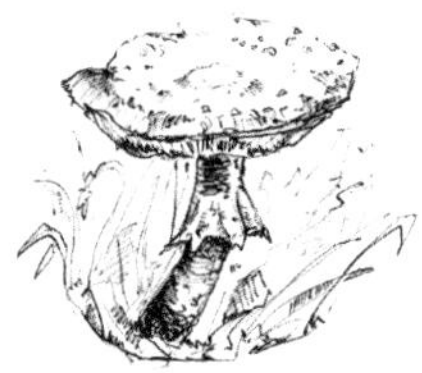

„Komischerweise finden es nicht alle Menschen toll, im Matsch zu sitzen und glitzernde Glibberpilze zu journaln? Aber auch das akzeptiere ich so langsam."

Zusammen ist's noch schöner

Ganz allein mit tollen Dingen anfangen und auch weitermachen, ist oft schwierig. So sehr ich mich damals mit den ersten Seiten auch ins Nature Journaling verliebt habe, so alleine habe ich mich damit gefühlt. Mit Nature Journaling kannst du nicht nur eine Verbindung zur Natur aufbauen, sondern auch zu anderen Menschen und eine ganze Journaling-Gemeinschaft finden.

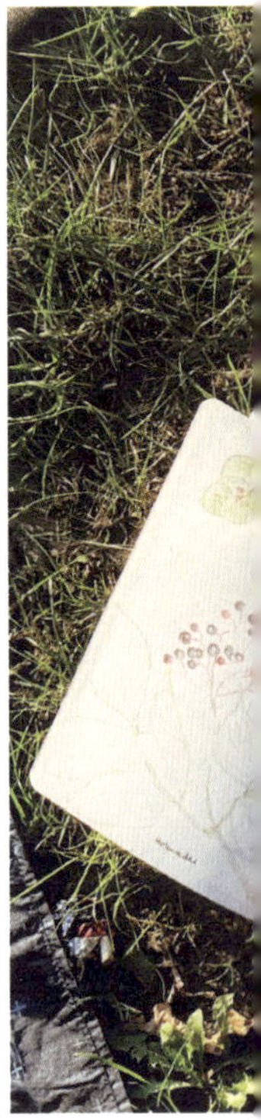

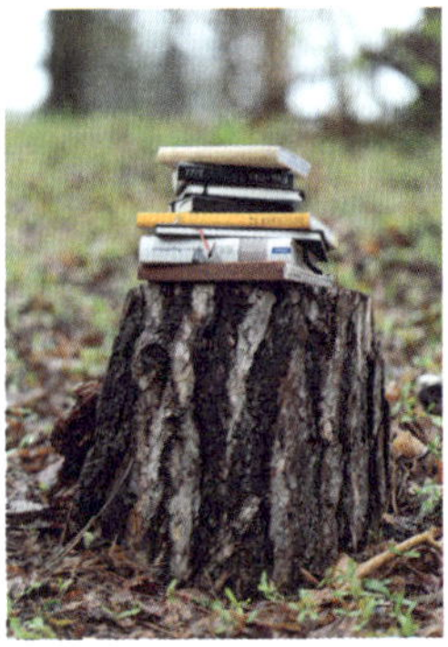

Such dir eine Gemeinschaft von Gleichgesinnten! Vernetze dich, tausch dich aus und feiert gemeinsam die Wunder dieser Welt mit Stift und Papier.

Wir Menschen brauchen Gemeinschaft und gemeinsames Staunen, Wundern, Experimentieren und Lernen. Teile deshalb deine Freude am Wunder entdecken. Erzähle deinen Freund:innen von deinen Nature Journaling Erlebnissen, rätselt gemeinsam neugierig über Fragen und stellt euch Challenges. Vielleicht haben sie sogar Lust auf eine gemeinsame Nature-Journaling-Reise.
Gehe auf deine lokalen Naturschutzvereine zu und finde dort Menschen, die auch eine große Liebe zur Natur spüren. Baust du lieber zuerst online Kontakt zu Menschen Kontakt auf, teile deine Geschichte im Internet, auf Social Media oder auf YouTube. Gerade, wenn du nicht in einer großen Stadt lebst, wohnen Gleichgesinnte oft nicht direkt nebenan. Ich habe damals über Instagram meine Community gefunden und bin immer noch so unendlich dankbar für die tiefen und wertvollen Beziehungen, die sich daraus entwickelt haben.

NATURE JOURNAL CLUBS

Finde einen Nature Journal Club in deiner Nähe oder gründe selbst einen, so kannst du dich noch enger mit anderen Naturbegeisterten vernetzen. Trefft euch regelmäßig gemeinsam draußen und geht auf Wunder-Suche – im Sommer im Park oder Garten, im Winter gerne auch mal drinnen, beispielsweise im botanischen Garten oder Café.

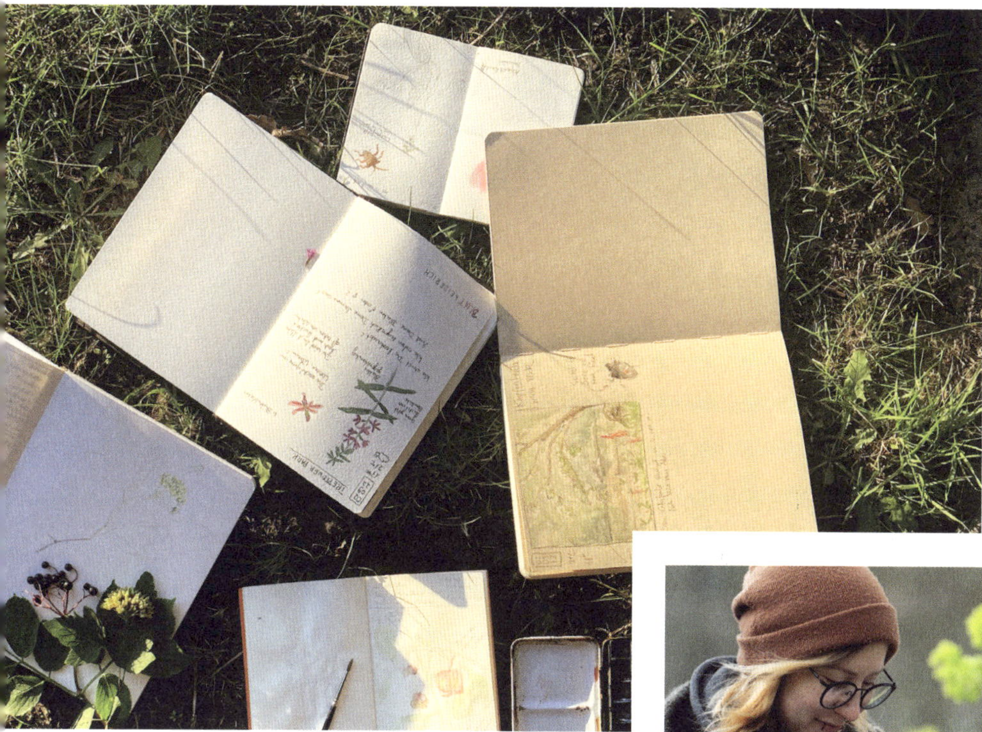

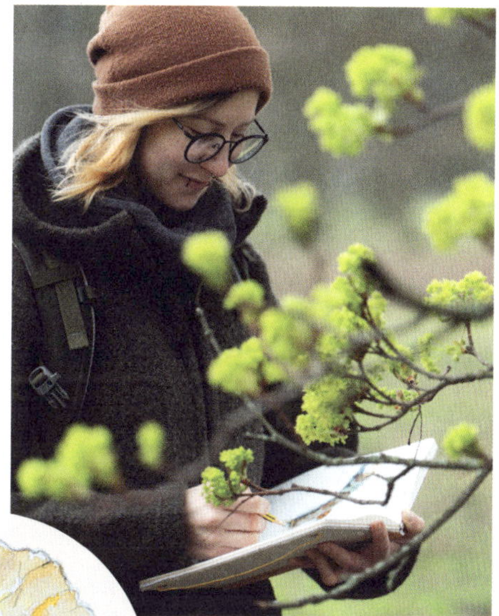

Du bist nicht alleine, weder mit deinen Stolpersteinen noch deiner Begeisterung. Andere haben oft mit genau denselben Hürden zu kämpfen wie du. Es tut gut, das zu spüren und sich auch darüber auszutauschen. Schafft einen Raum, der alle willkommen heißt, unabhängig von Können, Vorwissen, Alter, Identität. Seid inklusiv und denkt auch an behinderte Menschen und deren Bedürfnisse. Schafft einen Raum, in dem ihr voneinander lernen könnt, der die Stimmen derjenigen verstärkt, die sonst oft überhört werden, seid bewusst divers und bezieht alle beim Planungsprozess mit ein.
Auf S. 140 findest du dazu einige Link- Empfehlungen von mir.

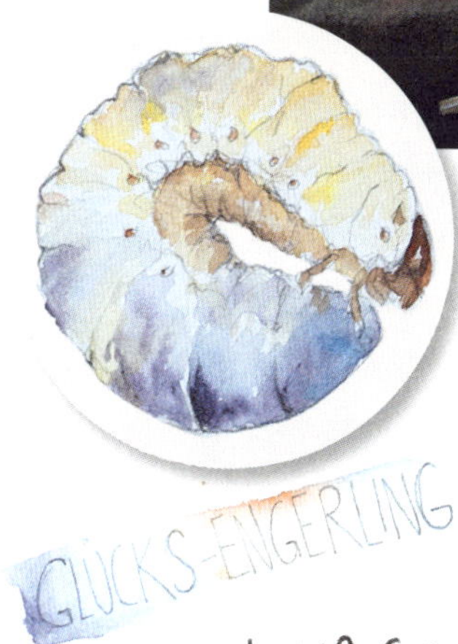

Mit ein paar Freund:innen, die ich über Instagram kennenlernen durfte, rätseln wir seit über einem Jahr darüber: Woher wissen Engerlinge, wo oben ist?

Licht? Schwerkraft? Geruch??

Ökologische Verantwortung

Die Aufmerksamkeit, die du der Natur beim Journaling schenkst, lässt Probleme erkennen, an denen andere einfach vorbeigehen. So kannst du mit jeder Journalseite auch ein Stückchen die Welt retten.

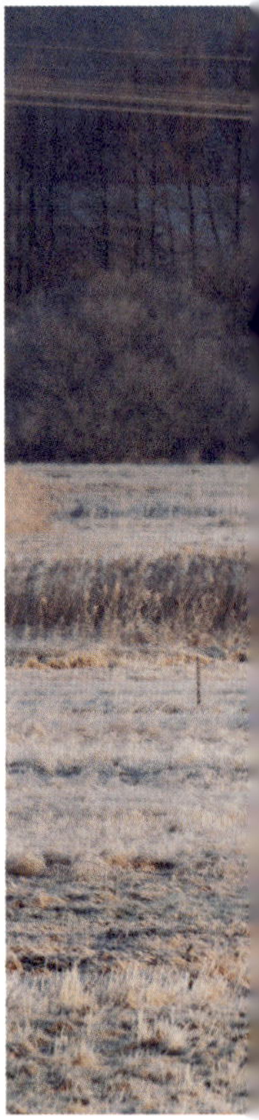

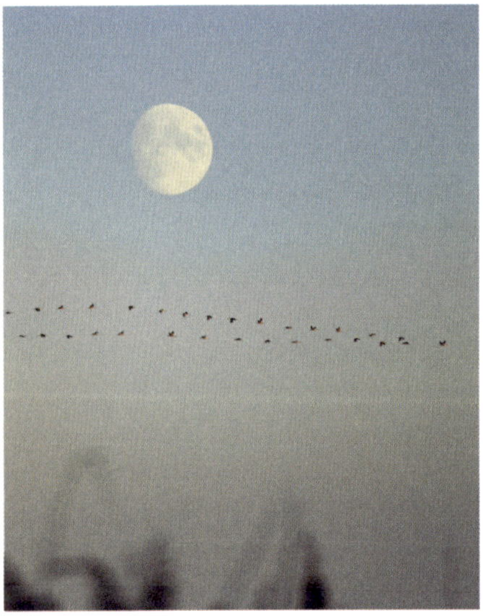

Mit jeder Journalseite dokumentierst du nicht nur Naturwunder wie diesen Kranichzug, sondern trägst aktiv zu ihrem Schutz bei.

Während deiner Nature-Journaling-Reise wirst du immer wieder tief in die Natur eintauchen und Wunder über Wunder entdecken, aber es werden auch Momente voller Leid, Trauer und Schmerz vorkommen. Unsere Welt steckt in einer nie dagewesenen Klimakatastrophe. Sie ist vielschichtig und überwältigend und wir müssen ohnmächtig Nachricht über Nachricht über gefährdete und aussterbende Arten ertragen. Wie können wir angesichts des riesigen Berges an Katastrophen, in der unsere Erde steckt, nicht in komplette Starre verfallen?

HILFE IM KLEINEN

Ich habe beim Journaling immer einen kleinen Müllbeutel dabei, um während meiner Ausflüge ganz selbstverständlich allen Abfall, den ich finde und tragen kann, mitzunehmen. Journalst du

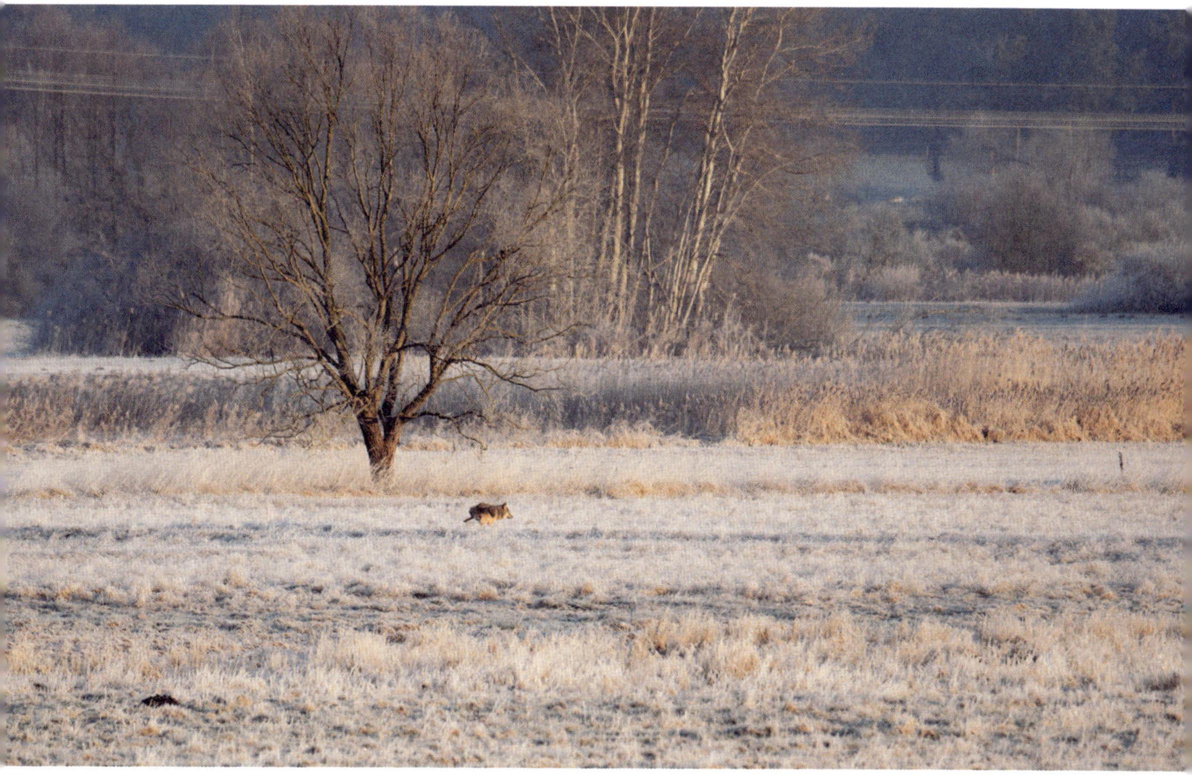

Es gibt auch gute Nachrichten, wie die Rückkehr der Wölfe. Dieser hier ist uns in Brandenburg begegnet.

gerne die Stadttauben an der Bahnstation und einer davon geht es nicht gut? Kümmere dich um sie. Vielleicht trittst du sogar dem lokalen Stadttaubenverein bei? Während du in deinem Garten journalst, bemerkst du, dass die Artenvielfalt in der Nachbarschaft immer mehr abnimmt? Werde aktiv und starte einen Permakulturgarten, bastle Samenbomben und tausche dich mit den lokalen Naturschutzgruppen aus. Ich will die Verantwortung nicht auf uns als Individuen abwälzen, denn den Löwenteil der Klimakatastrophe müssen die Konzerne, die sie verursachen, wieder geradebiegen. Trotzdem können wir als Naturliebende aktiv werden und einen Teil dazu beitragen, dass wir diese Welt und jeden Journalplatz, den wir besuchen, besser hinterlassen, als wir ihn vorgefunden haben.

SCHENKE DER WELT AUFMERKSAMKEIT

Um dich für diese Welt aktiv einzusetzen und die Natur mit all ihren Wundern zu bewahren, musst du nicht Ornitholog:in, Biolog:in oder Wissenschafter:in sein. Du musst nur aufmerksam sein und dich mit Herz und Verstand jeden Tag neu in diese Welt verlieben.

Wir müssen wieder lernen, die Schönheit und Wichtigkeit der einzelnen Tiere, Pflanzen, Pilze und Steine wertzuschätzen und sie als einen einzigen, riesigen, schützenswerten Organismus verstehen. Wir sind ebenfalls ein Teil davon. Nature Journaling hilft uns selbst und anderen, die Augen zu öffnen, uns wieder in diese Welt zu verlieben und sie mit Zähnen und Krallen, Stiften und Papier zu verteidigen.

Der Anfang ist gemacht

Hier angelangt besitzt du nun alles Werkzeug, das du brauchst, um Nature Journaling Teil deines Lebens werden zu lassen. Beobachte, lausche und zeichne, um mehr zu sehen, zu fühlen und zu staunen!

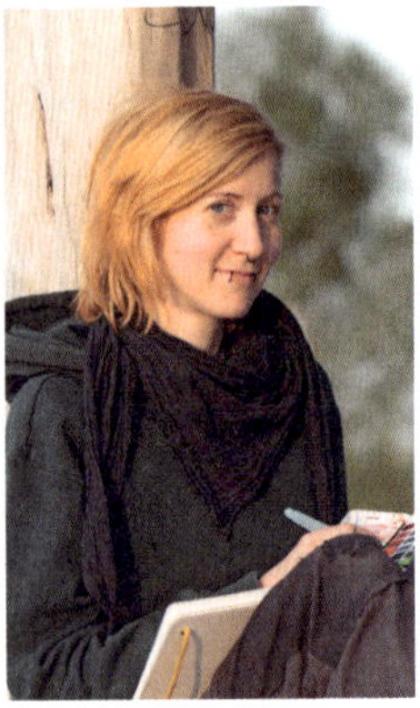

Und jetzt: Einfach raus und machen! Es liegt in deiner Hand, wie deine Reise jetzt weitergeht!

Deine anfangs wackeligen Schritte und Linien werden mit jedem Tag mutiger und selbstbewusster. Trau dich loszugehen, um deine Welt und die aller Wesen da draußen zu verändern, nicht, um alle paar Jahre ein paar hübsche Bilder in ein verstaubtes Journal zu zeichnen. Aber auch das ist okay – dein Journal wartet auch gerne in der Sofaecke auf dich. Journale, um dich frei zu fühlen und die Lebendigkeit zu feiern. Jetzt liegt es in deiner Verantwortung, zu starten. Niemand kann sie dir abnehmen, aber auch niemand wieder wegnehmen.

Gib dir selbst die Erlaubnis zu zeichnen, Fehler zu machen und aus ihnen zu lernen. Sei mutig und wieder ehrlicher zu dir selbst und zur Welt. Vergleiche dich nur mit dir selbst und lass die Kunstwerke anderer eine Quelle der Inspiration sein. Du machst mit jedem kleinen Pinselstrich mehr Fortschritte, als du jetzt gerade sehen kannst, und es ist völlig normal, dass der Anfang und auch der weitere Weg immer wieder anstrengend ist. Aber er ist es wert und Anstrengendes ist immer ein gutes Zeichen dafür, dass du gerade über dich selbst hinauswächst.

Mach dir einen Plan, wie du Nature Journaling aktiv in dein Leben lässt. Versprich es dir! Irgendeine Kleinigkeit zu zeichnen, ein paar „Stiftezentimeter" zu hinterlassen ist immer besser, als es gar nicht zu tun.

Suche dir eine Gemeinschaft, mit der du deine Begeisterung und auch deine Journalseiten teilen kannst und Verbindlichkeit schaffst.

Es liegt alles in deiner Hand. All die Wunder dieser Welt sind nur einen Pinselstrich entfernt. Worauf wartest du noch?

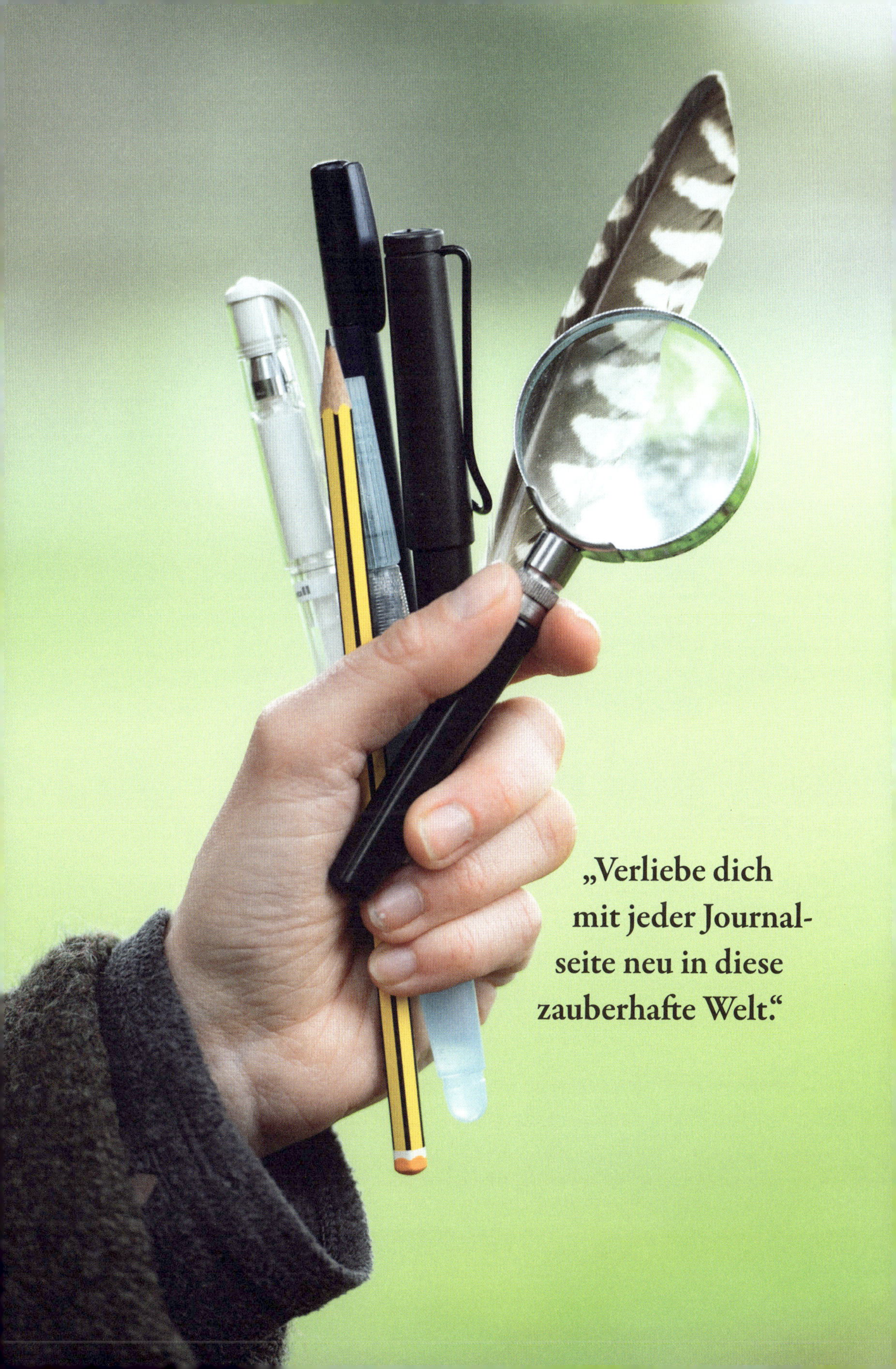

„Verliebe dich mit jeder Journalseite neu in diese zauberhafte Welt.“

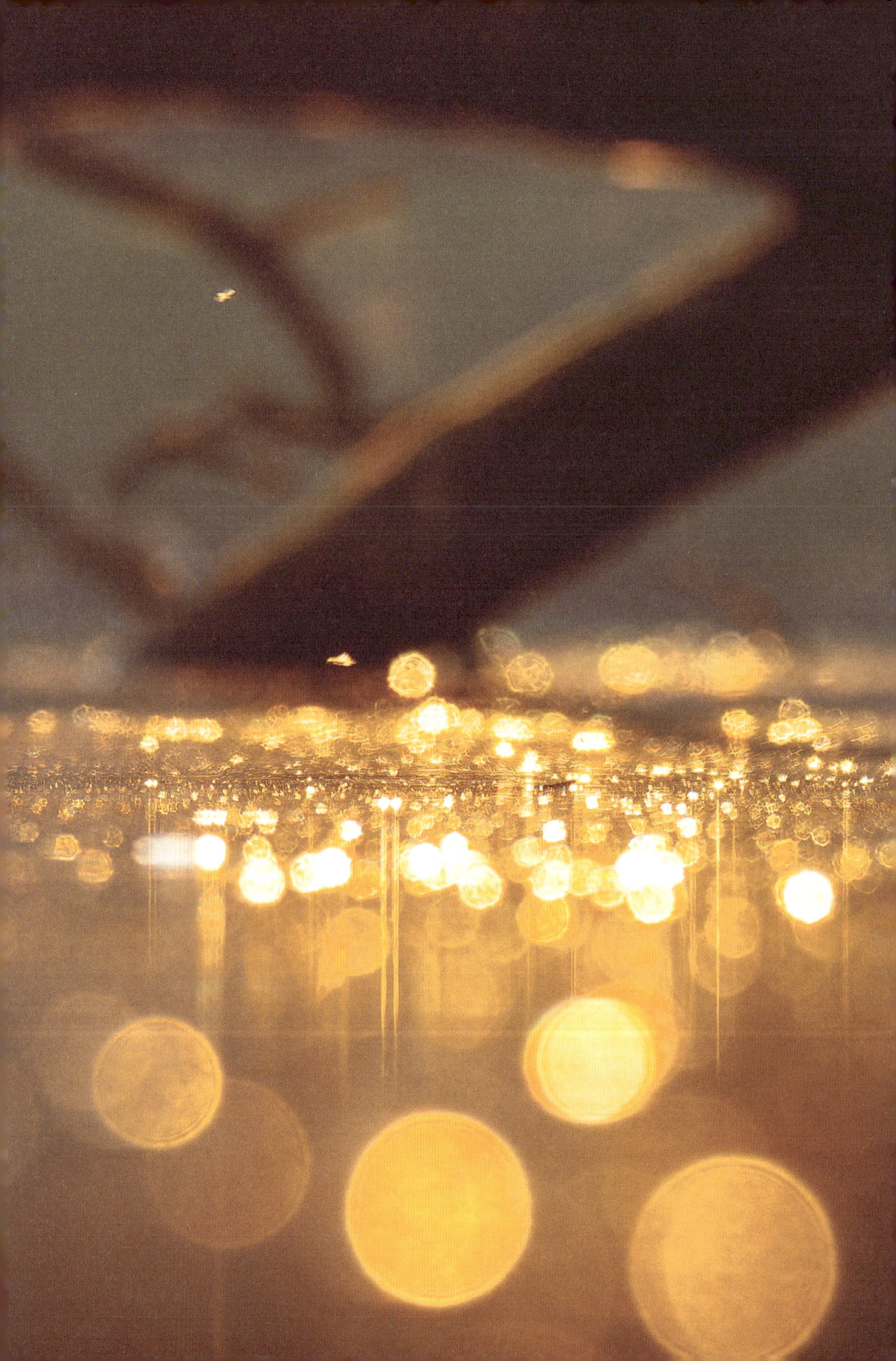

SERVICE

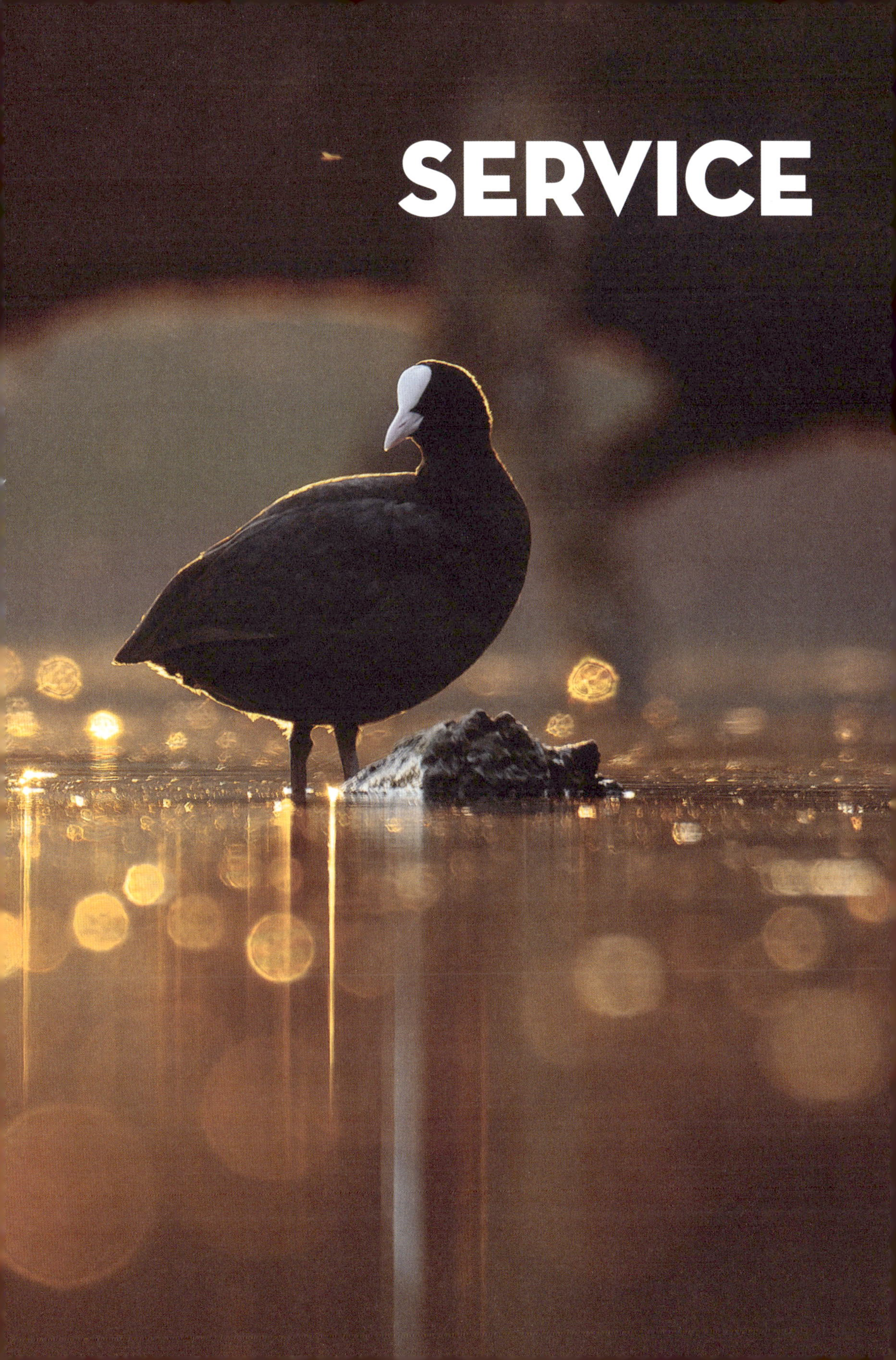

Danke

Alles ist mit allem verbunden. Ein Buch ist kein Werk einer Einzelperson, sondern die Kreation und das Wirken vieler.

Danke an alle Wesen auf dieser fabelhaften Welt, die mich mit jeder Journalseite einmal mehr in Staunen und Bewunderung versetzen. Danke an die Winde, den Regen, Frost und Sonnenschein fürs lebendig fühlen und demütig sein dürfen. Danke an alle, die vor mir waren und nach mir kommen werden, diese zauberhafte Welt mit alle ihren Wesen weitertragen, beschützen und ihr Staunen über all ihre Wunder weitergeben.
Danke an den Kosmos Verlag, dessen Nachschlagewerke mich seit meiner Kindheit begleiten, und, der jetzt mein Herzensthema in die Welt bringt.
Danke an meine wundervollen Lektorinnen Lisa und Claudia, für das Begleiten, Ermutigen und überhaupt erst Möglichmachen dieses Buches, sowie an Claudia Adam für das zauberhafte Zusammensetzen und Arrangieren der Texte und Bilder.
Danke an all meine Mentor:innen (John „Jack" Muir Laws, Bethan Burton, Crii Lindenthaler, Joscha Grolms, Paula und Mi) und die Wieder Wilder Werden Community (Julia, Ines, Golo, Resi, Caro, Manuela, Kaddi, Laura, Lisa, Fiona, Ulrike, Lumi und alle anderen).
Danke an meine Eltern, Oma, Schwestern und meine WG fürs immer mit unendlich viel Liebe Mich-getragen-fühlen-lassen und jederzeit ein Ohr (und Essen!) für mich haben.
Danke an meinen wundervollen Partner Martin für die unzähligen wundervollen Draußen-Abenteuer, frühes Aufstehen und gemeinsames Staunen, die grandiosen Fotos für dieses Buch, das Aufwärmen von eiskalten Journal-Fingern, das immer wieder Mut zusprechen und liebevollste Unterstützen.
Und danke dir, dass du deinem Herzen folgst, der Natur um dich herum und deinem kreativen Ausdruck Zeit schenkst und mit ihr in Verbindung gehst.
Alles ist mit allem verbunden.
Danke.

Und jetzt auf nach Draußen und einfach machen!

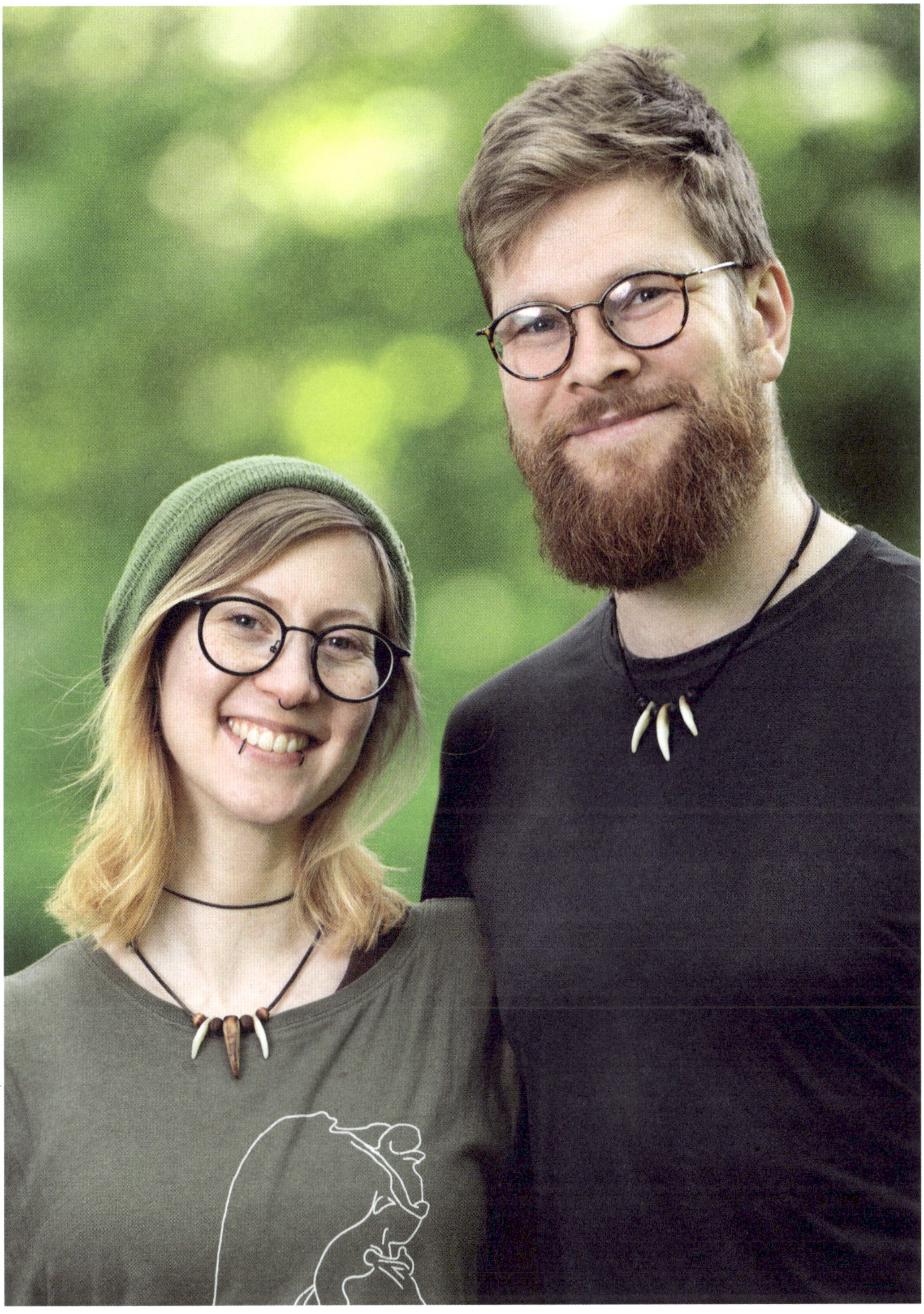

Wenn du mehr wissen willst

BÜCHER

Nature Journaling

— *Laws, John Muir:* **Laws Guide to Nature Journaling.** Ingram Publishing Services 2016
— *Leslie, Clare Walker:* **Keeping a Nature Journal.** Workman 2021
— *Foxon, Ali:* **Setz dich unter einen Baum und zeichne.** Knaur 2022

Wildnis und mehr

— *Haas, Ellen & Evan Mc Gown:* **Coyote Guide.** Teile I und II. Biber-Verlag
— *Weber, Andreas:* **Mehr Matsch! Kinder brauchen Natur.** Ullstein 2011
— *Renz-Polster, Herbert & Gerald Hüther:* **Wie Kinder heute wachsen.** Natur als Entwicklungsraum. Ein neuer Blick auf das kindliche Lernen, Fühlen und Denken. Beltz 2022

Naturführer und Bestimmungsbücher

— *Dreyer, Eva-Maria & Wolfgang:* **Der Kosmos-Waldführer.** Kosmos 2023
— *Gretler, Thomas:* **Tiere und Pflanzen am Wasser.** Kosmos 2023
— *Grelter, Thomas:* **Tiere und Pflanzen der Alpen.** Kosmos 2022
— *Hecker, Frank:* **Tierspuren lebensgroß.** Kosmos 2023
— *Hecker, Frank:* **Tiere und Pflanzen deiner Heimat.** Kosmos 2023
— *Spohn, Margot et al.:* **Was büht denn da? –** Das Original. Kosmos 2021
— *Svensson, Lars et al.:* **Der Kosmos-Vogelführer.** Kosmos 2023

Sonstiges

— *Coenen, Antonia & Philipp Juranek:* **Vogel entdeckt – Herz verloren.** Kosmos 2023
— *Hase, Andreas:* **Bäume – Über die Wurzeln einer tiefen Verbindung.** Kosmos 2023
— *Hartmann, Silke:* **Die Superkräfte der Vögel.** Kosmos 2023
— *Hecker, Katrin & Frank:* **Naturverbunden.** Kosmos 2021
— *Kimmerer, Robin Wall:* **Geflochtenes Süßgras.** Aufbau 2021

DIGITALES

Internet

— *Johnmuirlaws.com*
— *wildwonder.org*
— *featherbase.info*
— *Wiederwilderwerden.de*

Apps

— BirdNet
— Der Vogelführer
— Flora Incognita
— Gezwitscher!
— OSM (zum Tracken deiner Abenteuer und Markieren spannender Orte, auch ohne Handynetz)
— PlantNet

Podcasts

— Gut zu Vögeln
— Journaling with Nature
— Vögel, aber cool!
— Zeitweise Podcasts
— Wieder Wilder Werden Podcast

VERNETZUNG

Nature Journal Clubs

— Karte aller Nature Journal Clubs findest du unter *wildwonder.org/naturejournal-club-map*
— Deutsche NJ Clubs: Berlin *https://wiederwilderwerden.de/nature-journal-club-berlin*, Stuttgart, Chemnitz, Leipzig, Frankfurt am Main, u.v.m.
— Deutsche Nature Journaling Gruppe auf Facebook: Nature Journaling Germany: *fb.com/groups/naturejournalinggermany*

Register

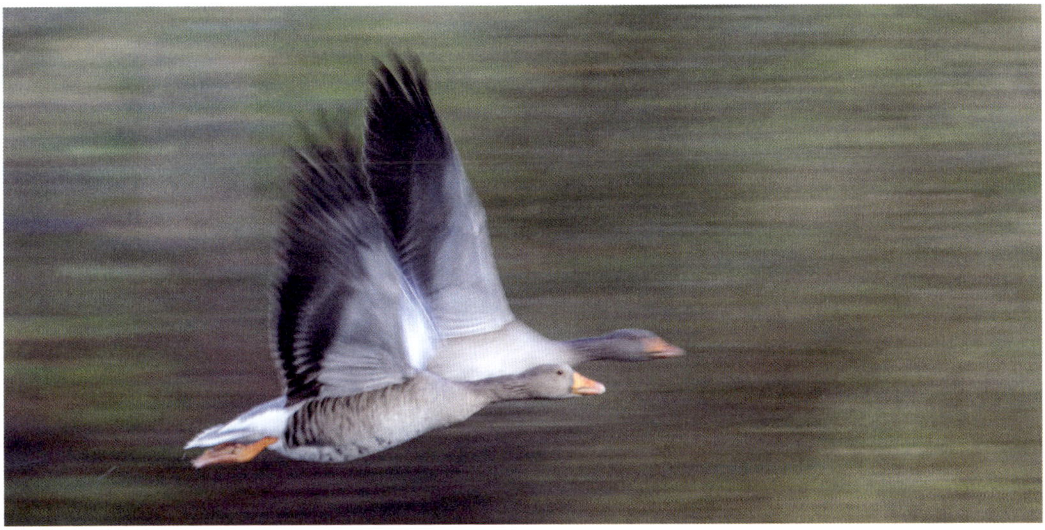

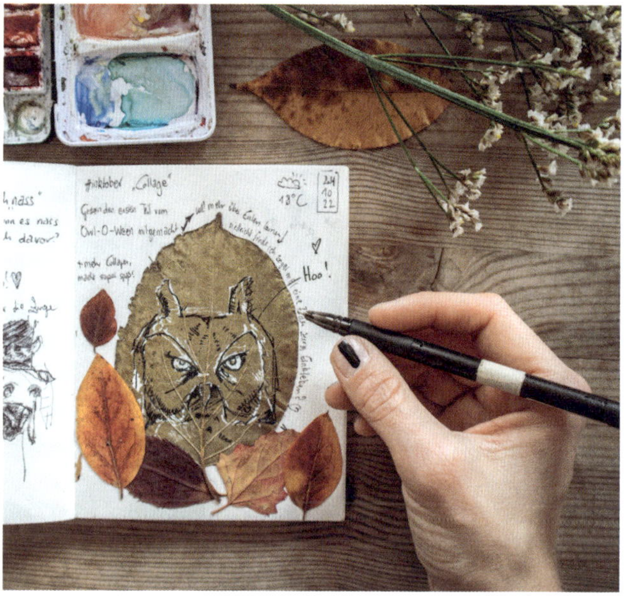

BILDNACHWEIS

Mit 182 Fotos und Illustrationen.

Alle Fotos von Martin Rundfeldt mit Ausnahme von S. 91 rechts unten, S. 141 (Thomas Hillgärtner) und S. 98 links unten (Verena Hillgärtner).
Alle Illustrationen von Verena Hillgärtner mit Ausnahme von S. 18 (Maria Sybilla Merian via commons.wikimedia.org) und S. 79 links oben (Anja Hillgärtner).

IMPRESSUM

Umschlaggestaltung von Gramisci Editorial Design (Isabelle Fischer), München, unter Verwendung von 2 Farbfotos von Martin Rundfeldt und 2 Illustrationen von Verena Hillgärtner.

Der Inhalt dieses Buches ist sorgfältig recherchiert und erarbeitet worden. Dennoch können weder die Autorin noch der Verlag für alle Angaben im Buch eine Haftung übernehmen.

Unser gesamtes Programm finden Sie unter **kosmos.de**.
Über Neuigkeiten informieren Sie regelmäßig unsere Newsletter, einfach anmelden unter **kosmos.de/newsletter**.

Gedruckt auf chlorfrei gebleichtem Papier

ISBN 978-3-440-17722-8
Redaktion: Lisa Hummel & Claudia Salata
Gestaltungskonzept: Gramisci Editorial Design, München
Gestaltung und Satz: Claudia Adam Graphik-Design, Bad Kreuznach
Produktion: Markus Schärtlein
Druck und Bindung: Westermann Druck, Zwickau
Printed in Germany/Imprimé en Allemagne

MIX
Papier | Fördert gute Waldnutzung
FSC® C110508
FSC www.fsc.org

FORTSETZUNG VON DER VORDEREN UMSCHLAGKLAPPE

10

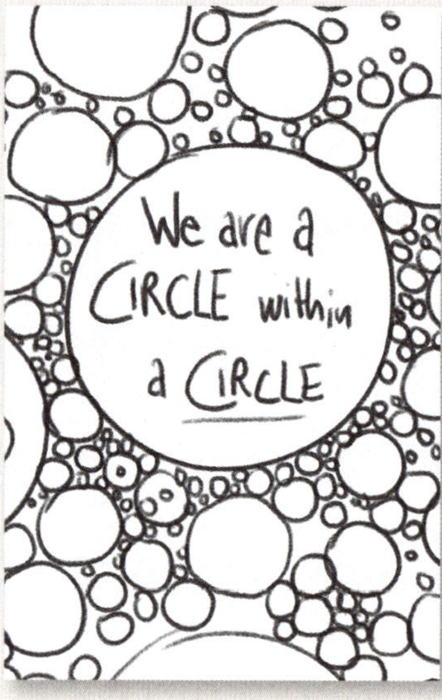

11

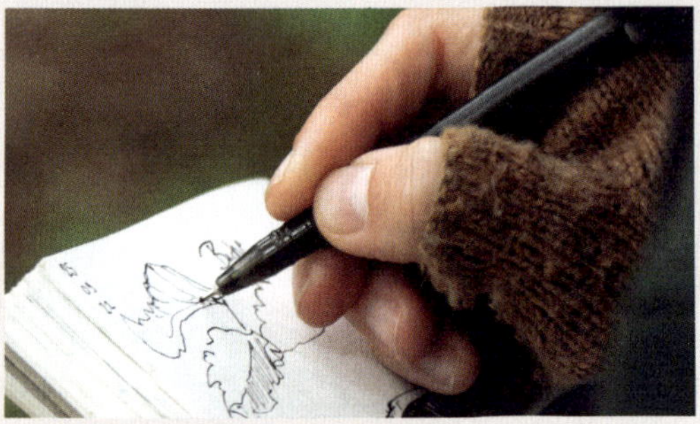

12

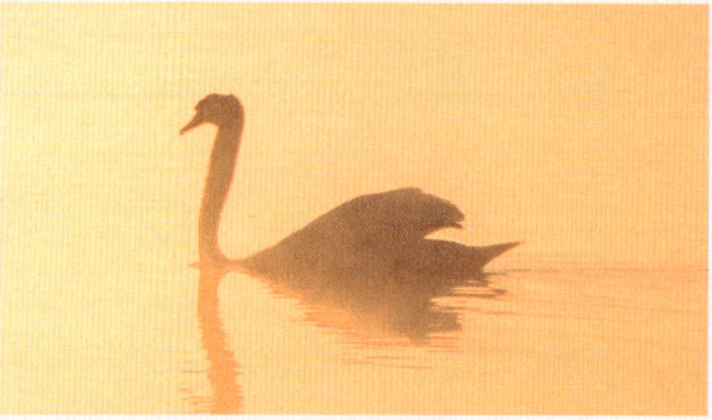

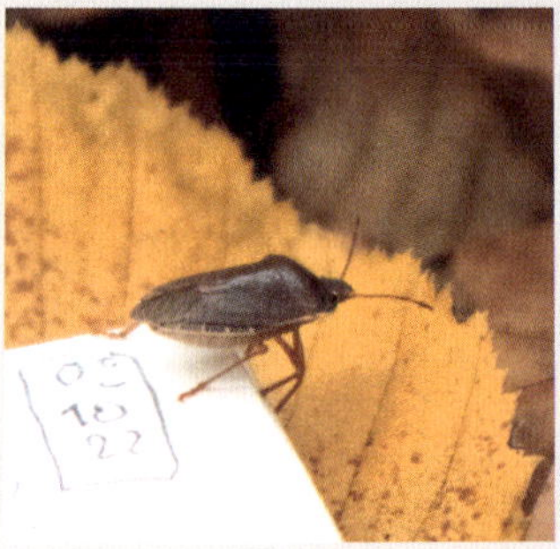

13

10. WIR SIND EIN KREIS IN EINEM KREIS

→ **Seite 94**

Beim Telefonieren, beim Warten auf den Bus – zeichne große und kleine Kreise, wann immer du ein bisschen Zeit, einen Stift und Papier hast. So senkst du die Hemmschwelle, einfach loszuzeichnen.

11. ROUTINE MACHT DIE MEISTER:IN

→ **Seite 96**

Mach mit bei der 30-Tage Journaling-Challenge: Zeichne einen Monat wirklich jeden Tag wenigstens 5–10 Minuten in dein Journal. Genieße die Zeit, die du dir dafür nimmst, und freue dich an deinen Fortschritten.

12. DIE ELFCHEN IM WÖRTERWALD

→ **Seite 98**

Keine Lust zu zeichnen? Dann schreibe ein Elfchen! Das ist eine lyrische Textform, die aus elf Wörtern besteht, die sich nicht einmal reimen müssen, mit denen man aber wunderbar Stimmungen einfangen kann.

13. DAS IMMERWÄHRENDE JOURNAL

→ **Seite 100**

Eine Langzeitaufgabe: Du brauchst ein Journal mit mindestens 52 Doppelseiten. In jeder Woche eines Jahres machst du eine Zeichnung auf eine dieser Doppelseiten. Genau ein Jahr später kehrst du auf die entsprechende Seite zurück und ergänzt sie mit einer weiteren Zeichnung.